国家社会科学基金青年项目（09CZX007）

浙江省哲学社会科学规划重点项目（08CGZX002Z）成果

发展哲学的马克思主义视界

陈向义 著

中国社会科学出版社

图书在版编目(CIP)数据

发展哲学的马克思主义视界／陈向义著．—北京：中国社会科学出版社，
2015.12（2017.8 重印）

ISBN 978-7-5161-7973-4

Ⅰ.①发⋯　Ⅱ.①陈⋯　Ⅲ.①马克思主义哲学-发展-研究　Ⅳ.①B0-0

中国版本图书馆 CIP 数据核字（2016）第 074850 号

出 版 人	赵剑英	
责任编辑	宫京蕾	
特约编辑	大 乔	
责任校对	季 静	
责任印制	李寡寡	

出　　版	中国社会科学出版社	
社　　址	北京鼓楼西大街甲 158 号	
邮　　编	100720	
网　　址	http://www.csspw.cn	
发 行 部	010-84083685	
门 市 部	010-84029450	
经　　销	新华书店及其他书店	

印刷装订	北京市兴怀印刷厂	
版　　次	2015 年 12 月第 1 版	
印　　次	2017 年 8 月第 2 次印刷	

开　　本	710×1000　1/16	
印　　张	16.5	
插　　页	2	
字　　数	242 千字	
定　　价	62.00 元	

目　　录

绪论

"发展哲学"研究中的两个前提性问题

我国的发展哲学研究兴起于20世纪90年代。20多年来，发展哲学研究取得了丰硕的成果，直接以"发展哲学"为题的专著就有近10部，还有大量的研究论文。然而，透过这些研究，我们发现，学者们就"发展哲学"本身的理论定位，特别是在发展哲学研究的两个前提性问题上看法还很不一致。发展哲学作为"发展学"和"哲学"之间的一个交叉学科，其研究必须处理好两个前提性问题：一是发展哲学在什么意义上是发展学，其"发展学"特质体现在哪里？二是发展哲学在什么意义上是哲学，其"哲学"特质体现在哪里？只有处理好这两个问题，发展哲学研究才有可能。我们这里试图就此提出一种新的理解路径，寻求一种"合理"形态的发展哲学，并在此基础上探讨建构马克思主义发展哲学的可能性，以求对发展哲学研究有所裨益。

一 发展哲学：作为发展学的一个分支

哲学不是书斋里的梦呓之学，哲学必须介入现实研究现实，哲学"生存"的基础就在于现实生活。即使是一般人眼中的最脱离"现实"一味沉溺于思辨的哲学家黑格尔也讲，"哲学研究的内容就是现实"，"哲学所研究的对象就是现实性"。[①] 问题不在于是不是研究现实，而在于怎样研究现实。反思和批判构成哲学的特性，于是现实生活以及建基其上的各种科学（包括自然科学和人文社会科学）和常识、艺术等人们把握世界的方式都成为哲学反思和批判的对象，这也

---

① ［德］黑格尔：《小逻辑》，贺麟译，商务印书馆1987年版，第43、45页。

就是哲学介入现实研究现实的方式。这不是问题，这里的问题是：作为发展学分支学科的发展哲学，其"发展学"的特质如何体现，其与经济哲学、政治哲学、社会哲学、文化哲学等的其他分支学科的区别何在？这就涉及如何理解发展的含义及"发展学"的论域问题。事实上，之所以会出现很多种类型的发展哲学研究，原因正在于"发展"及"发展学"的多重含义上。

就"发展"而言，正如 M. A. 西纳索在为弗朗索瓦·佩鲁《新发展观》所作的序言中所指出的，"由于这一术语在社会科学范围内的演变既未使其意义确定下来，又没形成科学概念所必需的严格的明确性，这一历史演变反而使它背上了更为沉重的包袱。"① 尽管如此，大体来说，"发展"一词还是可以归纳出三种含义。第一种含义，把人类社会视为一个自然过程，一个不间断更新的、不可逆的过程，孔德、斯宾塞等人持这种看法。西纳索对此正确评论说，"这里根本不存在历史是人类活动的思想：除自然规律外，一无所有。"② 第二种含义，明确地赋予"发展"一种清晰的价值判断，认为"发展"蕴含着一种趋向更好目标的方向性意义，这种看法得到了学界大多人的认同。第三种含义，在第二种含义基础上，进一步地对"发展"施以明确的时空维度的限制，指的是第二次世界大战以后的特别是发展中国家的发展。事实上，发达国家与发展中国家的划分就是以此为标准的：发展中国家（developing country）就是指正处于发展过程中的国家，经济、社会方面发展程度较低的国家；发达国家（developed country）则是已经完成了"发展"过程的国家。

"发展学"（或称"发展研究"）（Development Studies）就是在上述"发展"的第三种含义基础上形成的，是指由发达国家学者主导的、旨在使发展中国家走上发展之路的研究，甚至有的学者明确地把

---

① ［法］弗朗索瓦·佩鲁：《新发展观》，张宁、丰子义译，华夏出版社 1987 年版，第 3 页。

② 同上书，第 4 页。

"发展学"界定为"西方的""以不发达国家的发展问题为对象"①
的研究。"发展学"的分支学科，如发展社会学，就鲜明地表明"立
足于当今发展中国家的具体实践，在总结和借鉴发达国家现代化经验
教训的基础上，对广大发展中国家现代化发展过程的理论、途径、模
式和经验等的综合性研究"②；发展经济学则"就是研究发展中国家
经济社会结构转型过程、经济发展趋势、结构变化内在规律和发展因
素各种内在关系的科学"③；发展经济学"以发展中国家的经济发展
问题为研究对象"④。"发展学"，特别是早期的部门发展学科形成的
发展理论具有明显的双重性：一方面体现了广大发展中国家迫切希望
实现发展的要求；另一方面又体现着发达国家非常强烈的意识形态
色彩。

　　由此观之，发展哲学作为"发展学"的一个分支，也应与发展经
济学、发展社会学等其他分支学科一样，以第二次世界大战之后的发
展中国家的发展为其基本研究论域，不能超越这一基本的时空定位。

　　第一，这就标示着，从时间维度上讲，第二次世界大战以前的情
况不属于发展哲学的论域，那时还没有"发展学"，又何来作为其分
支的发展哲学。当然，这样说绝不意味着哲学不能研究第二次世界大
战以前的情况（那时还没有发达国家与发展中国家的划分），只是说
这样的情况不应该由发展哲学来研究，而应由其他类型的哲学，如历
史哲学来研究，正如有论者所说，"'发展'就是历史，即人类社会
文化形态从低级向高级、从简单到复杂、从一元到多元有规律的嬗
变。由于这一宏伟运动的持续性与规律性，将人类自我从亘古带到当
代，又将今日抛向未来。这一历史通则，成为历史的哲学或广义发展

　　① 王建辉：《"北京共识"：发展价值观的新境界》，载《中南财经政法大学学报》
2005 年第 1 期，第 16 页。

　　② 张琢、马福云：《发展社会学》，中国社会科学出版社 2001 年版，第 3 页。

　　③ 周天勇：《发展经济学》中国财政经济出版社 2002 年版，第 1—2 页。

　　④ 白燕群：《发展经济学》，中国政法大学出版社 2005 年版，第 1 页。

哲学考察的主题"①。

第二，这也标示着，从空间维度上讲，只能把论域限制在发展中国家范围内，至于第二次世界大战以后发达国家的情况，也只在与发展中国家相联系的意义上被提及，尽管由于历史和现实的种种原因，特别是随着全球化的拓展，研究发展中国家的发展问题不可避免地涉及怎样吸收和借鉴发达国家的经验问题，发展中国家已经离不开与发达国家的联系，但绝不能为此而冲淡了主题。的确，战后发达国家在新技术革命的条件下也有一个从现代化向后现代化跃迁和转型的再发展的问题，但发达国家的状况与发展中国家是根本不同的，发展的背景、发展的起点、所处的国际位置等都是不同的，它们追求的与其说是"发展"，不如说是"更发达"，尤其明显的是，它们没有被殖民的历史，只有"未发展"，没有"欠发达"。

第三，这还标示着，发展哲学不会是一种纯粹的哲学，它离不开对发展中国家发展话语的分析和反思，已经牢牢地被打上了"发展"的烙印；这同时就意味着，发展哲学与哲学的其他分支学科，如经济哲学、社会哲学、文化哲学等的基本区别，后者则以贯穿人类社会始终的经济问题、社会问题、文化问题等为基本论域，不受特定时空维度的限制。

二　发展哲学：作为哲学的一个分支

发展学的研究中为什么必须要有哲学的参与？因为发展所涉及的主题实在太广泛，太庞杂，几乎无所不包，已经超越了传统意义上的学科边界，不论是社会科学中的政治学、经济学、社会学，还是应用科学中的农艺学、植物生态学、土木工程学。这是一个真正的超学科、跨学科的主题。因此，正如经济学家本杰明·希金斯在1968年的一本教科书中断言："哲学家必须加入队伍，如果没有发展哲学的

---

① 任平：《当代发展哲学：物体、架构与前景》，载《苏州大学学报（哲学社会科学版）》1995年第3期，第26页。

明确概念，这个队伍就成了一个简单的特定使团。"① 哲学的特性在于反思和批判，没有反思和批判的哲学是形而上学的教条。既如此，那么，作为哲学分支学科的发展哲学，其反思和批判的哲学特质如何体现，其与发展经济学、发展政治学、发展社会学、发展文化学等其他"发展学"的实证性分支学科的区别何在？我们先来探讨一下哲学与实证科学以及两者的关系问题。

在哲学的理论特质方面，哲学家黑格尔认为，"哲学可以定义为对事物的思维着的考察"。由此，黑格尔明确地把哲学的思维特性规定为"反思"。在他看来，哲学作为一种思想，"思维"既是它的工具，又是它的对象，"真正讲来，只有思维才配称为哲学的仪器或工具"；同时，哲学必须"以思维为它的对象"。"反思"，即意味着，"思想"把"思想"本身作为对象反过来而思之。他一再强调，"反思以思想的本身为内容，力求思想自觉其为思想"，"哲学的认识方式只是一种反思，——意指跟随在事实后面的反复思考"。②

哲学的这种反思特性，缘于"哲学缺乏别的科学所享有的一种优越性：哲学不似别的科学可以假定表象所直接接受的为其对象。"③"别的科学""可以假定表象所直接接受的为其对象"，而哲学则不可以，这就是哲学与"别的科学"的区别所在。海德格尔更将"别的科学"称为实证科学，并对两者的区分做了明确的表述："哲学是关于存在的科学……因此我们将一切非哲学的科学称为实证科学以与哲学之科学相区别。实证科学研究存在者，也就是说，向来研究特定的领域，例如自然。"④ 这也就意味着，实证科学以"存在者"作为自己的研究对象，自然科学以自然的"存在者"作为研究对象，社会

① ［美］德尼·古莱：《发展伦理学》，高铦等译，社会科学文献出版社 2003 年版，第 3—4 页。

② ［德］黑格尔：《小逻辑》，贺麟译，商务印书馆 1987 年版，第 7、38、39、47、51 页。

③ 同上书，第 37 页。

④ ［德］海德格尔：《现象学之基本问题》，丁耘译，上海译文出版社 2008 年版，第 14—16 页。

科学以社会的"存在者"为研究对象；而哲学则是以这些具体"存在者"的"存在"，即"思想"为研究对象。作为思维对象的"思想"不是实存的"存在者"，而是使"存在者"成为可能的"存在"本身。国内学者孙正聿教授进一步把哲学与科学的区别表述为"反思思想"与"构成思想"的区别，科学以"存在者"为对象去构成"思想"，这种科学构成的思想就成为哲学反思的对象。这就表明，哲学与实存的存在者并不发生直接的关系，而只能以科学构成的思想为中介与之发生间接的关系。哲学不是不关注经验事实，而是不直接关注经验事实，只能"跟随在事实后面"进行"反思"。哲学作为"密纳发的猫头鹰"，"要等黄昏到来，才会起飞"。①

进一步地，哲学与实证科学是什么关系呢？就哲学与实证科学的关系而论，哲学就是要对实证科学进行"反思"，就是要对实证科学构成的"思想"进行再"思想"。进一步地，哲学如何进行这种反思的再思想呢？实证科学所构成的任何"思想"，都有其得以构成的思想前提，这种思想前提在"思想"的构成过程中不可或缺。哲学对实证科学构成的思想的反思，并不是把全部实证科学构成的思想全都拿来反思，而只是对其得以构成的思想前提进行反思。这种思想前提对于实证科学来说是自明的，而对于哲学来说，这种自明性恰恰成为问题本身。这也就意味着，实证科学必须接受哲学的支配，必须接受哲学对于这种自明性的阐明。研究"存在"的哲学为研究"存在者"的实证科学澄清思想前提。对此，恩格斯以自然科学为例，做了系统阐发："不管自然科学家采取什么样的态度，他们还是得受哲学的支配。问题只在于：他们是愿意受某种坏的时髦哲学的支配，还是愿意受一种建立在通晓思维的历史和成就的基础上的理论思维的支配。"②

在明确了哲学和实证科学以及两者的关系之后，我们可以就发展哲学及其与发展经济学、发展政治学、发展社会学、发展文化学等具

---

① ［德］黑格尔：《法哲学原理》，范扬、张企泰译，商务印书馆 1961 年版，第 14 页。

② 《马克思恩格斯选集》第 3 卷，人民出版社 1972 年版，第 533 页。

体的部门发展学科的关系做出判断：发展哲学就是对发展经济学等具体的部门发展学科建构的关于发展的思想和理论进行反思和批判，要反思这些发展思想、发展理论得以建构的思想前提，澄清这些发展思想、发展理论中隐含的人性假定和方法论前提，分析这些发展思想、发展理论好坏的标准和尺度。"无论是何种发展科学，也无论是何种发展理论，……其观念前提和核心纲领，都必然是一种发展哲学观。""当代发展理论的缺陷，无一不是其各自深藏着的发展哲学观偏颇的映现。"① 同时，由于发展理论是不断发展着的，由前一种发展理论到后一种发展理论，再到更后的发展理论，其更替不仅是发展理论的具体理论内容的更替，更是建构这些发展理论的理论前提的更替，因而对这些不断更替着的理论前提的反思和批判，即发展哲学的自我批判，也是发展哲学理论研究的题中应有之义。正如学者李鹏程所言，"哲学研究虽然不受各门科学学科的限制，但是，它应该以各门科学的具体研究为前提、为基础"，因而发展哲学就要"开展对一种或几种发展理论表现出或所涉及的方法论进行研究和批判。"② 因此，简单地说，发展哲学就是对发展经济学、发展社会学等部门发展学科形成的发展理论的前提批判，这一批判包括两部分：一是对某一具体的发展理论中隐含的理论前提进行批判；二是对发展理论历史更替中的思想前提的演进逻辑进行批判。在这一意义上，学者庞元正教授把发展哲学看作介于元哲学（特别是历史唯物主义理论）和具体发展学说（如发展经济学、发展社会学、发展文化学等）之间的应用哲学，对发展问题进行一种形而上与形而下相统一基础上的"形而中"的准抽象研究，是有道理的。

三 对当前几种发展哲学研究类型的批判

在明确了发展哲学的基本理论定位后，我们这里以此来评判一下

---

① 任平：《当代发展哲学：物体、架构与前景》，《苏州大学学报（哲学社会科学版）》1995 年第 3 期，第 27 页。

② 李鹏程：《我对"发展哲学"研究的一些想法和看法》，《哲学动态》1994 年第 5 期，第 24、25 页。

国内的各种发展哲学研究。当前的发展哲学研究有很多条路径，但这些路径大多都是自说自话，按照自己设定的一套逻辑、一种独特的视角进行阐述，尽管这些研究路径在存在共同性因子甚至相互认同的成分的同时，也存在着很多的差异性，但这些路径之间却鲜有对话和交流，特别是真正学术性的批判性评论。① 大体来说，分别从"发展学"和"哲学"的视角出发，各有两种主要的研究路径。

第一种路径，从"发展学"的视角出发，认为发展哲学是一个以发展为主题的问题域，应将一切有关发展的问题都纳入研究的论域之内，在理论结构上可分为形而上层次的发展形而上学、形而中层次的发展社会学和形而下层次的具体发展问题研究。这种看法与上述庞元正教授的看法相同，也把发展研究分为形而上、形而中、形而下三个层次；而庞老师把发展哲学视为"形而中"，把发展社会学视为"形而下"，严格地把发展社会学等具体发展学说排除在发展哲学论域之外，从而标明了发展哲学的独特性。而这种"层次说"把发展哲学视为整个的以发展为主题的问题域，这实际上是把发展哲学等同于整个"发展学"，这样根本没有理解发展哲学的特殊理论定位，只是赋予其一种混沌的性质，或者说，把产生于第二次世界大战以后的作为当代哲学一种形态的发展哲学还看作是与历史上的成为哺育后来具体科学母亲的那种哲学形态一样。具体地，这种看法把发展社会学列为发展哲学研究的一个层次，显然是没有有效地区分两者的本质区别，把反思特性的哲学研究混同于实证性的社会学研究；而把具体的发展问题也列为发展哲学研究的一个层次，则是从根本上混淆了理论和实践的本质区别，特别是哲学理论对实践的间接性作用。

第二种路径，也是从"发展学"的视角出发，从发展哲学与社会发展理论的关系层面对发展哲学进行界定，把具体发展理论直接等同于发展哲学，把西方的发展理论现代化理论、依附论、世界体

---

① 学者刘森林在其《发展哲学引论》"引言"中对某种发展哲学研究进行的批判性评论，是比较少见的。

系论、新发展观、文明冲突论、可持续发展理论、全球化理论等视为发展哲学的当然形态。发展哲学就是要对"发展"进行"哲学"研究，这种研究当然离不开发展理论。发展理论是由发展经济学、发展社会学及发展哲学等"发展学"的一些分支学科共同建构起来的理论，这些分支学科在不同时期由于不同的研究主体和不同的思想前提等要素，建构起不同的发展理论，相继占据着发展研究的主导地位。按照维特根斯坦的说法，人们的任何一种活动都是一种游戏，都要按照一定的规则进行，哲学就是要批判地考察这些游戏得以进行的规则。发展理论的建构当然也是一种"游戏"，这种游戏也必须依据和遵循一定的"规则"，这些发展理论得以建构起来的"思想前提"就是发展理论这种游戏的"规则"，发展哲学就是要批判地揭示和反思这些发展理论得以建构的"思想前提"的"游戏规则"。没有规则游戏不能进行，但游戏规则不能扩展为游戏本身，游戏本身也不能压缩为游戏规则。同样地，发展理论的建构必须以某种发展哲学为思想前提，但并不能因此把发展理论视同为发展哲学。发展哲学只是以提供和反思"思想前提"的方式参与了发展理论的建构。

第三种路径，从"哲学"的视角出发，认为发展哲学是理论化、系统化的发展观，是发展学各分支学科知识的概括和总结，是现代哲学理论体系的一门分支哲学。这种看法以具体部门发展学科为中介来关注现实的发展，借以展开发展哲学研究，这也正体现了哲学研究问题的"间接性"。但这条路径认为发展哲学是对具体部门发展学科的概括和总结，是对后者形成的成果的进一步抽象，这样就从根本上背离了哲学"反思"思维方式的特性。正如有学者正确评论的，"发展经济学、发展政治学、发展社会学以至任何一门发展学科的理论，哪一种没有理论化、系统化呢？哪一种不是理论化、系统化的发展观？"① 进一步地，这一路径还把这种看法标以"马克思主义发展哲学"的名义，这明显带有传统教科书哲学的印记，根本不能体现出马

_____

① 刘森林：《发展哲学引论》，广东人民出版社 2000 年版，第 4—5 页。

克思主义发展哲学的当代价值。

第四种路径，也是从"哲学"的视角出发，把发展哲学看作是通过对发展理论和发展实践的批判和反思，从而达到对其纠偏、校正、调适的作用，以合理调适和帮助完善总体思维框架。这种路径直接针对上述"总摄说"，真正体现了哲学作为一种反思思维方式的特性。但它把发展实践和发展理论同时列为发展哲学反思和批判的对象，我们认为也是不妥的。发展哲学除了"反思"特性外，还有对现实的"间接"的特性。发展哲学一定要为发展实践服务，发展哲学研究必须要面对发展现实，不能只在概念的逻辑中打圈圈，远离现实、脱离现实的哲学必将被拖进历史的垃圾箱，这是毫无疑问的。但发展哲学却不能像发展学的其他具体部门学科一样，直接面对发展现实，直接为发展实践服务，而是必须而且只能以具体部门发展学科为必要的中介。要求发展哲学直接为发展实践服务，那是无视哲学间接性的特点而对哲学实践性做出的肤浅理解的表现，结果很容易导致发展哲学研究的庸俗化。

四 马克思主义发展哲学的构建

发展哲学要完成双重任务：一是批判性的维度，对以往发展理论的前提批判和自我批判，即揭示和批判具体发展理论中隐含的思想前提以及发展理论思想前提的演进逻辑；二是建设性的维度，以为建构更加合理的发展理论提供一定的思想前提。从这两个维度看，在当代背景下建构马克思主义发展哲学都是非常必要的。

我们先看批判性维度。如前所述，严格意义上的发展哲学研究，其时空要被限制在第二次世界大战后的发展中国家，这里指涉的"限制"只是研究对象的论域，而不是研究视角和方法。从研究视角和方法方面看，发展哲学研究则必然要突破第二次世界大战的限制，把思想触角延伸到战前乃至更早。这就必然要论及马克思和马克思主义（当然也要涉及其他一些思想家和流派，如韦伯等），无论对其是赞成还是反对，因为马克思主义自诞生以后已经对这个世界产生了太大太深的影响，以至于一个多世纪以后，萨特还坚持讲马克思主义"仍然是我们时代的哲学：它是不可超越的"①；德里达也说，我们"都是马克思和马克思主义的继承人"，"仍旧是在用马克思主义的语码而说话"，"未来不能没有马克思"。② 事实上在战后兴起的很多发展理论中，其指导理念就直接涉及马克思和马克思主义，如现代化理论中发展经济学的代表罗斯托就把其著作《经济成长的阶段》一书的副标题定为"非共产党宣言"，而且在书中用专门篇幅来探讨马克思主义；综合发展观的代表佩鲁在《新发展观》中也是如此；至于依附理论和世界体系论中的马克思主义影响就更不用说了（这两种理论有时直接被称为"新马克思主义的发展理论"）。因此，从批判维度上讲，马克思主义发展哲学的建构是非常必要的，这是揭示发展理论的思想前提中的马克思主义因子，进一步澄明在当今背景下马克思主义合法性的必然要求。马克思主义发展哲学既要完成发展哲学的一般使命，又要体现自己的鲜明特色。这就意味着，马克思主义发展哲学要用马克思主义的视角、观点、方法揭示以往发展理论的思想前提，对其中的非马克思主义思想进行澄清和批判。这种"澄清和批判"体现在两个层面。

　　第一个层面，马克思主义发展哲学要对现代化理论、依附理论和世界体系论等经典发展理论进行前提批判。现代化理论的西方意识形态背景，现代化理论的人性假设和方法论前提，现代化理论各派别的逻辑演进，现代化理论内部批评与维护机制，现代化理论和马克思主义发展理论所进行的现代性追求等等，构成马克思主义发展哲学探讨的重要内容。同时依附理论和世界体系论作为现代化理论的反叛，其建立的理论基础之一就是马克思列宁主义，而这两种发展理论也没能为发展中国家提供切实有效的发展道路，进而出现了一些政治家和学者由此出发否定马克思主义具有当代合法性的倾向，所以这里要求对

---

　　① ［法］让－保罗·萨特：《辩证理性批判》，林骧华等译，安徽文艺出版社2008年版，第28页。

　　② ［法］德里达：《马克思的幽灵》，何一译，中国人民大学出版社1999年版，第79页。

马克思主义发展哲学的具体化情况予以批判性分析，以澄明对马克思主义自身当代合法性和合理性的理解。

第二个层面，马克思主义发展哲学还必须对可持续发展理论、全球化理论等进行前提批判。可持续发展理论、全球化理论等指涉的论域实际上都已经进入了包括发达国家在内的整个世界。但如前所述，发展理论只研究其中涉及的发展中国家的部分，研究发展中国家如何实现可持续发展，如何应对全球化的挑战等问题；至于发达国家的情况也只是在相应背景转换的时候才被提及。于是，马克思主义发展哲学的实践思维方式与可持续发展理论的哲学基础，马克思主义的公平观、正义观与可持续发展理论的逻辑构建，马克思主义与不可持续的"发展主义"理论关系比较，马克思主义自然和社会统一思想与可持续发展的现实实践等等，构成马克思主义发展哲学探讨中不可或缺的重要内容。

我们再来看建设性维度。我们知道，构成最初发展理论现代化理论思想前提的并不是马克思主义，而是韦伯思想及其美国变种帕森斯思想。现代化理论是冷战时期资本主义意识形态的产物，强烈地反对共产主义世界，在思想灵魂深处是反对马克思主义的。后来由于现代化理论没能为发展中国家提供切实的发展良方而遭到诘难。随后而起的依附理论和世界体系论则不失时机地举起马克思主义的旗帜，试图以马克思主义发展哲学建构马克思主义发展理论，但后来实践证明，这种建构也是不成功的。总体来说，它们的理论建构仍然是在西方发展学的解释框架内进行的，而"西方发展学是在世界分为南北贫富两极的历史格局内以研究第三世界发展为对象、以维护这种格局即资本国际统治作为宗旨的理论"①。与西方发展学不同，马克思主义的理论旨趣力图打破资本统治的格局，从而促进每个人的自由发展。这就要求我们建构起符合时代特征的马克思主义发展哲学，以增强切实的信服力。在当代真正践行马克思主义的这种理论旨趣的就是中国的发展实践。新中国成立 60 多年、特别是改革开放 30 多年来取得了令人

① 吴雷：《西方发展学及其终结》，《当代思潮》1996 年第 1 期，第 56 页。

瞩目的伟大成就，这些成就都是在马克思主义指导下取得的，这足以说明马克思主义具有极强的解释力。国内无论学界还是政界都已达成一致意见：中国不能走西方式发展道路，要走自己的具有中国特色的社会主义发展道路；不能照搬西方的发展理论，要形成自己的具有中国特色的发展理论。中国的发展已经积累了丰富的材料，现在是到了"整理材料"（恩格斯语）的时候了。这就迫切要求我们建构中国化的马克思主义发展哲学，以为形成中国自己的发展理论提供思想前提。这也是在哲学方面实现马克思主义中国化最恰当的表达方式。这种"表达"同样体现在两个层面。

第一个层面，要对发展哲学进行马克思主义溯源。从马克思主义经典作家那里寻求理论资源是构建发展哲学的题中应有之义，特别是马克思的"以人为本"思想、"人的全面发展"思想、人性整全的价值理想、社会发展的历史尺度与道德尺度统一思想等发展理念，构成建构发展哲学的指导思想。这也构成我们正面回应发展理论建构中的非马克思主义和反马克思主义态度的基本根据。

第二个层面，要实现马克思主义发展哲学的中国化。在当代中国的语境下探讨马克思主义发展哲学，非常重要的任务就是为建构中国自己的发展理论提供价值前提，实现马克思主义发展哲学的中国化。因而，要探讨中国特色社会主义发展道路的人本性、持续性、和谐性；当代中国社会发展价值的逻辑嬗变；当代中国"又好又快"发展理念的确立；以及困扰中国社会发展、影响当代中国"和谐社会"构建的制约因素。

第一章

现代化理论前提的马克思主义批判

如前所述，发展理论有着特定的论域，指的是第二次世界大战后发展中国家谋求发展的理论。这些国家谋求发展的过程并非一帆风顺，而是经历了一个非常曲折的过程。它们所采用的发展理论也不是一个，最早的发展理论是"现代化理论"①，但这种理论没能像提出者许诺的那样帮助发展中国家实现发展，"现代化理论"也就慢慢地淡出了发展理论的主导地位，依附理论以及其后的世界体系论随即先后占据了这一位置，但这些发展理论也没能如愿。从结果来看，直到现在也不能说这些国家都实现了发展的夙愿（至少其中大部分国家是这样）。这里要着重说明的是，前一种发展理论淡出主导地位，并不意味着其完全退出历史舞台，相反它还在发挥作用，只是不如以前那样显著而已。"现代化理论"作为最早的发展理论，其发生影响的强度和时间都超过其他，我们这里首先对这种理论的前提展开批判性分析。

---

① 这里所说的"现代化理论"，指的是狭义上的理解，是与其后的依附发展理论和世界体系论相对立的，因为两者在一些指导思想上是不相容的：前者具有浓厚的反马克思主义色彩，而后者则具有明显的马克思主义倾向；在广义上，还有一些学者把这种狭义的现代化理论，连同依附发展理论和世界体系论一起，都称为"现代化理论"，因为在另一些更为基本的观点方面，后者与前者有一些相同和相通性。著名学者班努里在论述现代化理论的时候，就认为现代化理论有几个次级学科：发展经济学、马克思主义传统政治经济学、政治发展理论、社会现代化理论等，这些学派尽管存在着重大差异，但却拥有一些基本的共同点，这些共同点被视为现代化理论的特征。他在进行这种分析的时候，实际上是把发展经济学以及制度经济学的主流、新古典学派、结构学派等都看作现代化理论大范式下的不同的子范式。（参见班努里《发展与知识的政治：现代化理论在第三世界发展中的社会角色的批判诠释》，载许宝强、汪晖选编《发展的幻象》，中央编译出版社 2001 年版，第 151—152 页。）关于这一点，我们在后文中还会有详述。

第一节　"现代化理论"的意识形态内涵

"现代化理论"并不是一般意义上的关于现代化的理论。作为一个专有名词，"现代化理论"具有非常强烈的意识形态色彩，尽管这是现代化理论家们不愿承认的。这种意识形态性可以从两个层面得到体现。第一，从研究性质上看，现代化理论家们的真实目的在于把新独立国家拉入资本主义阵营，防止它们滑入共产主义世界，但他们却公开宣讲这样做是完全善意地为了这些新独立国家的发展。现代化理论家的目的就是"为国家的反共斗争作贡献"①，而不是真心想让这些国家发展起来，比如对于东南亚，美国官员就希望其"成为一个有生产力的地区，像战前那样出口稻米和原料，从日本和西欧进口其所需的全部制成品"②，这就是以前的状态。欧美发达国家，特别是美国通过现代化理论，力图能够"帮助那些社会沿着一定的道路前进，使之不仅符合他们自己的长期利益，而且符合我们自己的长期利益"③。第二，从研究方法上看，现代化理论家建立的各种理论隐含着浓厚的价值指向性，尽管现代化理论表面上保持着价值中性的论调。在现代化理论家看来，反共主义（anticommunism）不仅是战略斗争和经济斗争，同时也是一场文化斗争。发达国家特别是美国的政策制定者们就是把现代化理论视为一种能够抗衡马克思主义的思想来对待的，现代化理论已经远远超出了纯粹学术的范畴。

一　现代化理论的研究性质

20 世纪 50 年代，世界上存在着三股力量：以西欧和北美为主要

---

① ［美］雷迅马：《作为意识形态的现代化》，牛可译，中央编译出版社 2003 年版，第 86 页。

② 同上书，第 246 页。

③ 同上书，第 87 页。

代表的资本主义世界①，以苏联和中国为代表的共产主义世界，除此之外还有第三股力量：第二次世界大战后经由反殖民主义运动获得独立的"新国家"。此时，世界上正开始意识形态的"冷战"：资本主义世界和共产主义世界的两极对立，"对不发达国家的争夺"成为冷战的重要组成部分。因此，这些刚刚独立的新国家就成为双方努力争夺的对象，两大阵营都想把它们揽入自己的阵营：既可以壮大自己的力量，同时也可以削弱对方的力量。对于一些有可能发生变故的国家，美国和苏联以军援的方式谋求问题的解决，如美国对拉美危地马拉、苏联对非洲安哥拉的内战；甚至不惜直接以战争的方式来谋求解决，如苏联对捷克斯洛伐克、美国对越南的入侵。现代化理论的主将、发展经济学的主要代表人物罗斯托②把共产党称为"现代化进程中的食腐动物"。他对 20 世纪 50 年代世界局势的一个判断是，苏联和中国正在运用贸易、援助等手段，在欠发达地区极力挑动民族主义情绪，力图把共产主义当作追求现代化的最有效的方法，这时"自由的事业看起来处于守势"③。因为"苏联和中国都有声名远播而且很有说服力的革命学说，对苦苦寻求减缓贫困、实现社会公正和终止政治压迫的办法的拉美人来说，苏联和中国使马克思主义教条产生了吸引力。"④ 1954 年罗斯托和利米坎在致中央情报局局长艾伦·杜勒斯的一份备忘录中解释说，"自由世界成功地照看着欠发达国家越过艰难的过渡阶段而走向自促的增长，这将打破来自莫斯科和北京的一个

---

①　当然，西欧和北美并非绝对统一体，甚至有时分歧很大，科耶夫就曾提出要组建由西欧持拉丁语言国家组成的新"拉丁帝国"，同美国和英国（以及可能的联邦德国）为一方，苏联为另一方的世界力量争夺权力。（参见 [法] 科耶夫《科耶夫的新拉丁帝国》，邱立波译，华夏出版社 2008 年版。）当然，从实践层面上看，这种看法最后流产了，世界进入了两极对立的冷战时期。

②　日本理论家薮野佑三对罗斯托著作《经济增长的阶段——非共产党宣言》的评论是，"正如这本著作的副标题所显示的那样，它并不仅仅是经济学方面的理论，而是给整个现代化理论奠定思想基础的。"罗斯托本人在现代化理论中的作用举足轻重，几乎无可替代。（[日] 薮野佑三：《现代化理论的今天》，王小平译，载罗荣渠主编《现代化理论与历史经验的再探讨》，上海译文出版社 1993 年版，第 128 页。）

③　[美] 雷迅马：《作为意识形态的现代化》，牛可译，中央编译出版社 2003 年版，第 44 页。

④　同上书，第 126 页。

危险的神话，即只有共产主义能变革欠发达社会。"① 他在其主要著作《经济增长的阶段——非共产党宣言》中则表达得更为直接和露骨："冷战中意识形态方面的斗争，提高了人们对于须选择适当的政治和社会方法来实现现代化的意识，特别引起了应否采用共产主义方法的问题。不仅如此，国际共产主义运动的公开目标是要在不发达地区取得政权。"② 为此，"我们必须表明，不发达国家（现在是共产党希望的主要焦点）能够在民主世界范围内，顺利地通过前提阶段进入巩固的起飞阶段，拒绝共产主义的讨好和引诱。我认为在西方的工作日程上这是最重要的一项。"③ 他的基本框架是：所有的社会都要依次经过这样几个发展阶段：传统社会→起飞准备期→起飞→向成熟阶段过渡→高额大众消费阶段，"起飞"的实质在于，不经过共产主义化而脱离传统社会。其实，仅从罗斯托这本书的副标题"非共产党宣言"中就能深刻地感受到其浓厚的反对马克思主义的意识形态色彩。而处在变革的不同历史阶段的第三世界国家，则被敌对双方当成互相争夺、对之垂涎三尺的"战利品"。第三世界国家面对两个敌对阵营，只能采取或被迫采取一边的世界观来作为自己的立场，"要么在与美国和西方的联合中为民主的演进开辟道路，从而成功地实现现代化，要么在挫折和绝望之下转向一直在向它们招手的共产主义路线。"④ 当然，这些新独立的国家并不是只有静静地等待，面对以两个超级大国为首的两大集团的冷战对峙，第三世界的领袖们看到了回旋于两者之间的"有利可图"，也在"待价而沽"，哪一方开出的价码高，就向哪一方敞开胸襟。在冷战结束之后，霍华德·威亚尔达评论说，"冷战的结束不仅意味着西化的主要替代物之一（马克思列宁主义）解体和失去信誉，也使第三世界不能再取利于美国和苏联之

---

① ［美］雷迅马：《作为意识形态的现代化》，牛可译，中央编译出版社 2003 年版，第 88 页。

② ［美］罗斯托：《经济增长的阶段——非共产党宣言》，郭熙保、王松茂译，中国社会科学出版社 2001 年版，第 149 页。

③ 同上书，第 141 页。

④ ［美］雷迅马：《作为意识形态的现代化》，牛可译，中央编译出版社 2003 年版，第 138 页。

间，以在较大程度上保持自己的自主与独立。"① 换句话说，只要冷战还在继续，第三世界国家就能寻求从两个超级大国的对抗中得利，同时在处理各种事务时坚持自己的独立性。而冷战一旦结束，上述利用及独立性就会消失不见。

在这样的现实背景下，欧美发达国家特别是美国由于其两次世界大战积累起的巨大实力而显示出来的繁荣富强景象，成为广大发展中国家向往的目标、追逐的偶像。欧美发达国家的发展理论家们就根据自身的发展经验总结出来一套发展理论来试图帮助发展中国家走上发展之路，于是"现代化理论"出现了。"现代化理论成为第三世界政治的指导思想。西方作为一种'异文化'，变成东方社会文化发展的自我之前景。"② 第三世界国家尤其是拉美国家也非常欢迎发达国家学者为它们开出的药方，而且也出现了一批学者加入现代化理论的研究队伍。现代化理论把世界各国分为现代化国家和传统国家两大类，早期实现了工业化的以英美为代表的西方国家是现代化国家，具有现代性；新独立（特别是第二次世界大战后新独立）的众多第三世界国家仍然属于传统国家，不具备现代性。传统国家必须向西方国家学习，植入现代因素才能走向现代。广大发展中国家特别是拉美各国普遍信奉并实施现代化理论，这种现代化理论在初期确也取得了一些成效，但随即暴露的问题更多，最终也没能使这些国家实现繁荣富强的目的，引起了这些国家的质疑和批判。而后，现代化理论进行了自身修正。所以，现代化理论可以分为两支：正统现代化理论和现代化修正理论。③ 前种理论认为传统性和现代性是对立的，传统国家要摒弃、排除传统社会的历史因素，才能

---

　　① ［美］霍华德·威亚尔达主编：《非西方发展理论——地区模式与全球趋势》，董正华等译，北京大学出版社 2006 年版，前言第 1 页。

　　② 王铭铭：《文化哲学与人的表述》，天津人民出版社 1997 年版，第 125—126 页。

　　③ 沈宗美先生在亨廷顿《变化社会中的政治秩序》一书的中译本序中，把"现代化研究"归纳为五种类型：正统现代化论、现代化修正论、强大政府论（政治秩序论）、第三世界的经济依存论和新马克思主义的发展中国家阶级论。（塞缪尔·P. 亨廷顿：《变化社会中的政治秩序》，王冠华等译，生活·读书·新知三联书店 1989 年版，中译本序。）沈先生说的是从政治学角度笼统意义上的"现代化研究"，我们这里讲的是狭义上的"现代化理论"，则涵括了前三种类型，正统现代化论特别强调经济因素，强大政府论则特别强调政治因素，都从属于"现代化理论"的分支。

过渡到现代社会；后种理论认为传统性和现代性并非此消彼长的对立物，一些传统因素可以转化为现代因素，从而可以利用来为实现现代化服务，而不一定要全部抛弃。

现代化理论并非一个统一的理论，而是一个基于一些基本一致理论倾向和观点基础之上的理论总和。作为第一个发展学说理论，经济学、政治学、社会学甚至心理学等多个学科都广泛参与其中，形成了发展经济学、发展政治学、发展社会学、发展心理学等多种现代化理论。这些理论内部也存在着较大的不同。发展经济学的现代化理论和发展政治学的现代化理论就存在着很大的差异。发展经济学现代化理论的代表人物罗斯托提出经济增长阶段论，认为随着经济的逐步增长可以实现政治、文化等的繁荣，最后可以顺利达到高额消费阶段。而发展政治学现代化理论的代表人物亨廷顿却提出，随着经济增长而来的不一定是政治的稳定，还可能是政治衰朽。发展经济学现代化理论的内部也不一致，如刘易斯和罗斯托，刘易斯的"主要兴趣不在于分析分配，而在于分析增长"[1]；罗斯托的理论着眼点除了分析增长之外，还要分析社会进步。同样地，发展政治学现代化理论的内部也不一致，如阿尔蒙德和亨廷顿，阿尔蒙德强调发展的优先性，"政治现代化即使算不上第二位的，至少也只有在前者发展后才能水到渠成"[2]；而亨廷顿则提出强大政府论，更强调政治秩序的优先性。这里要着重强调的是，意识形态性质充满了现代化理论的整体论述中，不只是罗斯托的发展经济学，发展政治学家亨廷顿的著作也一样充满了强烈的意识形态色彩，但相对于罗斯托则隐蔽一些。亨廷顿在 1968 年第 46 卷《外交事物》上发表《适应的基础》一文，他认为"美国主持的城市化革命"将从根本上挫败"毛泽东主义的农村革命。"[3]"亨廷顿以引人注目的方式复活了

---

①　[美] 塞缪尔·亨廷顿：《发展的目标》，董正华译，载罗荣渠主编《现代化理论与历史经验的再探讨》，上海译文出版社 1993 年版，第 332 页。

②　[美] 塞缪尔·P. 亨廷顿：《变化社会中的政治秩序》，王冠华等译，生活·读书·新知三联书店 1989 年版，中译本序第 3 页。

③　[美] 雷迅马：《作为意识形态的现代化》，牛可译，中央编译出版社 2003 年版，第 236 页。

现代化思想，那就是将前殖民地世界是构成帝国主义战略行动的基础这一观点局部地加以充实而使其在整体上更能迷惑人。"①

　　以前学者们在评价现代化理论的时候，更多地将目光聚焦于负面效果，几乎根本不提及正面性，严格来讲这也是不公允的。现代化理论的确给第三世界国家带来了一些成功，尽管比较有限。现代化理论的积极推行者当属时任美国总统肯尼迪。肯尼迪总统在1961年1月20日就职演说中说道，"我们之所以这样做，并不是因为共产主义者正在这样做，也不是因为我们需要谋求它们（第三世界国家）的支持，而是因为这样做是正确的。自由社会如果不能帮助众多的穷人，也就无法保全少数富人。"② 这句话亦假亦真：前半句是假，因其隐藏了背后真实的意识形态内容；后半句是真，现代化理论的真实意图就在于保全他们自己（少数富人）。不管怎样，第三世界国家在现代化理论的推行过程中也得到了一些好处。③ 现代化理论开出的现代化处方，首先在拉丁美洲得到了实施。这些国家采取了对西方开放、引进资本和科学技术、发展工业生产、追求最高经济增长速度等发展战略，在20世纪五六十年代一度获得了较快的经济增长。在非洲加纳，"从1961年到1991年，和平队（肯尼迪政府推行现代化理论的最主要政策之一，引者注）志愿者为将近675000人提供了教育，占该国人口的近5%，使识字率大为提高。"④ 更典型的在东亚和东南亚。东

---

　　① ［英］科林·莱斯：《塞缪尔·亨廷顿与"经典"现代化理论的终结》，李彬译，载罗荣渠主编《现代化理论与历史经验的再探讨》，上海译文出版社1993年版，第383页。

　　② ［美］雷迅马：《作为意识形态的现代化》，牛可译，中央编译出版社2003年版，第47页。

　　③ 1998年《时代》周刊创刊75周年庆祝活动上，美国总统克林顿发言说，20世纪是美国的世纪，但愿我们能使21世纪也成为美国的世纪。这话令当时也在场的戈尔巴乔夫很不舒服，因为"这是一种自夸"，"是自欺欺人"。为此，戈氏写了一篇文章《重温乔治·肯尼迪的话》来反驳克林顿。（参见［俄］戈尔巴乔夫、斯拉文《尚未结束的历史——戈尔巴乔夫访谈录》，孙凌齐、李京洲译，中央编译出版社2003年版，第126页。）戈氏在这里把克林顿与肯尼迪对立起来，认为前者维护美国霸权地位，而后者并不追求"泛美式"的世界，这实在是误读了肯尼迪对共产主义世界的善意。要知道，著名的反共产主义的"现代化理论"就是在肯尼迪总统手上"发扬光大"的，而克林顿只不过延续了这一政策而已。也可能是"现代化理论"给第三世界确实带来的一些好处给戈氏的结论提供了一些证据。

　　④ ［美］雷迅马：《作为意识形态的现代化》，牛可译，中央编译出版社2003年版，第174页。

亚的韩国、中国台湾地区、新加坡（属于第一批新工业化国家和地区），东南亚的马来西亚、泰国、印度尼西亚（属于第二批国家），它们的成就和美国的赏赐与支持密切相联系，它们有意识地介入冷战中最热烈竞争的地区。韩国和中国台湾地区就是利用它们在冷战中地缘战略上的重要性，收到了很大的效果，赢得了进入美国市场的优惠而无须开放自己的市场作为交换。韩国最为典型。在李承晚时期的韩国，对经济增长的全面追求并不是政府的系统目标。"在李承晚统治的 12 年里，没有构思任何发展性的经济计划，也没有实施任何有意义的改革措施。"[1] 如果说李承晚统治时期的历史真的有什么"内在逻辑"的话，那更多的也是冷战的逻辑，而非发展的逻辑。许多发展的背后逻辑都是为了应对共产主义的威胁。美国在韩国的主要考虑是遏制共产主义的威胁，以及相应地保持政治经济的稳定。因此可以说，韩国的崛起，更多的是得益于冷战的政治因素，而非是单纯的经济考虑。

　　但在取得短暂的发展过后，第三世界国家，尤其是推行现代化理论最积极的拉美国家则暴露了很多问题：货币贬值、通货膨胀、外债沉重、国民经济受发达国家控制，以及随之而来的政权更迭频繁，社会局势动荡不安。这些经济与社会问题困扰着拉美国家，人们开始怀疑现代化理论和现代化战略的可行性。很明显，就总体而言，现代化理论没有实现当初的承诺，没能帮助发展中国家实现发展的目的。与有成绩的时候都来领功截然相反，有问题的时候，当初信誓旦旦的现代化理论家纷纷推卸责任，把责任推给广大发展中国家自身。在这些人看来，不是现代化理论不好，而是你们推行现代化理论不力。就这样，现代化理论的推动者把问题解释为是一个执行问题，而不是一个目标问题。作为肯尼迪政府推行现代化理论的又一重要政策，"争取进步联盟"并没有取得预期的效果。《新闻周刊》报道，在争取进步联盟的第一年里，没有一个国家达到人均收入增长 2.5% 的目标，有

---

①　[美] 阿图尔·科利：《国家引导的发展——全球边缘地区的政治权力与工业化》，朱天飚等译，吉林出版集团有限责任公司 2007 年版，第 54 页。

四个国家达到 2%，两个国家只有 1%，有五个国家"原地不动"，还有七个国家更是在实际上倒退了。对于这种情况，现代化理论家们宣称，"争取进步联盟"的落实如果"没有能够实现提高生活水平的目标，那么首先应该受到责备的是他们本国的政府，而不是美国"。①阿拉斯加州参议员厄内斯特·格鲁宁在《新共和》杂志撰文指出："争取进步联盟高贵理想行将失败，因为在大多数情况下拉美的掌权者没有发动和推进所需的改革。"《时代》杂志报道，"争取进步联盟只有一种运行方式：实际上是美国人在付账，而拉丁美洲人却在拖他们的后腿。"②《美国新闻和世界报道》引述一位美国官员的看法说，危地马拉之所以不能推行改革，是因为其领导人对联盟的主张毫不认同："错误之处在于，和你打交道的是一个有着与西方文明截然相反的对人类的看法的社会。在危地马拉，有知识有能力的人及其子女只关心如何尽可能多地为自己和家人积累财富。他们对社会中的其他人毫无责任感。"③而另一方面，那些积极推行现代化理论的发展中国家却并不认同这种说法。在它们看来，并不是发展中国家推行现代化理论不力，而是现代化理论本身存在着致命的缺陷。它们把问题解释为一个目标问题，而不是一个执行问题。关于这一方面，我们在后文还会有所论及。

如前所述，现代化理论遭遇了一系列批判，尽管做了一些机制上的自我维护，最后还是被迫淡出了发展理论的主导地位，但现代化理论并没有完全退出历史舞台，依然在发挥作用，一些发展中国家还在采用或被迫采用这种理论来谋求发展。随着 20 世纪 90 年代苏联的解体，共产主义运动的挫折，推崇民主与市场经济的现代化理论的变种形态再次被奉为解决问题之道。加拿大西蒙·弗雷泽大学教授 A. H. 萨姆伊提出，"造成印度经济政策的必要改变的，不是苏联的解体，

---

① ［美］雷迅马：《作为意识形态的现代化》，牛可译，中央编译出版社 2003 年版，第 142 页。

② 同上书，第 165 页。

③ 同上书，第 166 页。

而是国际货币基金组织提出的条件和亚洲相邻国家出色的持续经济增长。"① 这种看法是把苏联的解体与国际货币基金组织的条件看作两个不相关的事物，我们不能认同此种观点，因为事实并非如此。众所周知，苏联的解体是以依托包括国际货币基金组织等"援助机构"在内的西方意识形态冷战的结果，怎么能把这两个事物看作不相关呢？西方援助机构一直都鼓励政治自由化和开放性经济，而这两原则正是全球化的孪生性结果。非洲情况也是如此。在后冷战时代，西方各国政府利用他们对非洲的援助推进非洲的政治变革。1990 年美国驻肯尼亚大使警告说，"我们的国会掌管着钱袋，国会中有一股强大的潮流要求把我们的经济援助集中于世界各国中那些扶持民主制度、捍卫人权、推行多党政治的国家身上。"② 肯尼亚政府最终屈服于这种压力，肯尼亚总统莫伊只好声明，西方的威压是使他的政府默许民主选举的背后因素。如果说肯尼亚政府是被动的，南非则是主动投怀送抱的。1994 年五一劳动节，纳尔逊·曼德拉在南非最大的报纸上宣布："在我们的经济政策中……没有一个字提到像国有化这样的东西，这不是偶然的。没有一个口号把我们和任何马克思主义意识形态联系在一起。"③ 南非时任副总统姆贝基在 1998 年 10 月继续宣称，非洲"必须站在挑战的前列，以迎接把'市场'当作现代上帝的概念。"④ 在这些亚非国家看来，苏联的解体意味着马克思主义的失效，所以急于表态与马克思主义划清界限。但问题并不是这样简单，俄罗斯学者梅茹耶夫就认为，"苏联的解体源于马克思所创立的学说在俄罗斯从来就没有被很好地理解过，'俄国就是这么一个奇怪的国家，

---

① ［加拿大］A. H. 萨姆伊：《印度：对西方发展理论的挑战》，载［美］霍华德·威亚尔达主编《非西方发展理论——地区模式与全球趋势》，董正华等译，北京大学出版社 2006 年版，第 48 页。

② ［美］拉纳·怀利：《撒哈拉以南的非洲：西方的影响与本土的现实》，载［美］霍华德·威亚尔达主编《非西方发展理论——地区模式与全球趋势》，董正华等译，北京大学出版社 2006 年版，第 89 页。

③ ［南非］海因·马雷：《南非：变革的局限性——过渡的政治经济学》，葛佶、屠尔康译，社会科学文献出版社 2003 年版，第 160 页。

④ 同上书，第 342 页。

不管什么样的思想到了这里，都会被扼杀。俄国是各种思想的坟墓。'"① 马克思主义的影响力不是人为主观能够消除的，就在急于与马克思主义划清界限的南非，也依然不能完全摆脱马克思主义的影响。副总统姆贝基在 1998 年 6 月一份讲收入差别的报告中宣称："除了那些不想要变革的人之外，去辩论收入的不同对谁都不会有帮助：一个高级黑人经理和非熟练的黑人工人之间收入的差别，和一个同样地位的高级白人经理和一个非熟练的黑人之间的收入差别同样地大。因此像许多国家一样，我们目前所面临的挑战是阶级差别而不是从白人少数统治继承下来的种族差别。"② 从这里可以清晰地看出，马克思主义的阶级分析方法在其中的深邃影响力。当然，并不是所有的非西方国家都唯美国马首是瞻，在拉美，除了一个老对手古巴之外，委内瑞拉也公开与美国叫板，甚至与美国断绝外交关系。

毋庸讳言，其实作为一种意识形态，现代化理论不但是一种由相互支持的各个观念组成的思想体系，"这个思想体系要作为一种观察近代史的方法，要向马克思主义挑战而且要代替马克思主义"③，更成为维护国际资本主义秩序的战略工具和手段，在 20 世纪五六十年代确实发挥了强大的影响力。正如历史学家尼戴尔（Needell）所说，在冷战的背景下，"真理"远不仅仅是一种大家所共同寻求的知识产品，它也被看作是"我们的武器"。在欧洲殖民主义秩序瓦解的过程中，为了对付他们所认为的共产主义威胁，社会科学家和肯尼迪政府的政策制定者把现代化理论作为一种用来提高"自由世界"的力量的手段，其目的是利用新独立国家的发展来保护美国的安全。

二　现代化理论的研究方法

现代化理论的研究性质就在于充当了美国等发达国家用来对付共

① 周来顺：《当代俄罗斯哲学前沿问题及其发展趋势》，《中国社会科学报》2011 年 8 月 11 日。

② ［南非］海因·马雷：《南非：变革的局限性——过渡的政治经济学》，葛佶、屠尔康译，社会科学文献出版社 2003 年版，第 277 页。

③ ［美］罗斯托：《经济增长的阶段——非共产党宣言》，郭熙保、王松茂译，中国社会科学出版社 2001 年版，第 112 页。

产主义威胁的手段，第三世界国家必须接受现代化理论家为其开出的发展药方。为此，现代化理论家极力向第三世界国家展示现实中美国的繁荣富强以作为它们效仿的榜样，以此昭示这些国家：要想像发达国家这样，就要走发达国家曾经走过的道路，有朝一日就可以达到欧美的水平。现代化理论就是这些发达国家的学者按照自身的发展经验设计出来的一条发展道路，借以帮助发展中国家实现发展的诉求。现代化理论"要求这样的价值观前提，即发达国家的现有发展水平及其相应的社会形态，应被欠发达国家树为模式，并当作一个目标而加以接受"①。现代化理论家们努力宣示西方发达国家就是"好"，而且这种"好"是由西方国家自己内部的优秀文化价值产生的。这样，如同在研究性质上蓄意隐藏自己的真实想法而给人一种"热心助人"的印象一样，现代化理论在研究方法上也努力保持一种"价值中立"的"客观"分析方式，从而隐藏了自己真正的价值指向性。

"价值中立"的思想最早可以上溯至休谟，他提出把"是"与"应该"划分开来，"事实判断"与"价值判断"是性质不同的两种判断，不能从"是"简单地推论出"应该"。后来韦伯在《以学术为业》的演讲中明确提出，学者们在社会科学研究中应当保持中立的态度，应当遵守"价值中立"的方法论原则，不能突出研究者自己的研究立场和价值标准。这样，现代化理论家就把休谟和韦伯推崇的价值中立性作为自己的理论指向。把韦伯思想和现代化理论联结起来的最重要的人物当属帕森斯，帕森斯作为韦伯的学生，其思想与韦伯一脉相承，其《社会行动的结构》和《社会体系》充分体现了韦伯思想的痕迹，而现代化理论又是以帕森斯为理论先导。因而可以说，现代化理论就是以韦伯思想尤其是"价值中立"思想为理论前提和基础的。现代化论者宣称其知识是建立在所谓公正、客观的"没有特定立场的观点"（view from nowhere）的基础上的，但他们认为自己已达到了现代化的顶峰，而他们正是站在这个顶峰上看世界。现代化理论不仅公开宣称其秉承了韦伯的价值中立思想，而且还偷偷地输入了韦

---

① ［埃及］盖拉尔·A. 阿明：《依附性发展》，梅俊杰译，载罗荣渠主编《现代化理论与历史经验的再探讨》，上海译文出版社 1993 年版，第 77 页。

伯的"西方中心论"思想。（尽管价值中立思想与西方中心论有些相悖。）"现代化理论在言辞上避免了殖民主义主张，但是保留了一种假设，即美国力量的扩张将增进社会科学知识，并增加对社会科学知识加以战略利用的机会。"①

　　其实，在科学研究中保持"价值中立"是不可能的，即使在自然科学中也是这样。历史主义学派代表库恩就对"价值中立"说法进行过猛烈的批判，"科学是以价值为基础的事业，不同创造性学科的特点，首先在于不同的共有价值的集合。"② 而在社会科学研究中更是如此，任何一门社会科学都不能完全脱离意识形态以及特定政治文化的影响。从严格的意义上讲，每个人都是带着自己特有的文化背景来看这个世界的，学者也不例外。所以，韦伯倡导的价值中立论思想是不能成立的。③ 另外，韦伯的确也是西方中心论者④，"资本主义精

----

① ［美］雷迅马：《作为意识形态的现代化》，牛可译，中央编译出版社 2003 年版，第 95 页。

② ［美］库恩：《必要的张力》，纪树立等译，福建人民出版社 1989 年版，第 326 页。

③ 实际上，前期的韦伯并不持价值中立思想，相反他倒是主张应该保持价值判断。1895 年他在弗莱堡大学的就职演说"民族国家与经济政策"中，就宣称经济学不仅是政治的学科，而且具有鲜明的政治属性和价值标准。政治经济学是"一种以'人'为对象的科学，它要研究的是在特定社会经济生存状况中成长起来的人的素质"，"必然受制约于人类的某一特殊族系"，必然带有这种局限性，"每当我们认为自己最彻底地逃脱了我们自身的局限性时，恰恰也就是这种局限性最强烈地束缚我们之时"。（参见马克斯·韦伯《民族国家与经济政策》，甘阳等译，生活·读书·新知三联书店 1997 年版，第 89—91 页。）在制定经济政策的过程中，不受任何感情好恶的影响是不可能的，民族主义价值判断的合法偏见必然存在，问题只是在于国民经济政策要保持哪种特有的价值尺度。把韦伯思想解释成价值中性论，是在"韦伯美国化"的过程中实现的。"美国化的韦伯"主要是第二次世界大战后美国主流社会科学界对韦伯思想的解释，更多是以 20 世纪 50、60 年代美国社会学建构社会学理论系统的需要出发（以帕森斯为代表），而并非从韦伯思想本身的脉络及其历史时代的背景性问题出发。（参见甘阳《韦伯研究再出发》，载马克斯·韦伯《民族国家与经济政策》，甘阳等译，生活·读书·新知三联书店 1997 年版，编者前言。）

④ 值得注意的是，加拿大学者 A. H. 萨姆伊考证说，马克斯·韦伯在其最后也是身后出版的《经济通史》中曾提出，我们应当寻找不同类型的资本主义，而不是仅仅盯着西欧式的资本主义。在他看来，以农业、矿业、种植园或者其他类型的经济为基础发展的国家也将会有不同类型的资本主义。（参见 A. H. 萨姆伊《印度：对西方发展理论的挑战》，载［美］霍华德·威亚尔达主编《非西方发展理论——地区模式与全球趋势》，董正华等译，北京大学出版社 2006 年版，第 55 页。）

神的发展完全可以理解为理性主义整体发展的一部分，而且可以从理性主义对于生活基本问题的根本立场中演绎出来"①，而理性主义的社会精神为西方社会所独有，这种资本主义精神亦为欧洲社会所特有。但对于韦伯的西方中心论思想却不能苛求，因为古典社会学者大多如此。（关于西方中心论的话题，我们后面会详谈，这里只是稍微涉及一下。）他们探讨的问题并不特别指涉第三世界国家。而作为20世纪中叶的专门探讨第三世界国家发展的现代化理论家们仍然奉行这种观点，就有故意为之的嫌疑，这与价值中立是相悖的。

现代化理论何以要宣称"价值中立"呢？这与它的研究性质紧密相连，作为资本主义自由世界的意识形态，就要与共产主义世界的意识形态马克思主义相对抗，但其极力隐藏这种性质。罗斯托就宣称，"在学术探索和冷战责任之间没有任何相互抵牾之处"，以此保持科学研究与政治立场之间的平衡。似乎一旦被打上意识形态烙印，其影响力就会迅速下降，埃蒂安·巴利巴尔就认为，"马克思主义最明显的软肋就在于其自身意识形态的功能"②。我们对这句话展开辩证分析。一方面，马克思主义的确非常突出自身的意识形态功能，强调自己的理论是为无产阶级服务的思想武器，从而表明鲜明的政治立场和阶级属性；另一方面，"公开承认自己的阶级属性"这一点并不能构成"最明显的软肋"，相反倒是体现出马克思主义的光明磊落，因为社会科学研究最终是不可能避免价值判断的。新马克思主义发展理论的主要代表人物沃勒斯坦也强调说，"我们都分属于多种群体，我们常常不得不按照群体的要求作出优先选择。学者和科学家们也同样如此"，但这不意味着"为了强化政府的政治要求，学者和科学家可以说违心的话……学术的客观性就是在这构架范围内的忠诚老实"，但"即使这样定义，我们今天还没有一门客观的社会科学。"③ 因此，以

①　［德］马克斯·韦伯：《新教伦理与资本主义精神》，于晓、陈维纲等译，生活·读书·新知三联书店1987年版，第56页。

②　［法］埃蒂安·巴利巴尔：《马克思的哲学》，王吉会译，中国人民大学出版社2007年版，第171页。

③　［美］沃勒斯坦：《现代世界体系》第1卷，尤来寅等译，高等教育出版社1998年版，第8—9页。

马克思主义为指导的政党的一切理论和奋斗都要致力于实现以劳动人民为主体的最广大人民的根本利益。而这与现代化理论"保全少数富人"的宗旨恰好相反。由此看来,现代化理论和马克思主义理论都是带有价值判断的,区别在于马克思主义公开承认自己的价值判断,而现代化理论却极力否认。这样,现代化理论就以韦伯的"价值中立是社会科学研究前提"的信条为基础建立起来了,但其隐含的价值判断终究要暴露。这似乎是一个反讽:现代化理论极力扮演马克思主义的对立面,但最终又落入了马克思设定的思想范围。

　　帕森斯在价值中立的旗帜下,从韦伯对"传统行动"与"理性行动"的区别中概括出五种"模式变量":普遍性与特殊性、扩散性与专一性、情感性与情感中立、先赋与自致、集体与个人。帕森斯的模式变量理论被后来的现代化理论家普遍采用来阐述两极对立的思想,因为"模式变量"不仅确实突出了两极对立的特征,而且也强调了价值取向在现代化过程中的突出地位。现代化理论家就用"传统—现代"这种两极对立的思维方式展开对非西方不发达国家的发展问题的分析。现代化理论的推动者之一、"和平队"[①]拉美部行动官科尔比·琼斯在谈到美国人和拉美人的区别时说道,"美国人习惯于主动进取、尊重法律,几近天真地相信人的无限可能性,而拉美人的

---

① "和平队"是1960年肯尼迪参加总统大选中的一个亮点,1961年正式成立。和平队的公开使命是美国对外援助的一种形式,即以志愿者的方式向第三世界国家提供"中等人力资源",来帮助这些国家改善社会发展状况。实际上,"和平队"作为美国政府推行"现代化理论"的主要实践行径之一,具有强烈的意识形态色彩,不像"美国之音"等文化机构那样大肆宣扬西方价值观念,其志愿者就是作为美国文化的样板展示给第三世界,以使其对美国文化产生兴趣,"和平队"在冷战时期发挥了巨大的作用。值得提出的是,"和平队"是在冷战期间成立的,但其使命并没有因为冷战的结束而结束,冷战结束后,"和平队"更加公开地为美国的对外政策服务,在前社会主义国家转型的过程中,其志愿者就参与了这些国家教育体制等的改革,以配合这些国家建立西方式的自由市场经济运行模式。正因为这种非"和平"使命,"和平队"虽然也做出了一定的和平成绩,但有时也受到受援国的批评。2015年3月21日,美国总统夫人米歇尔出访柬埔寨暹粒省的首府暹粒市,推广一项名为"让女孩读书"的国际公益项目,这一项目就是通过美国和平队的志愿者支持由当地社区主导的解决方案。然而,米歇尔此行却受到柬埔寨领导人的批评。柬埔寨总理洪森表示,所谓"让女孩读书"计划不过是美方的一个"公关噱头",这种"小打小闹"只能给该国上不起学的女孩带来"虚假的希望",没什么实质作用。(参见刘浩然《米歇尔访柬费用不菲:包下85间房 花掉24万美元》,《环球时报》2015年4月1日。)

习惯则恰恰相反。他们倾向于蔑视权威，对未来持听天由命的态度，怀疑自己掌握命运的能力，以邻为壑，渴望自己能有一种什么东西来象征权力或身价，不愿意尝试任何新事物，盲目地寄希望于有什么人或发生什么事情来把他们救出苦海。"①

以前学界对这些问题进行阐述时大多都说"现代化理论只是简单地认定西方社会即现代社会"，而传统社会及其特征则从现代社会的对立面进行理解和解释，"传统社会和现代社会互不相关，截然对立"。其实这样讲本身也是"简单地"，因为任何一个有作为的思想家都不会下这样"简单的"论断。即使是在罗斯托这样的现代化理论主将的眼里，也不是所有的第三世界国家都处于同一水平，在现代化理论已经淡出发展理论主导地位的1990年，"那些似乎仍然陷于起飞前提条件阶段的社会"，"它们不是传统社会，因为当代技术世界是如此强大和有渗透性，以至于它将现代化的成分引入所有国家"。②传统与现代也并非绝对"截然对立"："胜利可以表现为相互适应的形式，而不是新兴的集团摧毁传统集团：例如容克贵族在德国工业化开始时的作用，以及1880年以后日本的传统有不少继续保持下来。"③ 同样，也并不意味着所有国家在达到高消费阶段时都保持相同的面貌。"大众高消费时代绝对还没有到达终点，就是在美国也是这样；在西欧的许多地方和日本，大众高消费时代正在越来越有力量。我们可以肯定，由于复利增长规律的利用和最广泛意义的需求收入弹性在不同社会中表现出来，将有各种不同的消费形态发生。例如，其他社会对汽车工业的投资无需像美国那样多；无需像美国那样远离城市中心建设郊区；也无需解决美国目前所面临的问题，如重建旧城市中心，建筑新大陆和大城市公路网，以及修造汽车停车场。实际上，可能除去俄国之外，其他国家要仿效这种做法在地理上和物质

① ［美］雷迅马：《作为意识形态的现代化》，牛可译，中央编译出版社2003年版，第199页。

② ［美］罗斯托：《经济增长的阶段——非共产党宣言》，郭熙保、王松茂译，中国社会科学出版社2001年版，第三版序言第15页。

③ 同上书，第60页。

上都要受到严重限制。"①

　　但总体来说，在现代化理论家那里，传统社会同现代社会、落后
民族同先进民族等，都被明确地对立起来，这种说法仍然是成立的。
现代化理论家们认为，划清了传统与现代、落后与先进的界限，然后
沿着起飞经济（发展经济学家）、促进转型（发展社会学家）的道
路，未现代化民族就会从落后的一极走向先进的一极。同样是罗斯托
讲道，"发展工作必须由当地人来完成。这些过渡社会中非共产主义
知识精英对他们的人民的前途负有重大责任。……他们必须专心致志
于发展工作。正是他们曾经在人类自由的旗帜下帮助取得独立，并且
也曾经求助于他们所赞同的西方国家的价值观……他们必须根据他们
自己的社会和文化情况，承担很大一部分责任，使这些价值观变为
现实。"②

　　这里奉行的就是一种形而上学的静态历史观。依然是罗斯托，只
要"保持高水平的专业水平和学术诚实，那么，对变动不居（着重
号为引者所加）的世界进行现状研究和预测性研究就会丰富我们的科
学知识。"③尽管他后来也在《经济增长的阶段》第三版序言中辩解
说，"提出经济增长阶段顺序概念"是作为"动态的"观察当今世界
的一种方法。④这些现代化理论家们认为，他们所研究的欠发达的发
展中国家，在被他们发现时一直是"传统地"静止不变的。它们不
仅将欠发达国家与今天的美国和欧洲国家进行比较，而且将欠发达地
区与另一个美国——早先的那个欠发达的、殖民地时期的美国加以比
较。非西方不发达国家目前所处的状态，就是西方发达国家如美国在
实现现代化之前所处的阶段，因为"远在一百多年以前，我们的社会

---

①　［美］罗斯托：《经济增长的阶段——非共产党宣言》，郭熙保、王松茂译，中国社
会科学出版社2001年版，第93—94页。

②　同上书，第151页。

③　［美］雷迅马：《作为意识形态的现代化》，牛可译，中央编译出版社2003年版，
第87页。

④　［美］罗斯托：《经济增长的阶段——非共产党宣言》，郭熙保、王松茂译，中国社
会科学出版社2001年版，第三版序言第2页。

（也）曾经在不那么严重和困难的情况下经历了这些过程"①；西方发达国家已经经过的历史，就是非西方不发达国家实现现代化的必由之路。两者的发展道路是相同的，区别只在于时间的早晚和速度的快慢。罗斯托就在《经济增长的阶段》中直接讲道，"本书的论点假定把目前亚洲、中东、非洲和拉丁美洲正在进行的发展过程看作是和18世纪后期、19世纪和20世纪初期其他社会的前提条件阶段和起飞阶段相似，这是有用的，大体上也是正确的。"不只是经济性质的问题，这些地区中的非经济性质的问题也和过去相似。② 由此，现代化理论家和决策者一方面坚持认为，非西方不发达国家和西方发达国家在发展道路上是同一的，所有社会都经历了同样的、普遍性的发展阶段；另一方面他们也给他们所属的社会和他们为之分等的其他社会之间划出泾渭分明的界限。他们认为差别的根源不在于地理和自然资源，也不在于帝国主义剥削的后果。他们坚持将关注的重点置于西方"理性的""积极的"和"成就取向的"社会价值观方面，而在解释"欠发达"世界之所以明显停滞和不能发挥潜力的原因时，他们又强化了对本民族的内在文化活力和动力的自豪感。在他们看来，西方社会取得成就的方法是普遍适用的，其他社会如果想赶上西方，就必须采用西方的政治、经济制度和文化观念。由于非西方社会内部不能产生实现现代化所必需的价值观念和管理制度，这些价值观念和管理制度就必须从外部输入，它们的现代化过程就带有强制性。

这里要特别提出的是，现代化理论以韦伯思想为先导来论证发展道路的普遍性，但关于发展的普遍性问题恰恰是韦伯所反对的。韦伯在《资本主义与农业社会》中讲道，"在所有的社会中，农村社会的结构是最独特的，也是最受特定历史发展影响的。因此论者不能把俄罗斯、爱尔兰、西西里、匈牙利和非洲的农村社会条件混为一谈。"③

---

① ［美］罗斯托：《经济增长的阶段——非共产党宣言》，郭熙保、王松茂译，中国社会科学出版社2001年版，第175页。

② 同上书，第146页。

③ ［德］马克斯·韦伯：《民族国家与经济政策》，甘阳等译，生活·读书·新知三联书店1997年版，第109页。

韦伯出于一种焦虑的意识，所要讨论的主题是如何使身处落后境遇的德国（大大落后于英国等欧洲发达国家）走上发展之路，而现代化理论家们则出于自鸣得意的心态力图以美国等发达国家为样板来探讨落后国家的发展，这是非常不同的。同时，韦伯也非常反对社会达尔文主义式的社会演进概念（这正是现代化理论的基础），他1895年在弗莱堡大学的就职演说"民族国家与经济政策"中，就德国东部地区外籍劳工的涌入问题就看到了社会达尔文主义式演进概念的悖谬。波兰人在德国东部占得越来越多的土地，既不是因为他们优秀的经济手段，也不是因为他们雄厚的经济资本，而是因为他们对物资和精神生存的要求很低，"他不是忍受着物资和精神生活的低水平而立足于东部的，而正是凭着对物资和精神生活的低要求立足于东部的"①。这真是"把韦伯所反对的东西说成是韦伯主张的东西"②。

　　所以说，现代化理论自始至终都带有浓厚的意识形态色彩，一直把相关的西方经验及其理论看作原型，很少需要或根本不需要认真对待其他地区的经验。"在一定意义上，这种态度是一个西方世界居于经济和知识支配地位的时代的产物；它也是冷战造成的排斥非西方民主与发展模式的结果。"③

第二节　批判与建设：现代化理论反思的双重维度

　　现代化理论提出之后，受到了广大发展中国家政府和人民发自内心的欢迎，他们对现代化理论非常青睐的一个重要的现实原因，在于发达国家的示范作用。第二次世界大战之后新独立的发展中国家刚刚

---

　　① ［德］马克斯·韦伯：《民族国家与经济政策》，甘阳等译，生活·读书·新知三联书店1997年版，第84页。

　　② 甘阳：《韦伯研究再出发》，载马克斯·韦伯《民族国家与经济政策》，甘阳等译，生活·读书·新知三联书店1997年版，编者前言。

　　③ ［加拿大］A. H. 萨姆伊：《印度：对西方发展理论的挑战》，载［美］霍华德·威亚尔达主编《非西方发展理论——地区模式与全球趋势》，董正华等译，北京大学出版社2006年版，第40页。

摆脱宗主国的殖民统治，在世界交往中特别是与美国这样的发达资本主义国家的对比中越来越认识到自身的落后。这些发展中国家也非常急切地希望走上发展之路，它们最先看到和想到的就是发达国家的现实，它们也想步发达国家后尘，借以走上发达之路。发展中国家的人民不仅看到了发达国家今天发达的现实，也看到了发达国家走上发达的道路，而且还想希望通过同样的道路能使自己发达，甚至有一天能够赶上和超过这些国家。它们不会也不可能质疑这条发展道路，在当时的所有人看来，这种发达进步之路会一直持续下去，因为发达国家今天的发达就是建立在这样的信念基础之上的。"现代化的意识形态认为所有的国家迟早都会依照那些先进的群体、国家和社会的模式而加入到进步的行列中。现代化的意识形态就是从这种理想化的思考中汲取力量的。"①

　　非西方不发达国家在现代化理论的指导下确实取得了一些成绩，在 20 世纪 50 年代一度获得了比较快的经济增长。但是，好景不长，在短暂的发展过后，第三世界国家特别是拉美国家暴露了很多问题，这些经济与社会问题严重地困扰着拉美国家。非洲亦是如此。非洲国家不仅仅接受西方援助，引进西方技术，吸引西方投资，他们也吸收西方的经济思想。"尽管非洲国家作出了努力，它们还是大都未能减少对前殖民地宗主国的依赖，殖民者的意识形态仍然是一股活跃的力量，特别是在经济生活领域；新独立的国家在经济上最为薄弱，对前宗主国的依赖最大。"② 许多国家的政界首脑和一批经济学家、政治学家、社会学家，纷纷怀疑和批判现代化理论的可行性。值得指出的是，现代化理论并不是在受到批判之后就退出历史舞台的，相反地，倒是不断在其理论范式内部进行修正以利于自我维护。早期现代化理论在被采用之后在广大发展中国家产生了一系列负面效应，因此遭到

---

　　① ［美］阿里夫·德里克：《弹性生产时代的马克思主义》，黄涛译，载俞可平、黄卫平主编《全球化的悖论》，中央编译出版社 1998 年版，第 269 页。
　　② ［尼日利亚］克劳德·阿克：《关于发展的政治经济学：它有无前途？》，仕琦译，载罗荣渠主编《现代化理论与历史经验的再探讨》，上海译文出版社 1993 年版，第 156 页。

批判，但那些现代化理论家们就自我辩护说，不是理论本身不好，而是理论移植方式出了问题，应该反省的是理论应用环境而不是理论本身。但对现代化理论范式的批判也随其发展而日渐猛烈，终于在 20世纪 90 年代迫使其淡出了发展理论的主流话语。

一　批判维度：现代化理论的外部批判

现代化理论自产生到现在已经半个多世纪了。在这段时间里，对其批评的声音不绝于耳。这种批评可以分为内部批评和外部批判。内部批评旨在弥补现代化理论内部的漏洞，进一步完善这种理论，实际上是现代化理论范式的内部"维护"机制。外部批判则针对现代化理论种种不可饶恕的弊病，旨在推翻这种理论，以建立一种新的理论。这里讲的现代化理论批判就是这种外部批判。① 每一次外部批判都引起内部相应的维护运动，这种维护之后自然又引起外部新的批判。可以说，就是在这种外部批判与内部批评之间的不断运动中，现代化理论不断地变换着形式，实现着自身的发展。只有当内部的维护机制再也抵挡不住外部批判的时候，现代化理论才可能退出发展理论的主导地位，甘于沉寂。这种外部批判在很多层面展开，鉴于我们的研究主题，这里我们只是从价值前提上进行梳理，主要指向现代化理论背后强势的"西方优越论"，因为现代化理论家们承袭了韦伯的思想，竭力证明"西方的优势不在于自然资源或军事征服，也不在于帝国主义侵略和资本主义剥削。决定性的因素深深植根于西方传统中固有的价值"②。现代化理论试图建立一种秩序以实现一种现代性，但

---

① 这种对狭义"现代化理论"的外部批判又可以分为两种类型。第一种类型，不改变现代化理论的价值前提预设，即试图通过某种与现代化理论所倡导的不同的途径让发展中国家走上像发达国家一样的发展之路，如其后的依附发展理论和世界体系论，在这一意义上，依附发展理论和世界体系论连同狭义现代化理论一起，被称为广义上的"现代化理论"，前文已有叙述；第二种类型，直接针对"现代化理论"所预设的价值前提，也就是即使发展中国家有一天真的达到发达国家的水平，也不一定能称为"发展"。第一种类型，我们会在后文中进一步阐述，这里我们分析的是第二种类型的外部批判。

② ［美］雷迅马：《作为意识形态的现代化》，牛可译，中央编译出版社 2003 年版，第 27 页。

这样的"秩序，其实是特定理性和资本主义规律下的秩序，这样的现代性因此始终是一个欧洲的经验，尽管它力图成为普泛经验"①。西方优越论体现着现代化理论的深层逻辑，因而也成为现代化理论批判的必然视角。这种批判是在两个层面上进行的：一是发达国家层面批判，主要指明发达国家自身也面临着一系列难题，并非理想的榜样，而且发达国家只是想把发展中国家拉入自己的轨道，从思想根源上并不想真正帮助发展中国家实现发展；二是发展中国家层面，主要论说发展中国家自身的状况没什么不好，说它们不好是根据发达国家设定的标准，而且按照现代化发展理论并不能在实践上帮助发展中国家实现发展。

1. 发达国家批判

现代化理论是基于西方优越的预设之上：认为西方政治经济制度及价值体系都比非西方的这些方面优越，发达国家的东西就是好。但20 世纪六七十年代发生在发达国家的一系列事情，水门事件、越南战争、石油危机，特别是越来越严重的全球性问题——这些问题的起因主要在发达国家——的出现，都表明发达国家也并非发展的楷模，并不值得发展中国家效仿，西方优越论只是西方世界杜撰出来的一个神话，正是这个神话构成了其极力霸权的根据。

西方国家提出现代化理论的真正目的是想继续它们的霸权地位，只是西方国家用来拉拢第三世界以抵挡"共产主义"威胁的利器。现代化理论的代表人物罗斯托把他的著作《经济成长的阶段》的副标题定为"非共产党宣言"，其含义已经十分明显：第三世界国家不必通过共产主义革命实现传统社会到现代社会的暴力性转变，而应通过积累资本、发展经济、增加物质财富等一系列经济活动，实现连续性的转变，这样就可以阻止第三世界滑入社会主义革命轨道。埃斯科巴尖锐地指明了发达国家的这种政治图谋，他认为，"在 20 世纪 40年代后期，东西方之间真正的斗争已经转移到了第三世界，发展成为

---

① ［美］埃斯科巴：《权力与能见性：发展与第三世界的发明与管理》，载许宝强、汪晖选编《发展的幻象》，中央编译出版社 2001 年版，第 100 页。

西方国家推动这种对抗的主要策略，同时也成为推动工业文明计划的主要策略。在 50 年代，西方已经普遍被接受这一观念，那就是如果不把穷国从贫困中解放出来，它们就会抵挡不住共产主义的诱惑。"①

发达国家并不是真正想帮助发展中国家实现发展。西方发达国家许诺说要切实帮助发展中国家摆脱贫困实现发展，但并没有做多少实事。WTO 乌拉圭回合谈判讨论对最不发达国家削减关税的问题，结果是，亚洲和拉美得益不大，非洲则根本没有收获。直到 21 世纪初期，西方对发展中国家的出口商品征收的关税还高于全球平均水平 30%。约翰·诺尔贝格为此断言说，"东、西方之间的铁幕已经倒塌，取而代之的是南北方之间的海关之幕。这并不只是出于疏忽，而是一种深思熟虑之举：西方试图让穷国永远落伍。"② 现代化理论"将发展中国家的目标确定为消除它们与发达国家间的差距，就是要发展中国家承担一个它们不可能实现的指标，或者说指标与当前现实相距太远，无法知道该取何种途径才能达到它。"既然这一指标根本不可能实现，何以还要设定这样的目标呢？这是"为了使发展中国家始终羁绊于国际经济竞赛的规则，叫它们瞄准一个足够遥远的目标——一个随着时间的流逝而愈益遥远的目标，也是有用处的。相反，若容许它们独立于西方的理想之外而自己决定发展目标，那就有失去它们作为国际体系有用附庸的危险。"③ 即使是与现代化理论基本无涉的我国学者，大多也持这种看法。我国拉美研究专家苏振兴就认为，从拉美国家现代化进程的研究中可以发现，就西方现代化理论而言，不论是前期的经典现代化理论，还是近期的新自由主义，都不能为拉美国家提供正确的指导。究其原因，主要是西方现代化理论是以西方国家的经验为基础的，并不适用于今天发展中国家现代化所面临的独特国情

---

① 转引自何怀远《发展观的价值维度——"生产主义"的批判与超越》，社会科学文献出版社 2005 年版，第 232 页。

② ［瑞典］约翰·诺尔贝格：《为全球化申辩》，姚中秋、陈海威译，社会科学文献出版社 2008 年版，第 127 页。

③ ［埃及］盖拉尔·A. 阿明：《依附性发展》，梅俊杰译，载罗荣渠主编《现代化理论与历史经验的再探讨》，上海译文出版社 1993 年版，第 79—81 页。

与内外环境；更有甚者，西方现代化理论往往为了达到使发展中国家
"西化""美国化"的政治目的而不顾科学性，成为一种被高度意识
形态化的、强加于人的理论。①

　　从历史的观点来看，全球问题的大部分是由发达国家造成的。发
达国家能够占据今天发展阶梯的顶端，是通过采用最为廉价和直接的
方式及对环境的客观消耗达到的，今天出现的地球变暖和臭氧层消耗
等问题基本上是富裕国家以前采取高速度低成本的发展方式所造成的
后果积累而成的。人类活动引起的二氧化碳排放中来自北半球发达国
家的高达95%。过去四十多年中，发达国家平均每人摊到的排放到
空气中的碳素量比发展中国家的平均水平多了10倍。但是，它们却
不愿承担相应的责任，不愿意为发展中国家提供切实的资金和技术帮
助。《关于环境与发展的里约宣言》（1992年6月14日通过）指出，
鉴于导致全球环境退化的各种不同因素，各国负有共同的但是又有差
别的责任。发达国家也承认，鉴于它们的社会给全球环境的压力，以
及它们所掌握的技术和财力资源，它们在追求可持续发展的国际努力
中负有责任。然而，实际情况是，自里约会议之后，发达国家为发展
中国家提供官方发展援助（ODA）的状况不仅没有改善，反而进一步
恶化。不仅如此，一些发达国家不但不愿承担历史责任，也不愿承担
未来的责任。为了人类免受气候变暖的威胁，1997年12月，在日本
京都召开的《联合国气候变化框架公约》缔约方第三次会议通过了
旨在限制发达国家温室气体排放量以抑制全球变暖的《京都议定
书》，对发达国家的减排目标做了明确规定。美国是全球温室气体排
放量最大的国家，虽然曾于1998年签署《京都议定书》，但2001年
3月布什政府以"影响美国经济发展"和"发展中国家也应该承担减
排义务"为借口，宣布退出。同样的例证不止一个。2002年，美国
国防部部长拉姆斯菲尔德就提出美国不再受《日内瓦公约》的约束；
2004年拉姆斯菲尔德在接受电视台采访时再次声称，《日内瓦公约》

---

　　①　参见苏振兴《拉美现代化进程研究》，社会科学文献出版社2006年版，前言第9
页。

对美军在伊拉克的监狱并不完全适用。这种态度极度暴露了发达国家的霸权嘴脸。

发达国家的所有政策都是只围绕着自己的利益，连一些关系不大的公共事务都不会去管，更不用说厉害关系基本无涉的发展中国家了。还是那句话，"天下没有免费的午餐。"麦克迈克尔讲述的一个例子很能说明问题。澳大利亚东部一个州的负责废水管理的官方部门向他咨询他们的一项旨在减少沿海岸线重金属和含氯化合物污染的计划，他们考虑采用海岸边深水排出口，并解释说那里是一个"高能海岸线"，即意味着排出的废水能被快速冲入深水区。他们还说，"那么这不再是我们的问题"了。①

2. 发展中国家批判

现代化理论采用"传统"和"现代"二元论的方式来解说社会，在它们看来，西方的发达国家是现代社会，身处"现代"的西方在政治经济制度和价值体系等方面都是优越的，而不发达的发展中国家就属于传统社会，"传统"的方面就是从"现代"的对立面进行界定的，即是说，发展中国家的状况是不好的，发展的任务就是要使"传统"走向"现代"。而在现代化理论批判者眼里，西方的"优越"是成问题的，同时，发展中国家也不是一无是处。说发展中国家落后不好，是按照发达国家特有的标准衡量的结果。"发展中国家批判"就是沿着这一思路进行的。

在一些现代化理论批判者看来，发展中国家原来的状况就挺好，说不好是发达国家强加的，这些论者力图强调发展中国家原来的生活模式也有其优越之处。塞林斯就指出，所谓资产是财富，越多越好，这种观点只是现代资本主义社会的产物，并不适用于原初社会的采猎部族，把原初社会中的猎人们的生活界定为一种以绝对贫穷为印记的"糊口经济"，实在是一种误读。塞林斯认为，无论在食品或工具生产方面，原初社会中的人们每天的工作总量远低于其他社会经济构成

---

① ［英］麦克迈克尔：《危险的地球》，罗蕾、王小红译，江苏人民出版社 2000 年版，第 355 页。

下的人们，他们比起"更高"的生产样式有更多的闲暇，甚至经常能在白天睡觉。他们不知道什么是"贫穷"，"贫穷"的概念是在所谓"文明"前行的过程中才出现的，"贫穷"之所以出现在现代工业世界及其边缘地区，是因为市场体制的扩散以及这种经济中所维系的阶级关系，与这些地区相比，狩猎者与采集者的社会无异是"原初的丰裕社会"①。这些批判者不仅认同发展中国家原来的生活模式有可取之处，而且还进一步认为，为追求发展而打破这种"丰裕"生活就意味着一种倒退。本着"对他们好"的想法要求他们努力谋求"发展"，则这种发展不但不会给发展中国家的人民带来福祉，而且简直就是祸害，自然引起了他们的反对。于是，发展中国家的人民把精力都耗费在抗拒由西方主导的政治、经济和文化等"负面"目标之上，而不是用在从"正面"追求本土意义上的社会变迁。

　　"发展中国家批判"还包含另一层意思。现代化理论没有能够帮助发展中国家实现发展，在现代化理论的推行者看来，主要原因在于发展中国家自己，在于它们对现代化理论执行不力。而在批判者的视界里，真正原因则在于它没有充分考虑发展中国家当下时代的特殊性，一直把相关的西方经验及其理论看作原型，很少需要或根本不需要认真对待其他地区的经验。当时在时代兴趣的诱惑下就有"数以百计的迄今仍只是国内问题专家的经济学者，以发展经济学家的身份出现。"他们并没有花多大的精力去研究新对象的特殊问题，而只是运用西方发达资本主义国家的发展经验来应付非西方不发达国家的发展问题。② 发达国家曾经走过的发展之路，是建立在对自然资源的掠夺性开发、全球环境的破坏以及对广大不发达国家的剥削基础之上的；但当今按照发达国家发展经验建立起来的现代化理论再也不能帮助发展中国家实现发展，是因为自然资源的有限性、全球环境承受能力的有限性以及剥削其他国家和地区的不可能性。

---

　　① ［美］塞林斯：《原初丰裕社会》，丘延亮译，载许宝强、汪晖选编《发展的幻象》，中央编译出版社 2001 年版，第 3 章。

　　② 冯钢：《非西方社会发展理论与马克思》，浙江人民出版社 1992 年版，第 81 页。

二　建设维度：多元文化发展模式与发展中国家发展

当前的现代化理论批判研究中，其理论展开不仅只停留于批判维度，也表现在建设维度，而且在这方面也取得了很多成绩，如提出要建立合理的国际政治经济新秩序等。很多批判研究针对着现代化理论的西方文化霸权，主张建立多元文化发展模式来实现广大发展中国家的发展，因为现代化理论设计的普遍道路摧毁了一些地方文化，"在热带森林、原始深山和荒漠旱海中残存的狩猎—采摘文化正处在最后消亡的阶段。医学的进步带来了卫生和治愈，但却毁灭了郎中或巫师的药物和治疗方法。扫盲带来了文字文化，但却摧毁了传播千年技能和智慧的口头文化。"① 我们这里主要就多元文化与发展中国家发展的关系展开讨论。

1. 多元文化的不同层面

多元文化（multiculturalism），也有的翻译为多元文化主义或文化多元主义，是人类学上引进的一个崭新的外来词汇，来源于北美，主要来自加拿大。其含义是指在同一地域内存在着多种文化现象，这种文化现象包括了经济、政治、语言文化、宗教信仰等人们所遇见的一切物质的或精神领域的各个方面，这种多元文化现象和睦共处、相互依存、互相包容的局面，即是"多元文化主义"②。这种多元文化主义不仅作为一种理论存在，而且已经成为一项国家政策，在一些移民国家贯彻执行。"多元文化主义"的典型国家是加拿大，不仅多元文化的观念深入人心，而且有一套完整的多元文化制度。这就是"多元文化"的最初含义，主要是指一国内部层面的文化多元状况，这种"多元文化主义"主要是移民民族自身的文化与移民国家的主流文化相比呈弱势的情况下，向主流文化争取自身生存权利、要求和平共处，从而该国家文化呈现为一种多样性状态的一种努力。

---

① ［法］埃德加·莫林、安娜·布里吉特·凯恩：《地球　祖国》，马胜利译，生活·读书·新知三联书店 1997 年版，第 81 页。

② 王瑞莲：《多元文化的缘起与趋向》，《林区教学》2005 年第 1 期，第 88 页。

　　"多元文化主义"除了一国内部层面之外，还有另一层面，即国家间的多元文化主义①。实际上，这是前一层面的延伸，即从一国内部延伸到整个世界。尽管严格地说，任何一个国家内部都不会只有一种文化，都是多元的，但从整个世界看来，一个国家或地区作为一个单位，还是可以将其视为单"元"的，如中国文化、美国文化、日本文化、英国文化等，又如欧洲文化、亚洲文化、非洲文化等，再如东方文化、西方文化等，因而整个世界呈现为文化多元主义。这样说来的"文化"，已经不是与经济、政治并列的范畴，而是将经济、政治等含括在内的更大的范畴，用"文明"一词来表述似乎更恰当。在这些多"元"的文化中，各种文化的势位是不一样的，势位的高低取决于经济、政治乃至军事等一系列因素。在现当代，由于历史上的原因，西方文化占据了文化的强势地位，成为一种霸权文化。

　　国家间层面的多元文化主义，由于不同的致因又可以分为两种类型：第一种是占据强势地位的西方文化指定的"多元文化"；第二种是处于弱势地位的非西方文化要求的"多元文化"。前者是在西方文化成为强势文化之后，非西方社会在按照西方发展道路进行现代化的过程中，自身的传统风俗、行为方式不断消失，原来丰富多彩的世界日益整齐划一，于是一些西方人出于世界文化丰富性的考虑，提出这些非西方社会就不应该进行现代化。这种意义上的多元文化主义是西方人"要求"的结果，不管其是出于好心还是出于恶意，这实际上还是霸权文化的附属品。后者则是在西方文化成为强势文化之后，要求非西方的发展中国家也采用西方的文化价值观念借以实现发展的目的、但由于并没有实现发展初衷而遭到拒绝、于是倡导发扬自己文化实现发展目的的文化多元主义，这种意义上的文化多元主义是一种意识形态，是非西方弱势文化争取自己文化地位，反对西方文化霸权的

————————

　　①　多元文化甚至也可以讲单个的人，现代化理论主将罗斯托就曾极力倡导人的这种多元性，用以诋毁马克思意义上的经济利润最大化的分析。"人是一种多元的生物，是一个复杂的家庭，而不是一个最大化的单元，他有权生活在多元的社会中。"（参见［美］罗斯托《经济增长的阶段——非共产党宣言》，郭熙保、王松茂译，中国社会科学出版社2001年版，第176页。）

力量。这两种多元文化主义的区别在于，前者对于身处弱势地位的非西方来说是"被动"的，而后者对于非西方来说却是"主动"的，是相对于西方中心主义或欧洲中心主义而言的。

我们探讨的多元文化主义既不是一国内部的多元文化，这种多元文化是不可能指涉发展中国家发展的；也不是西方文化指定的多元文化，这种多元文化仍然是西方霸权的附属品，是发展主义批判所针对的批判对象。我们所探讨的多元文化主义，也是现代化理论批判者所倡导的由发展中国家自己提出的多元文化，其语境指的是这样一种情形：各种国家或地区的文化形态在整个世界范围内都有自己存在的理由和活动的空间，它们彼此间的关系并不是非此即彼而是同时共存和互补的。

2. 多元文化模式下的发展中国家发展

现代化理论批判者们（包括发达国家和发展中国家的批判者）倡导多元文化主义立场，希望借以实现发展中国家的发展。这种看法非常普遍，以至于今天的世界已经达成"共识"：只有提出多元文化主义而不是一元文化主义的口号，才能表现出一种文明而非野蛮的形象。多元文化主义本来是针对着西方的一元文化主义而提出来的，也因此具有合理性和合法性，①但有些多元主义的文化思潮却将这种"真理性"又向前迈进了一步。在反对西方文化霸权主义的过程中，一些非西方社会的文化思潮走上了较为极端的道路，不仅认为自己的文化具有正当合理性，而且可以用来拯救日益颓废的西方文化，大有扭转乾坤之势：不是被西方文化整合，而是要努力去整合西方文化，实际上这已经背离了要求承认文化多元的初衷。沿着"真理"道路又前进了一步，就转化为"谬误"，这似不必说。因为原处弱势地位

---

① 这种反对西方中心主义的多元文化主义可以一直向上追溯很远，斯宾格勒的《西方的没落》和汤因比《历史研究》就是最著名的代表。汤因比就在书中阐述了21种文明社会，这些文明社会是"属于同一时代的"，西方文明与其他文明一样，也只是世界上众多文明中的一种，并不比其他文明更高，在哲学上与其他文明是"价值相等的"，这些文明中"任何一个都没有资格瞧不起别人"。（参见［英］汤因比《历史研究》（上册），曹未风等译，上海人民出版社1986年版，第53页。）

的文化想要通过多元主义道路以达到与主流文化、强势文化平等的地位，现在仅达到平等地位似乎并不甘心，而要想上升至主流地位实现文化霸权，置原来的主流于边缘。这是受地位上升惯性的驱使而形成的一种不满足的幻想，其中的逻辑这里不想细作评论。我们这里要探讨的是，即使它们不去僭越，停留于合法的领域，这些文化多元主义就能实现发展中国家要发展的初衷吗？

传统的现代化发展道路帮助西方文化实现了文化霸权，因而遭到了现代化理论批判者们的强烈批判，但他们提出的发展观念对于发展中国家的发展而言似乎也难尽如人意。直到在 20 世纪 90 年代，充满强烈意识形态色彩的现代化理论还在发挥作用，发展中国家依然没有摆脱贫困的命运。这也就意味着，批判者们所宣扬和赞美的多元文化并不能拯救这些国家恶化的经济社会状况。批判者们批判西方文化的霸权地位，认为所有文化对于人类整体，特别是对于自己的国家和人民都有着很强的正面意义，而各种文化间也无所谓进步落后，所以，发展中国家不必采用和照搬西方文化（包括政治和经济制度）。的确，对于全球范围内不同文化之间的关系，联合国教科文组织也曾明确提出应该以"国家不分大小，各种文化一律平等"的多元文化主义为处理原则，但这种平等是着眼于法律意义而不是价值意义的，在价值意义上，不同的文化对于人类的贡献是不可能相同的。

多元文化主义所倡导的对所有文化生存权利的承认，这一点是对的；但希望借助某一种文化以实现发展，这一点却是虚妄的。因为无论哪一种文化，都不是尽善尽美的实体，都存在着不足、盲目和缺陷。事实上，对于多元文化主义的宣扬，不过是要发展中国家的人民重新欣赏自己的文化。而多元文化主义仅仅停留在自己欣赏的程度上，对于实现发展是不够的，这无异于掩耳盗铃、自欺欺人。这在实质上，不过是要发展中国家"回到"过去的历史发展阶段——自发的发展阶段。在"新"理论的建设维度上，批判者所提出的多元文化发展模式的药方很难医治发展中国家试图谋求发展的病症。在圣·胡安看来，"从各个不同的分析维度、不同的文化层面、不同的研讨主题上倡导多元文化并存的各种各样的多元文化主义本身也很难解决社会主流文化和强势文化对从属文化和弱势文化侵蚀和同化过程中所体现出的文化强权和文化霸权问题"，"这些自命为少数种族文化和下等阶层文化等弱势文化保护者的多元文化主义者在导致处于劣势的少数种族居民和下等阶层居民继续处于劣势方面却难辞其咎。"① 埃德加·莫林和安娜·布里吉特·凯恩也指出，多元文化主义之下的"价值多样化不仅仅会促进精神民主、审美激奋和对真理的自由追求，它还会造成道德败坏、浅薄的唯美主义和虚无主义。"② 多元文化对于落后国家和地区更多的是一种麻醉剂，而非发展良方。所以，这种多元文化在西方能够得到主流的容忍与接纳，而在发展中国家却难得响应和喝彩。发展中国家就这样处于两难的境地：单独凭借自己的文化实现发展是很困难的，要向西方文化学习；同时又不想完全纳入西方文化的轨道迷失自己。

在现代化理论指导之下，发展中国家在"第二次世界大战"后近30年急剧发展的结果，不但没有缩小反而加大了与发达国家的差距。但回头细想一下，如果发展中国家没有采用现代化理论，这种差距是不是还会更大呢？人们往往都会谴责和批判一些已经发生过的事情，而对没有发生的事情就会报有一些幻想，然而，那些没有发生的事情就一定会是好的吗？当然，我们这里并非为现代化理论倡导的普遍主义辩护，而只想说明，多元文化主义并非发展中国家的发展良方。对此，沃勒斯坦有些悲观地说道，"普遍主义是强者给弱者的一种礼物，它以双重的约束出现在后者的面前：拒绝这个礼物是失败，接受这个礼物也是失败。"③

现代化理论批判者们所倡导的多元文化主义并非发展中国家实现发展的良方，这里我们将讨论再伸向前提方面：退一步说，就算是多

---

① [美] 圣·胡安：《全球化时代的多元文化主义症结》，肖文燕编译，《马克思主义与现实》2003 年第 1 期，第 46 页。

② [法] 埃德加·莫林、安娜·布里吉特·凯恩：《地球　祖国》，马胜利译，生活·读书·新知三联书店 1997 年版，第 76 页。

③ [美] 沃勒斯坦：《作为一种文明的近现代世界体系》，梁子译，载《国外社会科学》1992 年第 5 期，第 20 页。

元文化主义可以推动发展中国家实现发展的目的，而在当今的时代背景下，这种单纯的多元文化主义可能吗？在当今的经济信息全球化的时代背景下，单纯的多元文化主义是不可能实现的。从经济全球化的视角看，一个国家不与其他国家交往、实行闭关锁国的政策不但是不足取的，而且是不可能的。全球化经济时代，网络化和数字化技术，使得商品生产和交换大大突破了时间、空间、方式的限制，经济活动的范围被扩展到全球规模的水平上，使经济活动更呈现全球性和一体性特征，使历史更加成为"世界历史"。这里有一个现代全球生产网络的典型例子：精致的冰球设备在瑞典设计，由加拿大资助，在美国克里夫兰和丹麦装配，分发到北美和欧洲。所用合金的分子结构是在美国特拉华进行研究的，并注册了专利，合金是在日本制造的，所进行的一次广告战是在英国构思的，在加拿大拍摄胶片，在英国配音复制，在纽约进行编辑的。① 这里已经很难说清这个产品哪些部分是美国的，哪些部分是外国的。与其说是哪一国的，不如说是世界的。从信息全球化的视角看，当今社会活动方式已经呈现为信息一体化特征，人类已经发展出了以现代化信息手段为主体的覆盖全球的信息网络，其公式可以表达为：信息一体化＝电脑＋电视＋卫星。现代化的信息网络大大缩小了空间距离，使全人类面对同一世界思考，使全球变成了一个"地球村"。"在信息一体化的时代，国家无论发达与否，社会不分何种制度，大家在信息方面具有相同的背景，相同的共同性。通过电视机，非洲丛林中的俾米格人可以一边打猎，一边观看美国卡纳维拉尔角上航天飞机升空的壮景。"② 在这样的背景下，哪个国家或地区想不与外界交往，都是不可能的。

沿着这一思路，我们进一步要追问的是，人类所创造的各种文化还有没有一致的价值？文化学者林岗指出，"我们不能想象一个处于

① ［美］达尔·尼夫主编：《知识经济》，樊春良、冷民等译，珠海出版社1998年版，第23页。

② 邴正、钟贤巍：《当代社会发展趋势与中国社会的结构转型》，《北方论丛》2004年第5期，第8页。

封闭状态的部落住民对好的生活的答案除了他的传统赋予的答案之外还有什么；反过来，我们同样不能想象替一个身处现代社会的人指定一种他必须过的好的生活除了招致反抗之外还能带来什么，好的生活在今天已经成了一个流动的定义，一个具有多项选择性的定义，根据趣味爱好的转移而有不同的答案。"① 的确，不同的种族、部族、民族对"好的生活"的答案是不同的，这不是问题，问题在于，在这些答案中是否有一致性。如果确有一致性存在，那么也就是说人类有一致的价值存在。正如董健教授所指出的，"在全球化问题上，'西方中心'或'欧洲中心'是不对的，'东方本位'也没有什么道理的。这不是谁'吃掉'谁、谁'同化'谁的问题。谁是'主体'？谁是'他者'？这里不能只从一种文化的角度来确定。我们既反对封闭、保守、夜郎自大的文化'部落主义'，也反对'大吃小'、'强凌弱'的'文化霸权'主义。但是，这并不意味着我们不承认人类文化共同价值的存在。"②

第三节　现代化理论视域中的马克思主义形象及其解构

　　现代化理论作为欧美发达国家冷战的意识形态，就是要坚决捍卫资本主义，同时必须竭力反对共产主义世界及其思想基础——马克思主义。关于这一点，现代化理论的主将罗斯托表达得非常明确："增长阶段论的目的就是要解决这些问题。因为它是一种代替卡尔·马克思关于现代史理论的理论。"③ 现代化理论家视域中，马克思主义是什么形象，为什么必须替代呢？欲替代马克思主义以为那些"有抱负的社会"提供发展药方的现代化理论，又自诩有什么样的"合理性

---

① 林岗：《文化多元主义二题》，《开放时代》1999 年第 6 期，第 49 页。

② 周红：《全球化格局下的现代文学：中国与东亚》，《文艺争鸣》2004 年第 2 期，第 95 页。

③ ［美］罗斯托：《经济增长的阶段——非共产党宣言》，郭熙保、王松茂译，中国社会科学出版社 2001 年版，第 2 页。

基础"呢？

一　现代化理论视域中的马克思主义形象

最能代表现代化理论的当属罗斯托的"经济增长阶段论"，它的影响绝不仅限于发展经济学领域，在一定程度上说，它已经成为整个现代化理论的样板，罗斯托个人也已经成为现代化理论家们的榜样。在《经济增长的阶段——非共产党宣言》一书的最后，罗斯托用了整整一章"马克思主义、共产主义和增长阶段论"来进行比较分析。罗斯托首先把马克思主义思想概括为七个命题，又阐述了马克思的历史过程论与罗斯托的增长阶段论的大致相似之处，尤其是不同之处，并详细阐明了原因。在罗斯托看来，"从本质上说，马克思主义也是这样一种理论：即说明传统社会如何通过学会现代工业技术使复利增长规律成为它们的结构的一部分；以及在它们达到最后的富裕阶段以前所要经历的各个阶段"，在社会发展最后阶段上，两者（即共产主义和大众消费社会）并没有什么实质性不同。而且，"两者都是从经济角度来看待一切社会演变问题的；两者都是对复利增长成为习惯和制度的所有社会的问题和后果进行探讨"①。增长阶段论与马克思主义的不同不只是关于各个阶段的命名（马克思是：封建主义、资本主义、社会主义和共产主义；罗斯托是：传统社会、为起飞做准备阶段、起飞阶段、成熟阶段和大众消费阶段）上，而且在于走向社会最后发展阶段的道路选择及其得以建立的人类动机假定的价值基础。

第一，现代化理论家把马克思主义视为经济决定论。罗斯托认定马克思的体系"像古典经济学一样"，是利润最大化概念中得出的推论，其人类动机假定都是经济利益。经济作为社会一个部门必定处于统治地位，"基本上，人类的政治、社会和文化行为是由经济发展过程决定的"，"作为引起战争的最终原因，经济利益和动机居于首要地位"。由此，认定马克思是一位经济决定论者。① 在他看来，马克思主义和增长阶段论"第一个和最根本的差别在于对人类动机的看法"。现代化理论的先导帕森斯也认为，古典经济学理论过分夸大了个体的效用最大化动机，然而马克思主义理论也好不到哪里去，因为长期的社会聚合力往往显示着关于矛盾冲突的说法的谬误。生产关系的经济基础并不能简单地决定人类意识的上层建筑。罗斯托毫不犹豫地分析"马克思所犯的基本错误"，批判马克思的"经济决定论"："我发现马克思对经济行为和非经济行为之间的关系问题提出的解决办法——以及其他研究这一问题的人所提出的解决办法——是不能令人满意的。"② "社会的行为不单决定于经济考虑。一个社会的各个部分是在互相影响的：反映人类的不同方面的文化、社会和政治力量，对社会的行为（包括它们的经济行为）产生它们自己的真正和独立的影响。因此，各国政策和社会的全部行为（就像个人的行为一样）是保持平衡的行为，而不是一种简单的最大化过程。"③

　　既然马克思的理论是错误的，增长阶段论会怎么做呢？接下来，罗斯托做了正面阐述："本书的主要结论之一总归认为：经济力量和动机，在历史过程中不是惟一的压倒一切的决定因素。"④ "虽然增长

---

　　① 不仅是罗斯托等现代化理论家，20 世纪 50 年代，受帕森斯影响的很多人都认定马克思是经济决定论者并予以批判，包括像伯纳德·巴伯这样的科学社会学家。巴伯在批判马克思的科学社会学思想时，"从帕森斯的社会系统理论和他关于建制比较的工作中得到大量的直接启发"（［美］伯纳德·巴伯：《科学与社会秩序》，顾昕等译，生活·读书·新知三联书店 1991 年版，中文版序言），认为马克思的科学社会学思想根基在于他的"经济决定论思想"，而这种思想是不对的，因为"许多不同的社会因素曾经并且一直具有重要的影响，而且在所有条件下，这些因素比其他因素更重要。例如，理智的、宗教的以及政治的因素，与经济因素相比，其影响一般并不差，当然也不强。时而是这一个，时而是另一个，有时是其中的几个因素联合起来，可以被视为对科学的发现产生了一种影响"。（［美］伯纳德·巴伯：《科学与社会秩序》，顾昕等译，生活·读书·新知三联书店 1991 年版，第 34—35 页。）

　　② ［美］罗斯托：《经济增长的阶段——非共产党宣言》，郭熙保、王松茂译，中国社会科学出版社 2001 年版，第一版序言第 1 页。

　　③ 同上书，第 157 页。

　　④ 同上书，第 127 页。

阶段论是从经济方面观察整个社会的方法，但是它绝不意味着政治、社会组织和文化等方面只是建立在经济基础之上并且惟一的是从经济中派生出来的上层建筑。相反，我们从一开始就接受了马克思在最后承认的而恩格斯只是在晚年才完全承认的看法，即社会是互为作用的有机体。虽然经济变化的确具有政治和社会后果，但在本书中经济变化本身被看作是政治和社会以及狭义的经济力量的结果。而且，就人类动机而言，很多最深刻的经济变化是人类非经济动机和愿望的结果。"① 为了表示他也注重经济之外的因素，罗斯托强调政治的作用："虽然介于传统社会和起飞之间的过渡阶段在其经济和社会价值方面都经历了重要变化，但是一个决定性的特征常常是政治上的。在政治方面，建立一个有效的中央集权的民族国家是前提条件阶段的一个决定性的因素，而且差不多普遍是起飞的一个必要条件。"②

我们认为，罗斯托等现代化理论家对于马克思（主义）理论人类动机假定的理解是不公允的，把马克思主义界定为经济决定论是错误的。我们简要地分析一下他们的批判路径：他们先把马克思主义的理论简单化、庸俗化，做出错误的解释，然后又表明自己"难以接受"，再做出"正确的回答"，以划清与马克思主义的界限。

首先，罗斯托等人对经济因素在马克思主义理论中的地位的理解是错误的。实际上，自马克思主义诞生时起直到现在，把马克思主义界定为经济决定论的说法一直存在，有人由此还进一步把马克思视为宿命论者，甚至马克思和恩格斯的亲自澄清，也未能完全消除这种印象。所以，严格来说，并不能责怪罗斯托，他也只是沿袭了其他人的一贯说法而已，保尔·巴尔特、罗素、卡尔·波普尔、柯林伍德、威廉姆·肖等人都是代表。甚至在马克思本人还在世的时候，这种看法就甚嚣尘上。对此，马克思对别人对他思想的误解非常气愤，甚至宣示说"我只知道我自己不是马克思主义者"。关于这个问题，恩格斯

---

① ［美］罗斯托：《经济增长的阶段——非共产党宣言》，郭熙保、王松茂译，中国社会科学出版社 2001 年版，第 2—3 页。

② 同上书，第 7 页。

也在晚年的一些书信中多次予以澄清和阐明,强调说:"所有这些先生们所缺少的东西就是辩证法。"他一再重申,"根据唯物史观,历史过程中的决定因素归根到底是现实生活的生产和再生产。无论马克思或我都从来没有肯定过比这更多的东西。如果有人在这里加以歪曲,说经济因素是唯一决定性的因素,那么他就是把这个命题变成毫无内容的、抽象的、荒诞无稽的空话。"① 对于把马克思视为宿命论者的看法,特里·伊格尔顿阐释说,"如果他(指马克思,引者注)真的是一个骨子里的宿命论者,他就会告诉我们社会主义会在何时以何种方式实现。可是他毕竟不是一个从水晶球中窥探天机的占卜术士,而是一个谴责世间非正义的先知。""任何事情都存在一定的必然性,而这种必然性是不同于宿命论的。非宿命论者也可以认为某些事情是不可避免的。就连自由主义者也相信死亡的必然性。"②

其次,罗斯托等人在这里实际上隐约地表明了马克思与恩格斯、早期马克思与晚年马克思思想的对立。当然,制造这种对立也不是罗等现代化理论家们的专利,"西方马克思学"中就有很多人持这种看法。我们这里不是要全面辩驳这种对立论,尽管这已经成为马克思主义研究中的一个重要议题。鉴于讨论主题,我们只想说,马克思、恩格斯并非到晚年,而是一直都非常重视经济因素之外的作用。在马克思看来,即便是"相同的经济基础——按主要条件来说相同——可以由于无数不同的经验的事实,自然条件,种族关系,各种从外部发生作用的历史影响等等,而在现象上显示无穷无尽的变异和程度差别,这些变异和程度差别只有通过对这些经验所提供的事实进行分析才可以理解"③。

再次,罗斯托等人把马克思与古典经济学扯上关系,但这种阐述是含混的。(1)真正沿袭了古典经济学家思想的恰恰是他们自己,

① 《马克思恩格斯选集》第4卷,人民出版社1995年版,第695—696、705页。
② [英]特里·伊格尔顿:《马克思为什么是对的》,李杨等译,新星出版社2011年版,第54、57页。
③ 《马克思恩格斯全集》第25卷,人民出版社1974年版,第892页。

现代化理论家就是倡导非西方不发达国家遵循古典经济学家李斯特提出的"比较利益和自由贸易"思想，但这样做的结果就是靠出口初级产品的非西方国家最后只能沦为不发达国家；不仅是古典经济学，而且他们还沿袭了古典社会学的有关思想，罗斯托等现代化理论家采用的"传统—现代"的二元对立模式，就是来自古典社会学家斯宾塞、迪尔凯姆等人，这一点我们前文已有叙述。帕森斯、罗斯托等人搬出古典学家，有些恶人先告状的意味。（2）古典经济学由于历史的局限性，更多地考虑经济等物的因素，陷入了"见物不见人"的经济决定论的苑囿，但马克思在考察古典经济学后成功地揭示了隐藏在"物"背后的"人"的关系。马克思不仅没有承袭古典经济学的这种思想，而且还予以严厉的批判。他在分析李嘉图的理论时说，"李嘉图在他的书（地租）中说：各国只是生产的工场；人是消费和生产的机器；人的生命就是资本；经济规律盲目地支配着世界。在李嘉图看来，人是微不足道的，而产品则是一切。"① 为此，马克思批判说，李嘉图是把"人"变成了"帽子"，只看到了帽子而看不到人，这样一种见物不见人的理论态度是不可能发现人与人之间的真正关系的。马克思主义看重的是人，谋求的是人类的解放。1894 年 1 月 3 日，意大利人卡内帕请求恩格斯为 1894 年 3 月在日内瓦出版的周刊《新纪元》找一段题词，用简短的字句来表述未来的社会主义新纪元的基本思想。恩格斯回信说，除了从《共产党宣言》中摘出下列一段话，再也找不出合适的了："代替那存在着阶级和阶级对立的资产阶级旧社会的，将是这样一个联合体，在那里，每个人的自由发展是一切人的自由发展的条件。"②

　　第二，在现代化理论家看来，马克思主义就是主张阶级斗争，和经济利益相联系的集团和阶级利益是唯一的决定性力量。"一系列的阶级斗争推动历史前进。在这些斗争中，人们在稀缺性的环境下，维

---

① 《马克思恩格斯全集》第 42 卷，人民出版社 1979 年版，第 72 页。

② 《马克思恩格斯选集》第 4 卷，人民出版社 1995 年版，第 730—731 页。

护他们的必然发生冲突的经济利益。"① 阶级斗争有时确能起到作用，但却充满着暴力流血、不人道，这是对公共政策的一种极为可怕的指南。所以罗斯托提出发展中国家在从传统社会向大众消费阶段过渡中，可以"非共产党宣言"不通过暴力革命，而走一条和平的、经济增长的方式实现，这样就能使社会保持更好和更合乎人道的平衡。罗斯托的分析被《纽约时报》认为是不亚于"划破充斥着杂乱事件的昏暗历史夜空的一记闪电"，"罗斯托在采用阶段论和立论宏大方面本来与马克思很相似，但是它那以综合连动的、直线式演进序列为内容的'非共产党宣言'还是号称是对马克思辩证法的明确回应。自由文化和复利是真正的历史发展动力，而不是阶级斗争。"② 我们对此进行简要的评析。

首先，马克思主义主张进行阶级斗争。（1）如果无产阶级不进行社会革命，就不能取得自身的解放，经济自由主义所认为的社会内部协调一致或平衡状态的回归，是根本不存在的。因为资产阶级不会自动地放弃利益，对于工人的剥削是资本主义制度得以维系的前提条件。英国古典政治经济学家威廉·配第在《赋税论》中就说道："法律应该使劳动者只能得到适当的生活资料。因为如果你使劳动者有双倍的工资，那么劳动者实际所做的工作，就等于他实际所能做和在工资不加倍时所做的一半，这对社会说来，就损失了同等数量的劳动所创造的产品。"③ 英国古典政治经济学家另一代表李嘉图也认为："劳动的自然价格是让劳动者大体上能够生活下去并不增不减地延续其后裔所必需的价格"，它"取决于劳动者维持其自身与其家庭所需要的

---

① ［美］罗斯托：《经济增长的阶段——非共产党宣言》，郭熙保、王松茂译，中国社会科学出版社2001年版，第153页。

② ［美］雷迅马：《作为意识形态的现代化》，牛可译，中央编译出版社2003年版，第72页。

③ ［英］威廉·配第：《赋税论　献给英明人士　货币略论》，陈冬野等译，商务印书馆1963年版，第92页。

食物、必需品和享用品的价格。"① （2）马克思、恩格斯也并不是一味地、不分条件地一律主张阶级斗争，社会革命。马克思、恩格斯在《共产党宣言》1872 年德文版序言中说道，"这些原理的实际运用，正如《宣言》中所说的，随时随地都要以当时的历史条件为转移，所以第二章末尾提出的那些革命措施根本没有特别的意义。如果是在今天，这一段在许多方面都会有不同的写法了。由于最近 25 年来大工业有了巨大发展而工人阶级的政党组织也跟着发展起来，由于首先有了二月革命的实际经验而后来尤其是有了无产阶级第一次掌握政权达两月之久的巴黎公社的实际经验，所以这个纲领现在有些地方已经过时了。"② 特里·伊格尔顿评论说，"总有人认为比起议会民主和社会改良，马克思主义者更偏向走革命的道路。我认为这是一种错误的认识，至少不是所有马克思主义者都极端如此，只有极左的人才会这么认为。"③

其次，马克思主义主张进行革命，但革命并非总是伴随着暴力和混乱。马克思主义充满血雨腥风的短暂历程中的确包括不少可怕的暴力。然而并非全部革命都是如此。1989 年东欧发生的天鹅绒革命就没有经过大规模的暴力冲突而实现了政权更迭；1917 年俄国的十月革命也并没有多少流血牺牲，占领莫斯科关键要地的过程中并没有发一枪一炮；具有讽刺意味的是，70 年后苏联解体时，这片有着残酷斗争史的广袤国度却轻易倒下了，甚至比其创立之时流的血还少得多。"马克思主义并不以暴力程度为标准来定义革命，也不认为只有举国动荡才是革命应有的状态。"④ 罗斯托等多数西方人声称自己的立场是反对革命的，但他们却会赞成 18 世纪末推翻英国统治的美国独立战争，资本主义也不是没有革命，现代化理论家一味拒绝的，只

---

① ［英］大卫·李嘉图：《政治经济学及赋税原理》，郭大力译，商务印书馆 1962 年版，第 76 页。

② 《马克思恩格斯选集》第 1 卷，人民出版社 1995 年版，第 248—249 页。

③ ［英］特里·伊格尔顿：《马克思为什么是对的》，李杨等译，新星出版社 2011 年版，第 190 页。

④ 同上书，第 184 页。

是社会主义革命。

　　第三，现代化理论家把马克思（主义）和列宁（主义）区分并对立起来。在发展经济学家罗斯托看来，在马克思（主义）那里，"各社会的政治、社会和文化特点是由经济发展过程决定的"，在一系列的阶级斗争中，"人们在稀缺性的环境下，维护他们的必然发生冲突的经济利益"。列宁则把马克思的"经济决定论"颠倒过来，走向权力决定论，列宁的"第一个和最根本的决定是追求权力"。而且罗斯托更进一步说，虽然列宁的见解"是一种非马克思主义的见解，但却是正确的见解"。因为，按照马克思的理解，"成熟的资本主义社会不可避免地要走向社会主义"，而事实是，没有一个现实中的国家遵循这样的逻辑；而列宁却成功"建立了一个现代国家组织制度"。这样，列宁就"以马克思的名义颠倒马克思"。这样说，并不意味着罗斯托赞成列宁的主张，因为列宁主义下共产党的方法固然可以夺取政权，使生产增加，技术走向成熟，但却不能有效解决诸如民族主义，不能造就"民主信念为组织基础的环境"等问题，而这种信念"是所有西方社会的核心"，因而共产主义成为"过渡时期的一种病症"，"决不是惟一有效的国家组织形式，能够巩固传统社会过渡过程中的前提条件"。① "共产主义是现代社会的一种奇怪的形式，……共产主义一旦钳制了一个社会，它肯定能够把它从起飞阶段推进到工业成熟阶段，像斯大林所证明的那样。然而，在大众高消费时代，共产主义实质上可能会萎谢。"②

　　在现代化理论家中，不仅发展经济学家，发展政治学家也是如此。亨廷顿就把马克思（连同马克思主义）和列宁（连同列宁主义）严格区分开来。在亨廷顿看来，"对马克思来说，关键是社会阶级，而对列宁来说，关键却是政党。马克思是一个政治上的原始人，……因为他不承认政治是一个自主的活动领域"，而"作为一种社会演变

----

　　① 参见［美］罗斯托《经济增长的阶段——非共产党宣言》，郭熙保、王松茂译，中国社会科学出版社 2001 年版，第十章。

　　② 同上书，第 140 页。

理论，马克思的理论已被事实证明是错误的；作为一种政治行动理论，列宁的理论则被事实证明是正确的。马克思的理论不能解释为什么共产党人在那些工业落后的国家里，如俄国和中国，夺取了权力，但列宁的理论却能解释这一点。决定性的因素是政治组织的性质而不是社会发展的阶段。"所以，"共产主义的力量并不寓于它的经济学说之中——这种经济学说早已老掉了牙，也不在于它具有世俗宗教的特点，在这一点上，它敌不过民族主义的吸引力。共产主义最有关的特点是它的政治理论和实践，不在于它有马克思主义，而在于它有列宁主义。"① 阿尔蒙德也把马克思主义和列宁主义截然分开，并把两者连同自由主义一起作为政治经济发展的三种不同的思想模式。②

客观地说，把马克思主义与列宁主义割裂进而对立，并非是现代化理论家们（出于意识形态的因素）所独有的（冷战时期西方以否定列宁主义为基调的"列宁学"研究中就有很多人制造列宁主义与马克思主义的对立）。这种对立论有几条路径：（1）马克思主义是对的，但列宁歪曲背弃了马克思主义，尤其是在苏联解体之后，这种看法甚至一时甚嚣尘上。这种看法说马克思主义强调经济基础的作用，而列宁则强调政治组织的作用，当年的苏联是在经济基础非常薄弱的情况下建立起来的，先天发展不足，加之后天营养不良，所以才造成了苏联的解体，因为苏联就是以这样的思想为指导的。（2）马克思主义是不对的，正是列宁对马克思主义的修正才使社会发展走上康庄大道，毕竟苏联使社会主义真正进入实践环节，这一事实充分证明了列宁主义作为一种政治行动理论的正确性。（3）马克思主义与列宁主义是不同的，但两者都由于过分强调某一点而走向偏颇，都是错误的：马克思主义过分强调经济基础的作用而成为经济决定论；列宁则过分强调了政治组织的作用而忽视了经济基础。

---

① ［美］塞缪尔·P. 亨廷顿：《变化社会中的政治秩序》，王冠华等译，生活·读书·新知三联书店 1989 年版，第 308—309 页。

② 参见［美］阿尔蒙德《发展中的政治经济》，林华、张彤译，载罗荣渠主编《现代化理论与历史经验的再探讨》，上海译文出版社 1993 年版，第 358—360 页。

我们认为无论是否以维护马克思主义为出发点，制造列宁主义与马克思主义的对立都是不对的。这种看法割裂了马克思主义与列宁主义的连续性。列宁主义不是对马克思主义的割裂，而是对马克思主义的继承和发展。

首先，列宁忽视经济基础作用的说法是不公允的，列宁并没有忽视经济因素的作用，相反（与马克思一样）也非常重视经济因素的影响。列宁对"阶级"的界定就是从经济方面进行的，"所谓阶级，就是这样一些大的集团，这些集团在历史上一定的社会生产体系中所处的地位不同，同生产资料的关系（这种关系大部分是在法律上明文规定了的）不同，在社会劳动组织中所起的作用不同，因而取得归自己支配的那份社会财富的方式和多寡也不同。所谓阶级，就是这样一些集团，由于它们在一定社会经济结构中所处的地位不同，其中一个集团能够占有另一个集团的劳动。"① 列宁对政治因素的强调是以对经济因素的分析为基础的。

其次，"割裂论"把经济因素与政治因素视为完全不同的领域，形而上学地看待两者间的关系是错误的。改良主义者苏汉诺夫就曾指责列宁发动十月革命，"俄国生产力还没有发展到可以实行社会主义的高度"②。列宁对此批判说，"他们都自称马克思主义者，但是对马克思主义的理解却迂腐到无以复加的程度。马克思主义中有决定意义的东西，即马克思主义的革命辩证法，他们一点也不理解。马克思说在革命时刻要有极大的灵活性，就连马克思的这个直接指示他们也完全不理解"③。

再次，关于如何看待列宁主义与马克思主义之间的连续性的问题。事实上没有两个人的思想是完全一致的（甚至一个人的思想在不同时期也不可能是完全一致的，如果真有两个思想完全一致的人，那后面的人就根本没有被提及的必要），我们说两个人的思想是连续还

① 《列宁全集》第37卷，人民出版社1986年版，第13页。
② 《列宁全集》第43卷，人民出版社1987年版，第371页。
③ 同上书，第369页。

是断裂，主要是看这两个人的思想在根基上是否有共同点，后一种思想能否延续前一种思想的理论旨趣。列宁主义的根本出发点和归宿是要解决俄国社会发展问题，所以列宁要做的就是把马克思主义的基本原理与当时俄国的社会发展实际情况相结合，寻求一条俄国社会发展之路。"对于俄国社会党人来说，尤其需要独立地探讨马克思的理论，因为它所提供的只是总的指导原理，而这些原理的应用具体地说，在英国不同于法国，在法国不同于德国，在德国又不同于俄国。"[1]

除了上述一些论述外，罗斯托等现代化理论家还对马克思主义进行其他形式的批评。罗斯托认为，马克思在对经济技术方面进行分析时，只谈到消费品和资本品部分，没有对主导部门更小的部门进行分析。马克思作出论断的根据是 1848 年以前的英国在起飞和走向成熟的事例，但英国过渡的情形是非常独特的，不具有广泛的代表性，大有简单化之嫌。我们认为，罗斯托对马克思的这种挑剔简直就是吹毛求疵。恩格斯就公开声明："马克思的整个世界观不是教义，而是方法。它提供的不是现成的教条，而是进一步研究的出发点和供这种研究使用的方法。"[2] 列宁也指出，"历史唯物主义也从来没有企求说明一切，而只企求指出'唯一科学的'（用马克思在《资本论》中的话）说明历史的方法。"[3]

还有一些学者也对罗斯托对马克思的批评进行了反批评。比较典型的是，什洛莫·阿维内里的看法：罗斯托首先假定了马克思认为古代社会—封建社会—资本主义社会这个顺序是放之四海而皆准的，然后加以评论说，马克思关于封建社会的概念过于狭窄，不足以概括所有传统性的社会。紧接着他又强调，马克思对研究亚洲现代化的问题不感兴趣。然而，罗斯托在自称是完全代表了马克思关于这个问题的观点的两个论点上弄错了：首先，马克思从未说过亚洲有什么像"封建主义"这样的制度存在；其次，关于亚洲现代化的问题，他曾在数

① 《列宁全集》第 4 卷，人民出版社 1984 年版，第 161 页。
② 《马克思恩格斯选集》第 4 卷，人民出版社 1995 年版，第 742—743 页。
③ 《列宁全集》第 1 卷，人民出版社 1984 年版，第 115 页。

十篇文章中有过论述。① 其他人的反批评，我们这里就不再一一赘述了。

二 关于马克思与韦伯思想的对立与一致

现代化理论作为冷战时期资本主义世界的意识形态，就要和社会主义世界的意识形态——马克思主义——相对立。在整个古典社会学领域，马克斯·韦伯就被很多人认为是最典型的以不同于马克思思想的形象出现的。现代化理论就沿着马克思和韦伯思想对立的致思方向，在向古典社会学寻求理论渊源的时候，就把目光主要投向了马克斯·韦伯。现代化理论的先导帕森斯说道，"虽然，从意识形态方面来说，卡尔·马克思是那个时代的最有影响的社会思想家，但是，现代的社会学家更有可能视马克斯·韦伯的研究为主要参考基点。"②现代化理论家出于意识形态的目的，同意并进一步加重了韦伯与马克思的对立倾向。现代化理论视域中，这种"对立"主要体现在几个层面。

第一，关于科学研究是否价值中立性问题上，两人的思想是对立的：韦伯宣称价值中立，马克思则表明特定的政治立场。由于承袭了韦伯的价值中立论，所以现代化理论就给人一种"科学理论"的印象，是值得非西方不发达国家信奉并采用的；相反，马克思主义由于其特定的政治立场，必定带有自己特殊的利益，是不值得非西方不发达国家采信的。我们认为，马克思和韦伯在这一问题上的对立是真实的，现代化理论家的把握基本上是对的；但"价值中立论"并不像现代化理论家宣传的那样完美，其本身就是站不住脚的，是错误的。这一点本章第一节已有所叙述，这里不再赘述。

第二，关于社会发展的决定力量的判断上，两人的思想是对立

---

① 参见［以色列］什洛莫·阿维内里《马克思与现代化》，张景明译，载罗荣渠主编《现代化理论与历史经验的再探讨》，上海译文出版社 1993 年版，第 6 页。

② ［美］帕森斯：《现代社会的结构与过程》，梁向阳译，光明日报出版社 1988 年版，第 81 页。

的：马克思是经济决定论者，而韦伯是文化决定论者。关于现代化理论和韦伯与马克思的关系，现代化理论的奠基者帕森斯曾宣称，"总结起来，必须强调对这一关键问题——关于文化因素的地位——的反马克思立场，在上一世代中已经被理论和实际所大大加强，……它们支持韦伯，反对马克思和黑格尔。……基本的结论几乎是很明显的。今天，在社会学方面，作为马克思主义者……的立场是站不住脚的。"① 这里不仅指明了马克思（和黑格尔）与韦伯的对立，而且指明了其对立主要在于，韦伯对文化因素地位的强调。在他们看来，韦伯主要强调文化因素的作用，而马克思则主要强调经济因素。把马克思界定为经济决定论者的用意自不必说，把韦伯界定为文化决定论者的用意在于，一方面与马克思思想相对立，另一方面也在于为现代化理论的西方文化内因论寻求基础。西方世界能够较早地发展起来，就在于西方特定的价值观文化，而非西方没能发展起来的原因也在于这些国家自身的传统文化。所以，非西方不发达国家要想步入发展道路，就要敞开大门，向西方学习价值观、制度、文化。我们认为，现代化理论家在这一问题的看法是存在着重大问题的。

首先，现代化理论家在这一问题上的看法是不对的，对两个人思想的性质判断都是错误的：一方面，马克思不是他们所认定的经济决定论者，这一点本节前文中已经论述过了，也不再赘述。另一方面，韦伯也不是他们所认定的文化决定论者，这一点我们要详细展开论述。值得一提的是，不仅现代化理论家认为韦伯是文化决定论者，连现代化理论的直接反叛依附理论的主要代表人物萨米尔·阿明也认为韦伯是文化决定论者，但阿明不同意马克思是经济决定论者，这一点我们后文再展开论述。我们认为韦伯不是文化决定论者，尽管韦伯强烈地反对经济决定论思想。（1）把韦伯归结为"文化决定论"者的观点是错误的。这一错误看法的论据主要是韦伯提出的"宗教改革促成了资本主义精神的生成"的观点，韦伯为此解释说"我们根本不打

① ［美］安德烈·冈德·弗兰克：《依附性积累与不发达》，高铦、高戈译，译林出版社1999年版，第28页。

算坚持这样一种愚蠢的教条主义的论点，即资本主义精神（就上述解释的暂定意义而言）的产生仅仅是宗教改革的某些作用的结果，或甚至认为资本主义作为一种经济制度是宗教改革的造物。……我们只是希望弄清楚宗教力量是否和在什么程度上影响了资本主义精神的质的形成及其在全世界的量的传播。"① 像韦伯（马克思也一样）这样的思想家是不会轻易作出一个绝对性的判断的。如韦伯在《新教伦理与资本主义精神》一书结尾处写道，"一般而言，现代人，即使是带着最好的愿望，也不能切实看到宗教思想所具有的文化意义及其对于民族特征形成的重要性。但是，以对文化和历史所作的片面的唯灵论因果解释来替代同样片面的唯物论解释，当然也不是我的宗旨。每一种解释都有着同等的可能性，但是如果不是作作准备而已，而是作为一次调查探讨所得出的结论，那么，每一种解释不会揭示历史的真理。"② 这里已经很明确，不只是马克思的"唯物论解释"，而且连同"唯灵论因果解释"，都只具有"同等的可能性"，都"不会揭示历史的真理"。不仅如此，他在文后的注释中特别强调，"以上的略述着意写到的仅仅是那些宗教思想对物质文化有确凿无疑的影响的地方。由此很容易引出这样的合乎逻辑的推断：清教理性主义是近代文化所有特征出现的前提条件。但这类推断可以留给那些粗浅的涉猎者们去做，这些人往往相信群体思维的统一性，并相信可以将之还原为一个简单的公式。让我们对此作出这样的评论：在我们所主要研究的资本主义发展阶段以前的时期，在各个地方，它都部分地受到宗教的决定性影响，有阻碍的影响，也有促进的影响。"③ 韦伯这里再一次表述，他只想说明宗教对物质文化存在着影响，而对于他的理论不能做还原论的理解，"还原为一个简单的公式"，如果那样做，也只能表明他是一个"粗浅的涉猎者"。然而，现代化理论的思想奠基者帕森斯却

---

① ［德］马克斯·韦伯：《新教伦理与资本主义精神》，于晓、陈维纲等译，生活·读书·新知三联书店 1987 年版，第 67—68 页。

② 同上书，第 144 页。

③ 同上书，第 251 页。

正是沿着这样一条路径来理解韦伯及其与马克思思想的分歧的。① 20世纪 30 年代的大萧条以及马克思主义在美国的影响日益突出，于是出现了越来越大的压力以发展和增强替代马克思主义的学术力量，以致"并不把马克思主义视为一门社会学"。（2）韦伯并不否认经济因素对社会的影响。他说，"这里，我们仅仅尝试性地探究了新教禁欲主义对其他因素产生过影响这一事实和方向；尽管这是非常重要的一点，但我们也应当而且有必要去探究新教的禁欲主义在其发展中及其特征上又怎样反过来受到整个社会条件，特别是经济条件的影响。"②可惜的是，韦伯只是突出了新教伦理对资本主义经济活动的影响，还没有来得及考察诸社会经济条件对宗教改革运动的影响（直至去世都没有完成）。对于那些只看了他研究的第一部分而批判他的人，韦伯作答道：如果我完成了第二项工作，也许他们就要指责我是唯物主义的，就像他们现在批评我是唯心主义的一样。③ 当然，这样说只是意味着韦伯没有集中地阐述社会经济条件对社会其他部分的影响作用，绝不意味着韦伯一点都没有论及。韦伯在《古典西方文明衰落的社会原因》中谈到罗马帝国衰落的原因时谈道，"罗马帝国的瓦解乃是基本经济结构发展的必然政治结果……帝国的瓦解只不过意味着，帝国之货币化的行政体制和政治上层建筑消失了，因为它们不再适应一个自然经济的下层建筑。"这种自然经济"历来就是古典文明的下层建筑……自然经济终于迫使古典西方一度商业化的上层建筑转向封建制度。"④ 这里可以清晰地看出经济基础对上层建筑的作用，尽管他使用的是"上层建筑""下层建筑"这样的概念。但他强烈地反对经济

---

① 现代化理论的直接反叛依附理论的主要代表人物萨米尔·阿明也认为韦伯是一个文化决定论者并予以批判，后文中会有进一步阐述。

② ［德］马克斯·韦伯：《新教伦理与资本主义精神》，于晓、陈维纲等译，生活·读书·新知三联书店 1987 年版，第 143 页。

③ 韦伯：《关于"资本主义精神"的反批评》，转引自丁学良《韦伯的世界文明比较研究导论》，《中国社会科学》1987 年第 1 期，第 83 页。

④ ［德］马克斯·韦伯：《民族国家与经济政策》，甘阳等译，生活·读书·新知三联书店 1997 年版，第 29、32 页。

决定论。他说，"我们必须消除这样一种想法，即宗教改革，作为一种历史的必然结果，或许可以从某些经济变革中推断出来。无以数计的历史条件，特别是纯粹政治的发展过程，不能归结为经济规律，也不能用任何一种经济原因所解释，它们必然共同发挥作用，才能使新建立的教派得以幸存下来。"①

所以，韦伯不应该被认为是文化决定论者，他是一个多元决定论者，在这方面，他与马克思的思想是大致一致的。（马克思也认为社会发展是由经济、政治、文化等多种因素共同促成的，这应该没有异议，无须进一步展开论述。）我国学者时光在谈到韦伯和马克思主义的关系时也讲到，马克斯·韦伯的宗教社会学研究特别是他的《新教伦理与资本主义精神》，可以说与马克思主义的历史理论并不矛盾，它所揭示的宗教观念（新教伦理）与隐藏在资本主义的经济发展背后的某种心理驱力（资本主义精神）之间的生成关系，以及这种新教伦理通过资本主义精神而对资本主义的经济发展所起的巨大推动和支持作用，是对社会生活各领域之间的相互作用的一个侧面的展示。②甚至学界还有学者认为马克思和韦伯的思想不仅不存在根本性的对立，而且在很多方面包括现代性等问题的看法都是一致的。彼得·穆迪就认为，"无论是由卡尔·马克思、马克斯·韦伯、塔尔科特·帕森斯还是由曾经受社会科学研究委员会资助的政治学家们所精心构造的经典现代化理论范式，都把现代化看做是为了公共生活的目的而以契约关系取代基于情感或习俗的个人关系，这种契约关系的基础是工具理性和基于价值的客观标准，并按照对所有人一视同仁的非个人化原则操作。"③ 但两人也有不一致的地方：在韦伯看来，在推动社会

---

① ［德］马克斯·韦伯：《新教伦理与资本主义精神》，于晓、陈维纲等译，生活·读书·新知三联书店1987年版，第67页。

② 时光：《经济决定论与多元决定论的再考察》，载《四川大学学报》（哲学社会科学版）1987年第4期，第84页。

③ ［美］彼得·穆迪：《东亚：儒家传统与现代化》，载［美］霍华德·威亚尔达主编《非西方发展理论——地区模式与全球趋势》，董正华等译，北京大学出版社2006年版，第36页。

发展的作用上，各因素应该是平行的，没有哪一个因素特别重要，"每一种解释都有着同等的可能性"，"每一种解释不会揭示历史的真理"①；而在马克思那里，各因素的作用却不是平行的，经济因素在归根结底的意义上起着决定作用，马克思也不止一次强调，不能对他的经济基础起决定作用的思想做绝对化的理解。关于这一点，特里·伊格尔顿进一步阐释说，"这里存在一个问题，那就是这种多元论的观点到底能在多大程度上适用。难道任何历史情境中都不存在一个比其他因素更为重要的因素吗？""多元主义并不意味着时刻都强调各种因素同等重要"，"那种认为马克思将所有事物都归因于经济的说法是一种可笑的过度简化。"②

其次，现代化理论家只注意到了马克思和韦伯关于社会发展的推动力量问题，而对他们关于资本主义发展的归宿问题则关注不足。马克思和韦伯不仅在社会发展的推动因素上都持多元立场，而且在对资本主义的发展问题上看法也是一致的，都认为资本主义是没有前途的。但马克思认为资本主义的灭亡和共产主义的胜利同样是不可避免的，由此走向乐观主义。对资本主义制度合理性的批判和对共产主义合理性的论证是贯穿马克思一生的主题。"共产主义是私有财产即人的自我异化的积极的扬弃，因而也是通过人并且为了人而对人的本质的真正占有，因此，它是人向作为社会的人即合乎人的本性的人的自身的复归。"③"大体说来，亚细亚的、古代的、封建的和现代资产阶级的生产方式可以看做是社会经济形态演进的几个时代。资产阶级的生产关系是社会生产过程的最后一个对抗形式，这里所说的对抗，不

---

① 后来美国社会学家丹尼尔·贝尔基于各领域相互断裂的基础，提出政治、经济、文化三大领域遵循不同的轴心原则：起支配作用的轴心原则在经济领域是经济效益，在政治领域是平等权力，在文化领域是自我表达和自我满足。而贝尔自己主张：在经济领域是社会主义者，在政治上是自由主义者，而在文化方面是保守主义者。（参见［美］丹尼尔·贝尔《资本主义文化矛盾》，赵一凡等译，生活·读书·新知三联书店1989年版。）

② ［英］特里·伊格尔顿：《马克思为什么是对的》，李杨等译，新星出版社2011年版，第112、113、123页。

③ 马克思：《1844年经济学哲学手稿》，人民出版社1979年版，第73页。

是指个人的对抗，而是指从个人的社会生活条件中生长出来的对抗；但是，在资产阶级社会的胎胞里发展的生产力，同时又创造着解决这种对抗的物质条件。因此，人类社会的史前时期就以这种社会形态而告终。"① 同样是对资本主义前途命运的关心，韦伯却走向了悲观主义。韦伯在《新教伦理和资本主义精神》中开篇就讲道，"在西方文明中而且仅仅在西方文明中才显现出来的那些文化现象——这些现象（正如我们常爱认为的那样）存在于一系列具有普遍意义和普遍价值的发展中"②。但韦伯并不是对西方文化的优势地位一味感到欢欣鼓舞，他在《新教与资本主义精神》的末尾对现代资本主义社会的"铁笼"所进行的反思就是一个著名的例子，在这里"天职责任的观念，在我们的生活中也像死去的宗教信仰一样，只是幽灵般地徘徊着"。这里显示出一种阴沉的悲观主义。他在这本书的结尾写道，"没人知道将来会是谁在这铁笼里生活；没人知道在这惊人的大发展的终点会不会又有全新的先知出现；没人知道会不会有一个老观念和旧理想的伟大再生；如果不会，那么会不会在某种骤发的妄自尊大情绪的掩饰下产生一种机械的麻木僵化呢，也没人知道。因为完全可以，而且不无道理地，这样来说这个文化的发展的最后阶段：'专家没有灵魂，纵欲者没有心肝；这个废物幻想着它自己已达到了前所未有的文明程度。'"③

---

① 《马克思恩格斯选集》第 2 卷，人民出版社 1995 年版，第 33 页。

② ［德］马克斯·韦伯：《新教伦理和资本主义精神》，于晓、陈维纲等译，生活·读书·新知三联书店 1987 年版，第 4 页。

③ 同上书，第 142、143 页。

第二章

新马克思主义发展理论的前提批判

现代化理论许诺第三世界国家只要按照他们设计的路线去实践，就会实现美好的蓝图，而在亚非拉美不发达国家实践了现代化理论之后，却没有出现这样的美好景象，走上发展之路依然是一种美好的幻象。于是，现代化理论在不断的质疑和批判声中淡出了发展理论的主导地位，被新的发展理论取代。尽管现代化理论没有完全退出历史舞台，但其影响力已经不能与当时同日而语了。现代化理论作为资本主义世界的意识形态，是把马克思主义作为对立面来设计的。为了与之对抗，新的发展理论就从马克思主义中寻求理论资源。现代化理论之后的两种发展理论——依附理论和世界体系论都是这样，马克思主义成为它们理论基础的重要来源（但不是唯一的来源），因此，学界很多人就把这两种统称新马克思主义发展理论。甚至有学者干脆把整个"发展学"按照不同的研究范式分为两大类：现代化理论和新马克思主义发展理论。① 当然学界也有很多人还是把依附理论和世界体系论分别看待，认为两者的区别大于联系。我们这里鉴于研究主题的需要，在对依附理论和世界体系论略加论述的基础上，来探讨新马克思

① 为了更好地梳理线索，我们这里还是要对现代化理论、依附理论及世界体系论之间的区别和联系加以必要的交代。现代化理论与依附理论及世界体系论在更广的意义上共同点远大于区别，区别只在于立场和出发点不同：现代化理论站在发达国家立场上讨论非西方国家的现代化，依附理论和世界体系论站在第三世界的立场上讨论不发达国家的社会发展；而从理论追求、基本原则和基本方法上则具有更多的同质性，所以在这一意义上，也可以把依附理论和世界体系论看作是一般意义上的现代化理论的具体表现形态，因为从根本追求、基本原则和基本方法来看，这三种理论都是坚持现代主义、追求现代性的现代化理论。（参见高清海等《社会发展哲学》，高等教育出版社 1999 年版，第 298—299 页。）其实，这种广义上的"现代化理论"也就近乎于整个"发展学"的研究内容。

主义发展理论的理论前提。

第一节　新马克思主义发展理论的马克思主义特质

一　新马克思主义发展理论的复杂性

把整个发展理论分为现代化理论和新马克思主义发展理论，一方面说明两者间的界限清晰明了，另一方面由于现代化理论相对的简单，也昭示了其之后出现的新马克思主义发展理论的复杂性。这种复杂性表现在，尽管表面上其是由两个相对独立的发展理论组成的，但这两种理论之间又存在着千丝万缕的联系，很多学者同时是两种理论的重要代表人物；同时每种发展理论内部亦是复杂甚至多变的；更重要的是，每一种理论与马克思主义的关系都非常复杂。

1. 两种发展理论间的复杂联系

依附理论是以激进反对现代化理论的面貌出现的，因为依附理论只是更好地解释了不发达国家何以不发达的原因，在如何走出不发达状况的建设方面却没有得到分数（从另外方面来看也就是其对不发达原因的解释也不完满自洽），不得以只好向世界体系论交出了刚刚获得的发展理论研究的主导地位。但多年以后回头来看，还是不能把依附理论和世界体系论截然分开：有学者把依附理论当作世界体系论的前奏，也有学者把世界体系论当作依附理论的后续。依附理论使用过的"中心""边缘"等主要术语都被世界体系论改头换面地拿去了，以"核心""边陲"的形式出现；甚至就连能够彰显世界体系论特点的"半核心（半边陲）"等词语在依附理论中也都出现过，弗兰克在作为依附理论代表人物时在涉及一些地区时就用"半宗主地位"和"次宗主国"① 来称谓，这实际上就是后来世界体系论中的"半核心（半边陲）"。弗兰克指出，北美就处于这样的地位。"虽然北美生产

---

① 参见［德］安德烈·冈德·弗兰克《依附性积累与不发达》，高铦、高戈译，译林出版社 1999 年版，第 23、65 页。

者与商人没有在加勒比贸易中取代英国，可是他们的生产能力、较低的运输成本，……使北美人取得重要的竞争优势。"① 但与现代化理论一样，由于只关注对单个国家的研究，后来弗兰克自己也意识到依附理论自身的缺陷，对单个国家的研究必须与对整个世界的研究结合起来，"依附论必须在世界体系的框架中进行研究"②，而且弗兰克本人也作为世界体系论的代表人物出现。所以，"在一定意义上，战后拉丁美洲的依附理论是可以泛称为世界体系理论的学术思潮的一部分"③。不只是一些术语的含义方面，两种发展理论的主要代表人物就更是经常交叉在一起。最典型的，就是刚刚提及的弗兰克，他在前期是依附理论的最激进的代表，而后期又转向世界体系论方面。这不仅可以说明弗兰克本人思想的转变历程，同时也说明这两种发展理论之间的割不断的联系。"如果说——特别是一些既不赞同世界体系论又不赞同依附论的评论家们通常都说——世界体系论是从依附论发展来的话，'世界体系'也涉及到'依附'问题就不奇怪了。简而言之，世界体系中存在着依附问题——实际上已存在了数千年；而欲根除依附、或者说欲摆脱世界体系，是不可能的。因此，依附论者们——包括弗兰克——分析研究问题时特别关注结构性的依附问题是对的。其实，他们并不明白对在哪里；这是因为只存在着一个单一的世界体系，故而仅以一种'制度'取代另一种'制度'是难以根除依附状态的。因此另一方面，诚如弗兰克在题为《欠发达之发展》一文中所确认的，依附论者们在认为可以轻而易举地解决依附问题时又是错误的。数千年来，依附一直是世界体系中心—外围结构的一个

---

① 参见［德］安德烈·冈德·弗兰克《依附性积累与不发达》，高铦、高戈译，译林出版社 1999 年版，第 68 页。

② 杨旗：《5000 年世界的发展逻辑——弗兰克世界体系理论研究》，南京大学出版社 2009 年版，第 4 页。

③ 陈燕谷：《重构全球主义的世界图景》，载贡德·弗兰克《白银资本：重视经济全球化中的东方》，刘北成译，中央编译出版社 2001 年版，序言第 5 页。

主要组成部分，不可能被轻易根除或很快消失。"① 不只是弗兰克，阿明和沃勒斯坦也是这样：作为依附理论著名代表的阿明，有时也被其他学者当作世界体系论者；作为世界体系论著名代表的沃勒斯坦，有时也被其他学者当作依附论者。

　　2. 每一种发展理论内部的复杂性

　　新马克思主义发展理论的复杂性还表现在依附理论和世界体系论每一种理论内部的复杂。周穗明在其主撰的《20 世纪西方新马克思主义发展史》第二十章《依附理论》中对依附理论做了这样的评述。任何一个了解依附理论的学者都会同意这样一种判断：依附理论是一种多元化的理论，而且与其说它是一种理论，不如说它是一个理论集合。依附理论的多样化特征直接表现为内部流派众多和代表人物观点的庞杂。可见，依附理论学派并不是一个统一的学派，内部存在着分歧和批评。弗兰克就在其著作《依附性积累与不发达》的序言中提到了依附理论另一代表人物萨米尔·阿明对该书第二稿的批评，认为其观点强调了"外部"交换关系而实际上忽视了"内部"生产方式。弗兰克也对依附理论的先驱者提出了批评，"我们能不能把殖民地简单地看成是一些受到宗主国外部力量无辜侵害（或拯救）的国家呢？不能，这些自命的'结构主义者'，例如这样做的联合国拉美经委会分子们，只是提出一些依附征象的表面现象，而转移了我们对'外部依附性'的基本内部性质或原因的注意。"②

　　同样地，世界体系理论内部也并不一致，在后期弗兰克和沃勒斯坦之间尤其明显。沃勒斯坦认为，世界体系在 16 世纪以前主要表现为一些"世界性帝国"，如罗马帝国、中华帝国等。这些世界性帝国有一个单一的政治中心，但没有相应的世界性经济，即使有一点，也是极为不稳定的。到了 16 世纪，随着资本主义生产方式的发展，开

---

　　① ［德］安德烈·冈德·弗兰克、巴里·K. 吉尔斯主编：《世界体系：500 年还是5000 年？》，郝名玮译，社会科学文献出版社 2004 年版，第 53—54 页。

　　② ［德］安德烈·冈德·弗兰克：《依附性积累与不发达》，高铦、高戈译，译林出版社 1999 年版，第 5 页。

始以西北欧为中心，形成"世界性经济体系"，就是"资本主义的世界经济体"，它与"世界性帝国"的不同之处在于，它有一个自成一体的经济网络，却没有一个统一的政治中心。现存的资本主义世界体系已经存在了500年。弗兰克的世界体系论抛弃了沃勒斯坦世界体系论中的意识形态、生产方式的分析模式，提出世界体系存在的时间不是500年，而是5000年。他说，"不仅根本不存在一种生产'方式'向另一种生产'方式'的直线'进步'，而且在任何一个社会里，更不用说整个世界社会，过去和现在都混合着各种生产关系。许多不同的生产关系'提供'了在市场上竞争的产品。但是，从来不是哪一种生产关系，更不是哪一种'生产方式'决定了某种生产者的成功与失败。"① 针对着沃勒斯坦所说的，半外围地区是世界体系等级结构中上下流动的通道，弗兰克提出批评说，"是否有沃勒斯坦所谓的'半边陲'，很值得怀疑；而且它们究竟指的是什么，也一直也没有说清楚。"②

　　3. 每一种发展理论与马克思主义的复杂关系

　　关于依附理论，可以分为三个流派：第一派采用的是拉美经委会的结构理论，其代表人物包括奥斯瓦尔多·森克尔和西塞罗·富尔塔多，这一派遵循着阿根廷经济学家劳尔·普雷维什的结构主义理论分析问题，这一派影响很大，对整个依附理论产生最重要影响的"中心—外围"理论就是普雷维什最早提出的；第二派倾向于马克思主义传统，代表人物有罗·马里尼、西奥多尼奥·多斯桑多斯及前期的安德烈·冈德·弗兰克和萨米尔·阿明，这一派则遵循着西方马克思主义经济学家保罗·巴兰和保罗·斯威齐力主的马克思主义研究方法；第三派主要以社会学者为主，代表人物有费尔南多·卡多索等，他们处在马克思主义和结构论之间，只是更接近传统的马克思主义思想，因为这一流派承认资本主义发展的可能性。可见，马克思主义的依附

---

　　①　［德］贡德·弗兰克：《白银资本：重视经济全球化中的东方》，刘北成译，中央编译出版社2001年版，第439页。

　　②　同上书，第435页。

理论只是众多依附理论中的一个派别,把全部依附学派都看作是马克思主义的看法是错误的。即使是前期弗兰克的思想也并不是纯粹的马克思主义的,其中夹杂着很多正统的西方思想。在对依附理论学者分类时,他就称自己是自由主义者,在很多场合,他都否认自己的思想是马克思主义的。^①但更多学者按照研究方法分类,还是把他划归为马克思主义的依附理论者。^②另外,马克思主义的影响也不只局限于依附理论,即使在拉美(依附理论的影响力主要在拉美和非洲),依附理论也只是拉美马克思主义的一种理论表现,除了依附理论外,还有托洛茨基主义、均地派激进主义等派别,那种把依附理论看作是唯一的马克思主义流派的看法也是错误的。当然,包括依附理论在内的拉美马克思主义的力量很少能强大到夺取政权上台执政的地步,每次当它威胁到现存制度的时候总是被武装力量残酷镇压下去。

世界体系论对待马克思主义的态度也不一样。如果从思想源流上讲,世界体系论思想的时间还要早于依附理论;仅仅从资本主义世界体系上看,这一思想可以上溯至第二国际理论家罗莎·卢森堡,她认为从资本积累的实现条件分析,资本主义是一种不能自己单独存在的经济形态,要以另一种非资本主义经济成分的存在作为其存在的条件,因而资本主义是一种世界体系。很明显,卢森堡的资本积累理论

---

① [巴西]多斯·桑托斯:《"依附论"的历史与理论总结》,见弗朗西斯科·洛配斯·塞格雷拉主编《全球化与世界体系》上册,白凤森等译,社会科学文献出版社 2003 年版,第 56—57 页。

② 这一点与卢卡奇有些相似。卢卡奇被称为"西方马克思主义"的开山鼻祖,其《历史与阶级意识》被誉为西方马克思主义的"圣经",但是卢卡奇本人却极力否认。而对于弗兰克与马克思主义的关联,他自己曾说,"为了摆脱狭窄而局限的新古典派理论无法对国富与国贫的性质与原因进行认真的研究,我们可以将亚当·斯密的全球历史观和卡尔·马克思的辩证历史分析法作为出发点,设法推进一种包罗全世界的全盘性的、反映真实世界历史的、具有社会结构性的(所以实际在理论上就是辩证的)发展与不发达理论。"([德]安德烈·冈德·弗兰克:《依附性积累与不发达》,高铦、高戈译,译林出版社 1999 年版,第 1—2 页。)由此可见,在他的依附论思想中即使不全是受到马克思的影响,但其中也有浓厚的马克思的色彩,至少占有相当大比重。所以说,把前期弗兰克列为马克思主义依附理论的主要代表人物是成立的。

与马克思的再生产理论有着显著的不同。① 而在沃勒斯坦世界体系论中，马克思主义的影响非常明显，他的大部分理论观点是以马克思主义为基础的，如在关于资本主义的世界经济体系和政治体系的关系，以及资本主义世界体系的发展规律和消亡过程等理论中，都打上了马克思主义浓厚的烙印。而在后期弗兰克世界体系论中，他的理论旨趣主要是为了反对欧洲中心论。在他眼中，马克思也同韦伯等其他思想家一样都是欧洲中心论的主张者，因而也都在他的反对名单之列，尽管弗兰克对马克思的反对与罗斯托对马克思的反对有着很大的区别：在后者眼中，马克思是主要的反对目标；而在前者眼中，马克思只是众多反对目标之一。同时，后者反对马克思是带着强烈的意识形态色彩的；而前者对马克思的反对，意识形态性并不强烈。

　　由此可见，通常学界所说的把依附理论和世界体系论并称为新马克思主义发展理论的说法是不确切的，严格来讲，只有马克思主义的依附理论（附带卡多索的依附论）和沃勒斯坦的世界体系论才可以并称为新马克思主义的发展理论。鉴于我们的研究主题，我们这里还是采取更一般的说法，把前期弗兰克和阿明作为马克思主义的依附理论的主要代表加以分析，尽管这两个人也对马克思主义的一些具体观点提出批评；把沃勒斯坦和后期弗兰克对马克思的维护与反对当作世界体系论与马克思主义的关系主要议题加以探讨。

二　新马克思主义发展理论的研究性质与方法

　　如前所述，依附理论有拉美经济委员会和马克思主义两个传统，这两个传统及其后续理论还有很大区别。马克思主义依附学派的出现一方面反映了拉美经济委员会明显的局限性，另一方面也"是对罗斯托最近出版的《经济增长的各阶段》一书所提出的正统发展思想以

---

　　① 鉴于本书探讨的主题，我们把发展哲学研究的时间定位在第二次世界大战之后，所以尽管卢森堡也是马克思主义发展史上的重要理论家，还请允许我们在讨论世界体系论的有关内容时很少提及。但被列宁称为"革命之鹰"的卢森堡（虽然不是最早提出资本主义生产不能单独存在的理论家）作为资本主义世界体系理论的首创者，其地位和作用尤其值得关注。（参见陈其人《卢森堡资本积累理论研究》，东方出版中心 2009 年版，第十章。）

及对国际货币基金组织的新古典主义和货币主义方法的一种激进反映。其实它还可以被视为是对拉美共产党寻求'资产阶级革命'战略的一种批评，因为拉美共产党认为该地区的经济主要是前资本主义。"① 依附理论的主要代表人物前期弗兰克在其著作《依附性积累与不发达》中特别用"题铭"的形式摘录了马克思《共产党宣言》的主要片段，而且在其整本书里经常看到马克思思想的痕迹。依附理论的另一代表萨米尔·阿明自己则说，"早在高中和大学的时候，我就开始用马克思主义来分析社会现实，并坚信社会主义是人类唯一可行的、解决资本主义各种弊端的方法。"② 世界体系论的主要代表沃勒斯坦在其著述中则到处都可以看到马克思的影响痕迹，"在这里我不是要论证古典的资本主义意识形态的说法，即资本主义是一个以国家不干预经济事务为基础的制度。完全相反！资本主义是建立在政治实体使经济收益分配到'私人'手里的同时，又不断关注经济损失的基础之上的，我所论证的恰恰是，资本主义作为一种经济模式建立在这样一种事实之上，即经济因素在比任何政治实体所能完全控制的范围内发挥作用。"③ 他关于世界体系的发展规律和消亡过程直接就是使用马克思主义经济危机的理论观点对现实进行解释。

　　如前所述，现代化理论沿袭了迪尔凯姆等古典社会学家们特别是韦伯的研究方法，而从韦伯到现代化理论中间经由一个必要的中介——帕森斯，帕森斯就成为由韦伯理论而来的现代化理论的先导。无独有偶，新马克思主义发展理论反对和摧毁现代化理论过程中大量借助了马克思主义的研究方法，从马克思主义到新马克思主义发展理论也经由了一个中介——保罗·巴兰，巴兰就成为新马克思主义发展理论特别是依附理论的马克思主义学派的理论先导。保罗·巴兰在

① ［美］C. P. 欧曼、G. 韦格纳拉加：《战后发展理论》，吴正章等译，中国发展出版社 2000 年版，第 123 页。

② ［埃及］萨米尔·阿明：《资本主义的危机》，彭姝祎、贾瑞坤译，社会科学文献出版社 2003 年版，第 109 页。

③ ［美］伊曼纽尔·沃勒斯坦：《现代世界体系》，第 1 卷，尤来寅等译，高等教育出版社 1998 年版，第 462 页。

1957 年出版的《增长的政治经济学》可以看作是战后以马克思主义的研究集中研究发展中国家经济的第一部著作。① 此时，现代化理论正在盛行中，对于非西方不发达国家不发达的原因，巴兰在书中提出了不同于现代化理论的分析。他认为欠发达国家欠发达的主要原因，不在于这些国家自身落后的价值观念，而是经济剩余由穷国向富国转移的结果，后来许多依附理论学者的思想正是立足于此种观点之上，以致非马克思主义的经济学家们经常将经济剩余价值的国际转移看成是马克思主义对战后关于发展的争论的主要贡献。② 他们把巴兰连同后来的依附理论学者称为马克思主义者或新马克思主义者，他们自己也常常这么认为。巴兰根据马克思主义关于社会发展的思想③，提出现代不发达国家是社会发展过程的产物，资本主义发达国家的发展是以牺牲不发达国家为代价的。现代不发达国家还在其前身殖民地时期，西欧人肆无忌惮地从殖民地区掠夺、榨取尽可能多的实惠，并把

① 关于巴兰《增长的政治经济学》一书所要探讨的主题，也有人认为其更多的是只局限于马克思主义内部的理论探讨，而不是关于第三世界各国经济发展状况的论著，因而他的思想没有受到后来研究依附理论学者的应有重视。我们认为这种看法是不客观的，巴兰的思想明确地构成了后来前期弗兰克依附理论的一个来源。

② C. P. 欧曼和 G. 韦格纳拉加甚至把依附论的"欠发达的发展"思潮、主张不平等交换的学者，连同巴兰一起，概括称为"欠发达学派（underdevelopment school）"。（参见 C. P. 欧曼、G. 韦格纳拉加《战后发展理论》，吴正章等译，中国发展出版社 2000 年版，第 156 页。）我们这里把"欠发达的发展"思潮（主要代表弗兰克）和主张不平等交换的学者（主要代表阿明）归为"马克思主义的依附理论"，而把巴兰看作是这一理论的思想基础。

③ 这里马克思主义关于社会发展的思想不限于马克思本人（主要是马克思的资本剥削和资本扩张理论），特别地，还包括列宁的帝国主义和殖民地思想。帕尔玛（palma）就曾指出，列宁在 1899 年的著作《俄国资本主义的发展》是第一部利用马克思主义观点分析资本主义在发展中国家发展的具体经验的著作，可以被认为是"依附发展"的首部著作。（参见［美］C. P. 欧曼、G. 韦格纳拉加《战后发展理论》，吴正章等译，中国发展出版社 2000 年版，第 159 页。）另外，列宁在《帝国主义是资本主义的最高阶段》一书中也充分表达了帝国主义和殖民地的思想，"既然谈到资本帝国主义时代的殖民政策，那就必须指出，金融资本和同它相适应的国际政策，即归根到底是大国为了在经济上和政治上瓜分世界而斗争的国际政策，造成了许多过渡的国家依附形式。这个时代的典型的国家形式不仅有两大类国家，即殖民地占有国和殖民地，而且有各种形式的附属国，它们在政治上、形式上是独立的，实际上却被金融和外交方面的依附关系的罗网缠绕着。"（参见《列宁选集》第 2 卷，人民出版社 2012 年版，第 647—648 页。）

掠夺品运回本国，这就形成了财富的单向转移，从而促进了西欧的发展。而在殖民地区，由于以前的积累和现时生产的剩余的一大部分被殖民者掠走，正常的发展轨道发生偏离，只能适应于帝国主义的目的，沦为资本主义体系的生产原料基地和商品销售市场。

有一些"马克思主义者"认为，这种以市场来定义资本主义的方式并不符合马克思主义，因为它们不是以占主导地位的生产关系来定义资本主义，并且将剥削放入流通领域（即与交换而不是生产有关），而不是将剥削放入生产过程本身。我们认为，这种看法过于教条化。马克思说，"资本主义生产方式也只是在很小的范围内能够应用，并且就事物的本性来说，只能在某些领域中应用"①。确定剥削的标准不在于是在生产领域还是在流通领域，而在于是否有资本介入，工人的劳动是否能够为资本家带来剩余价值，生产工人并不是工人阶级的全部，商业工人和产业工人置于同等位置。还有一些人认为，巴兰等西方马克思主义经济学家为了改变他们认为的马克思经济学研究的"停滞"趋势而表现出来的对西方主流经济学（如凯恩斯经济学）的"宽容"，严重背离了马克思主义经济学的阶级立场和价值判断。我们认为这一看法也太过于苛刻，有闭门论道之嫌，毕竟这些人还坚持了马克思主义的基本精神，比起其他人要难能可贵得多。

因为当时现代化理论方兴未艾，正处于发展理论研究的主导地位，拥带着一股强大的力量淹没了其他不同的声音，巴兰（和斯威齐）的不同见解犹如小石子落入水中并没有引起太大的反响。② 后来，由于现代化理论没能实现当初的承诺而受到批判，后来的新马克思主义发展理论家（特别是马克思主义的依附理论学派），沿着他们的研究路径，针对着现代化理论暴露出来的种种弊端（由于现代化理

---

① 《马克思恩格斯全集》第 26 卷第 1 分册，人民出版社 1972 年版，第 443 页。

② 比巴兰、斯威齐学说境遇更加不如的是普雷维什，他早在 20 世纪 40 年代末就提出了依附论思想，但与巴兰一样，他的思想也一直没受到关注，直到 60 年代末才得到应有的重视。后来取代现代化理论成为发展理论研究主导的依附理论就是沿袭着他们思想建构起来的。鉴于我们的研究主题，这里只探讨巴兰和斯威齐及受其影响的马克思主义的依附理论。

论拥有宽广的实践舞台），对现代化理论展开了异常猛烈的批判，不仅使马克思主义在发展理论研究中占据着令人瞩目的位置备受关注，而且也成就了这些新马克思主义理论家的个人地位，其中前期的弗兰克、阿明和沃勒斯坦成为最具代表性的理论家。他们在不发达国家陷入不发达的原因分析方面、不发达国家走向发展的可能路径方面等，都有重要的理论建树。

1. 不发达国家不发达的原因

关于不发达国家不发达的原因，现代化理论主要在社会内部来分析，认为是不发达国家自己不努力，在于他们落后的文化价值观；而新马克思主义的依附理论则从社会外部分析，认为不发达国家的不发达正是由于发达国家当年直到现在依然在进行的殖民剥削。现代化理论缘于静态的历史观认定"非西方的现在"与"西方的过去"处于同一发展阶段，所以非西方不发达国家只要沿着西方国家走过的道路继续向前走，就可以在将来的某一天达到现在西方的发展状态，"非西方的将来"与"西方的现在"是一样的。弗兰克对此进行了激烈的批判，在这方面做出了杰出的贡献。美国社会学联合会这样评价作为依附理论主要代表的前期弗兰克："在长期的和杰出的职业生涯中，弗兰克推翻了我们的思想。他关于不发达的发展的研究，成功地摧毁了占统治地位的现代化理论，促使所有人重新思考不发达是如何出现的。"① 弗兰克在《不发达的发展》中写道，"不首先了解清楚占世界人口大多数的不发达地区居民过去的经济史和社会史如何造成他们现在的不发达状态，就不能指望为他们制订适当的发展理论和政策。"② 弗兰克区分了"未发展"与"欠发达"两个概念："未发展"是发展以前的阶段，所有国家都经历了一个社会发展阶段；"欠发达"是只有不发达国家才经历的特殊阶段。即意味着：对于发达国家而言，是

---

① 转引自杨旗《5000 年世界的发展逻辑——弗兰克世界体系理论研究》，南京大学出版社 2009 版，前言第 6 页。

② ［美］查尔斯·K. 威尔伯：《发达与不发达问题的政治经济学》，高铦等译，中国社会科学出版社 1984 年版，第 145 页。

从"未发展"走向了"发达";而对于不发达国家而言,则是从"未发展"走向了"欠发达"。而造成发达与不发达悬殊差别的,恰恰是同一历史过程:殖民主义。① "我们必须作出结论,即:不发达并不是由于孤立于世界主流之外的那些地区中古老体制的存在和缺乏资本的原因造成的。恰恰相反,不论过去或现在,造成不发达状态的正是造成经济发达(资本主义本身的发展)的同一个历史进程。"② 据此,弗兰克批评罗斯托的经济成长阶段论,提出罗斯托后面两个发展阶段是乌托邦的,现实社会中根本不存在,发达国家并不是依靠自己的力量获得成功的,而保持发达与不发达的对立是资本主义体系得以存在的基础,因而也构成其永恒的主题。

马克思主义的依附理论家把殖民地理论与阶级斗争理论结合起来展开分析。前期弗兰克用"都会—卫星"关系来解释不发达国家的不发达,这种关系有两个层面:在国家间,发达国家是都会,不发达国家是卫星;在不发达国家内部,相对发达的城市是都会,贫困落后的农村是卫星。前者是国家间的殖民关系,后者则是阶级斗争的产物。不发达国家的不发达实际是发达国家与不发达国家内部的上层阶级"合谋"的结果。"十九世纪帝国主义在拉丁美洲所确立的以宗主国

---

① 从殖民主义的视角分析不发达国家不发达的原因,在今天看来可能比较平淡,但在当时来看,这并不是不证自明的。当时发达国家的一些学者关于殖民地的看法就与此有很大不同,科耶夫就讲,战后"法国投资于殖民地和前殖民地的资本比这些殖民地和前殖民地以剩余价值的形式供给法国的资本要多五倍或者六倍"。他还把这种资本主义起了一个名号,这种"给予落后地区的比从落后地区攫取的要多的"资本主义,"我想称之为给予型的资本主义"。(参见 [法] 科耶夫《科耶夫的新拉丁帝国》,邱立波译,华夏出版社 2008 年版,第 199、201 页。)更有甚者,到了 21 世纪初(2001 年),还有人为殖民主义开脱,约翰·诺尔贝格就说,"即使殖民主义确实造成了巨大的损害,在各地进行了残酷的压迫,它本身也不能为南北差距承担责任。"他进一步举例说明:一方面,对富裕国家中,瑞士和斯堪的纳维亚国家,就从来没有占有过比较重要的殖民地,美国、加拿大、澳大利亚等国,则本身就是殖民地;另一方面,最不发达国家中,阿富汗、利比亚、尼泊尔,却从来没有成为过殖民地。(参见 [瑞典] 约翰·诺尔贝格《为全球化申辩》,姚中秋、陈海威译,社会科学文献出版社 2008 年版,第 123 页。)

② [美] 查尔斯·K. 威尔伯:《发达与不发达问题的政治经济学》,高铦等译,中国社会科学出版社 1984 年版,第 151 页。

为取向的城市、经济与政治发展形成了一批既得阶级利益，它们设法在宗主国支持下在二十世纪仍保持和扩大拉丁美洲不发达的发展。"这些富裕的城市精英阶层也对其本国乡村的穷人们做着同样的事情，那些分散的和政治上软弱的农民只能获取低廉的报酬。为了进一步说明情况，弗兰克引用了阿根廷财政部部长费得里科·皮内多的话，"如果一个美国贼担当了铁路、电车、银行、电力公司、航运和保险公司、谷物商，以及由阿根廷人和外国人在这个国家建立的大工业和金融财团的法律顾问的话，那么那些显赫的阿根廷人也会是卖国贼，他们在上一代里由于其杰出的专业才能而被聘在这些公司里任职，其中有些人现在被刻入碑文以纪念他们对国家的出色服务。几乎所有我曾经有幸参与或担任专业人员的公司都一度是我父亲的法律事务所的客户，而我父亲是阿根廷总统佩莱格里尼和萨恩斯·佩尼亚的合伙人。"① 当然，"都会—卫星"关系的这两个层面并不是并列的，发达国家对不发达国家的殖民关系是主要的。这种关系不仅停留于 19 世纪，也不仅停留于 20 世纪上半叶，到了 20 世纪下半叶依然如此，没有发生实质性的改变。"美国在当代的干预同 19 世纪的殖民主义征服一样是帝国主义的。例如，华盛顿在伊拉克的目的是要建立为美国资本服务的独裁政权（而不是一种'民主政权'），以便掠夺这个国家的资源，而不是为了别的。"②

对于上述观点，有学者提出批评说，依附理论将财富被掠夺作为现代欠发达的主要原因，同时作为发达国家资本积累的重要来源，这过于强调欠发达的外部原因，真正造成现代欠发达的主要原因在于阻碍生产力发展的内部阶级结构；而在讲不发达国家内部阶级结构的时候，只强调资产阶级的利己性，为个人（家族）谋利，而不是为国家民族。

---

① ［德］安德烈·冈德·弗兰克：《依附性积累与不发达》，高铦、高戈译，译林出版社 1999 年版，第 174、176 页。

② ［埃及］萨米尔·阿明：《自由主义病毒/欧洲中心论批判》，王麟进等译，社会科学文献出版社 2007 年版，第 15 页。

　　我们认为,应该辩证地看待依附理论的这种观点及对其的批评态度。它们的论争主要集中在三个层面。首先,不发达国家不发达的主要原因是在外部殖民活动还是在内部阶级结构。应该肯定依附理论一直强调的观点,当初(现在的)发达国家把社会财富从不发达国家掠走,确实成为不发达国家不发达的主因,殖民经历成为这些不发达国家心中永远的痛楚。这样说并不意味着不发达国家内部没有责任。试想当初这种殖民活动何以会发生,何以必定以那样的形式发生,换句话说,为什么是(现在的)发达国家对这些不发达国家进行殖民而不是相反呢?殖民活动之所以会发生,以那样的形式发生,说明在殖民活动没开始之前,(现在的)发达国家和不发达国家就已经产生了差距,否则,就算这些发达国家有进行殖民活动的意愿,也没有进行殖民活动的能力。(当然有了能力并一定就要殖民,但要殖民却必须要有能力。)现代化理论采用静态的思维方式,把现在的不发达国家的状况视同发达国家的当初状况确实是不对的,但实际情况也不是如依附理论所说的,不发达国家和发达国家当初的状况都一样"未发展"。退一步讲,即使说都经历了"未发展",那也是两种不同水平的"未发展",而不是处于同一发展水平。这即是说,不发达国家自身的内部结构也要为不发达承担责任的,但这种"内部结构"并不仅限于依附理论的反对者所说的"内部结构",因为后者所强调的更多的只是现在(已经获得独立但仍然处于不发达状态的当今),而不是过去(在被西方殖民过程开始之前)的内部结构,实际上在被西方殖民过程开始之前非西方的落后①(从最关键的生产方式角度)一直没有出现在双方的视野内。

　　其次,依附理论也不是不讲非西方社会的内部因素,在他们看

---

　　①　也有人认为在被西方殖民过程开始之前非西方国家并非处于落后状态,甚至还处于领先状态,特别是在 GDP 方面,像东方的中国和印度。但笔者这里要讲的是,GDP 的多少并不是衡量一个国家落后还是先进的关键指标,关键的还要看生产方式。当然,很少量的GDP 不能说是先进,但很大量的 GDP 也并不一定就是先进。中国在 19 世纪鸦片战争前 GDP还占世界的 1/4 强,可由于落后的生产方式,还是没能阻止其衰落的步伐。关于这一点,我们后文还有论述。

来，非西方社会内部的上层阶级资产阶级没有带来现代化的动力，没有像英美的资产阶级那样发挥促进发展的作用，而是由于他们的贪婪使国家陷入了依附、停滞和边际化。而在批评者看来，这样评价非西方不发达国家的资产阶级是不公允的，他们也想带领国家走出不发达，无奈积重难返，短时期内无力回天。即使是依附程度最深的拉美国家，也不是对美国言听计从：20 世纪 50 年代朝鲜战争期间，拉美只有哥伦比亚一个国家出兵支持美国军队；在 60 年代的越南战争中，拉美没有一个国家支持美国的对越政策。采取行动和对策的决定因素是利益，"没有永远不变的朋友，也没有永远不变的敌人，只有永远不变的利益"，问题是：永远不变的是个人利益还是国家利益。双方争论的焦点在于，非西方的上层阶级资产阶级是否真心为自己国家出力。我们认为，想不想是一回事，能不能又是一回事，没有哪些人不希望自己的国家富强繁荣，甚至只要自己的国家强盛起来，哪怕自己的利益受到一些损失。[1] 如此看来，批评者的确带着美好的意愿。但不可否认的是，确有一些非西方不发达国家，其国家首脑个人财富的增长与国家本身的日益贫困化相一致。比较典型的是扎伊尔（现为刚果（金））的蒙博托，1984 年，蒙博托存在国外银行的私人财产及国外投资估计有 40 亿美元，约相当于扎伊尔的外债总数。到了 1993 年，扎伊尔经济衰退期间，蒙博托在国外的资产已经增加到 100 亿美元。[2] 不管怎么说，非西方不发达国家要想真正走出不发达状态，上层资产阶级即使不是领导阶级，也离不开上层资产阶级的合作，否则是不可能的。

最后，依附理论强调说，殖民活动产生了双重结果：造成了殖民地国家不发达的同时，也造就了殖民国家的发达。如前所述，殖民活动的确要为不发达国家的不发达承担主要责任，但如果说殖民活动就

---

[1]　20 世纪 70 年代时任巴基斯坦总统阿里·布托，为了振兴国家积极在农村推行土地改革政策，尽管这项政策使自己家族失去了很多土地。

[2]　[美] 曼纽尔·卡斯特：《千年终结》，夏铸九等译，社会科学文献出版社 2003 年版，第 108 页。

直接造就了殖民国家的发达也不尽全面，至少是对历史的不负责任的解释。众所周知，进行殖民活动最早的国家不是英国（更不是美国，美国本身都是殖民地），而是西班牙和葡萄牙，按照依附理论，它们就应该是发达国家；但西班牙和葡萄牙却没有成为今天的发达国家，经过短暂的辉煌之后很快就衰落了，原因不在于它们没有参加殖民活动，没有掠夺他国财富，而在于它们没有把掠夺来的他国财富用于资本生产的目的，而是用于奢靡生活的消费。当然，我们这里绝不是否认殖民活动对发达国家的促成作用，事实上英法等国之所以成为发达国家与它们当年的殖民活动有很大的关联，而是说殖民活动不能直接促成发达国家的产生，能否成为发达国家还要看这些国家如何对待通过殖民活动掠夺来的他国财富，要看它们是否将之用于资本生产的目的。

2. 不发达国家走向发展的可能路径

造成不发达国家不发达的主要原因，就在于发达国家一直延续到20世纪下半叶（到现在也没有发生明显改变的迹象）的殖民主义及其变种新殖民主义①，在于殖民主义和新殖民主义所维系的资本主义体系，只要仍然处于资本主义体系之内，不发达国家的不发达状况就将一直持续下去，因为不发达国家的不发达正是资本主义体系得以维系的基本条件。既然如此，那么顺理成章地就会得出结论：非西方不发达国家要取得发展，就必须要脱离与西方发达国家的联系，摆脱资本主义体系，因为现实的资本主义对世界的征服"在这个体系的中心逐步地创造了一种不断扩大的两极分化，使资本主义世界发展成为中心与外围，这种格局没有能力弥合不断扩大的差距，它在'实际存在的'资本主义内部制造了这一矛盾——这一矛盾在资本主义制度的框

---

① 前加纳总统恩克鲁玛指出，"新殖民主义的实质在于：它控制的国家表面上是独立的，有着在国际上独立自主的一切外部标志，但实际上，它的经济系统乃至国内外政策均受外部势力的控制。"（转引自［英］韦伯斯特《发展社会学》，陈一筠译，华夏出版社1987年版，第50页。）

架内是无法克服的——这是我们时代最重要的也是最具爆炸性的矛盾。"① 马克思主义的依附理论家坚决反对现代化理论的西方化模式，也不赞同具有明显后现代特征的多元文化发展道路。在他们看来，后者的思路实在不可取，因为这实际上阻塞了不发达国家的现代化之路。"后现代主义没有提出任何有价值的说法，使我们了解经济因素之外的其他因素所特有的逻辑，从这种意义上讲它是无力的。"后现代主义"不过是以另一种方式表达目前已经世界化了的新自由主义阶段政治经济发展的逻辑要求罢了。"② 在他们看来，现代化理论的错误不在于其追求的目标，而在于其开出的药方不足取。现代化是个永恒的运动过程，它不是一种已然定型的社会制度，只能沿着固定化的西方道路才能实现。另外，现代性当然依然是人们追求的目标，显然还没有发展到被超越的地步，需要被超越的只是西方式的资本主义现代性，而不是现代性本身，"资本主义已经过时，并且已不能向人类提供除自我毁灭以外的任何前景。"③ "资本主义那经济主义的不完备的、必然是以欧洲为中心的博爱，必须由一种必然而又可能的社会主义之真正的博爱来替代。"④ 为不发达国家寻找一条不同于现代化理论的发展道路是依附论的终极目标，非资本主义发展道路是依附论的重要价值取向。而要想超越西方式的现代性，从根本上摆脱资本主义体系，就必须走向社会主义，必须以马克思主义为分析框架，重回马克思主义传统。马克思主义的目标是要实现社会主义，实现所有人的自由发展，而"那些宣布马克思主义死亡的人们不仅没有超越马克思主义对世界理解的贡献，而且换上了倒车挡，以便能够不加批判地回

----

① ［埃及］萨米尔·阿明：《自由主义病毒/欧洲中心论批判》，王麟进等译，社会科学文献出版社 2007 年版，第 182 页。

② ［埃及］萨米尔·阿明：《资本主义的危机》，彭姝祎、贾瑞坤译，社会科学文献出版社 2003 年版，第 38、78 页。

③ ［埃及］萨米尔·阿明：《自由主义病毒/欧洲中心论批判》，王麟进等译，社会科学文献出版社 2007 年版，第 12 页。

④ ［德］安德烈·冈德·弗兰克、巴里·K. 吉尔斯主编：《世界体系：500 年还是5000 年?》，郝名玮译，社会科学文献出版社 2004 年版，第 300 页。

到使资本主义合法化的构念的舒服怀抱里去。"① 依附论者进一步反驳说，在那些反对马克思主义的人看来，马克思当年提出的关于资本主义积累导致的两极分化现象，在西方资本主义体系中的中心国家（占体系全部人口的20%）并没有发生，似乎"马克思的预言被历史否定了"。但是，如果从全球资本主义体系的整体来看，两极化不仅是必然的，而且还是不容争议的。② "两极化"是全球资本主义的内在需要，因此，"欠发达"国家并没有走上"赶超"先进资本主义国家的道路。因此，这个结论要求我们继续完成马克思的工作，并通过关注资本主义体系的全球性加以补充和加强，找出它的特点和倾向。这是马克思主义（也就是说马克思之后）过去和今后所面临的"挑战"。

---

① ［埃及］萨米尔·阿明：《自由主义病毒/欧洲中心论批判》，王麟进等译，社会科学文献出版社2007年版，第213页。

② 当然也有人不承认世界的两极化发展趋势。瑞典学者约翰·诺尔贝格就针对教皇约翰·保罗二世"世界两极化"的说法进行反驳。后者在1998年1月25日发表的一篇文章中说道，"在国际社会中，我们发现一小部分国家正变得极其富裕，他们富裕的代价则是其他大多数国家日益贫困化；结果是富者更富，穷者更穷。"约翰·诺尔贝格则认为，这一论断"半真半假"：富者更富是真的，而穷者更穷则是假的。他说，在1965—1998年间，"世界上最富裕的五个国家的人均收入从8315美元增加到14623美元，也就是大约75%。而世界上最穷困的五个国家的人均收入增长速度更快，在同一时期翻了不止两番，即从551美元增加到了1137美元。"他进一步对20%的人口消费80%的资源、80%的人口消费20%的资源现象进行解释，"20%的人口消费80%的资源的主要原因是，他们生产了80%的资源。80%的人口之所以只消费20%的资源，因为他们只生产了20%的资源。"（［瑞典］约翰·诺尔贝格：《为全球化申辩》，姚中秋、陈海威译，社会科学文献出版社2008年版，第3、8、124页。）我们认为，如果仅仅从人均收入的增长速度上看，约翰·诺尔贝格的说法是不错，但如果从绝对数值之差的角度看，结果则完全相反。最富裕的五个国家的人均收入从8315美元增加到14623美元，增长的绝对值为6308美元，而最穷困的五个国家的人均收入从551美元增加到1137美元，增长的绝对值为586美元，仅为前者的不足10%。很显然，收入增长的绝对值对人更具有现实意义，因此，世界的两极化趋势的确是在增大。而他为20%的人口消费80%的资源进行的辩解更是不能成立的。

在阿明看来，马克思主义"既是分析挑战，也是根据既定方向制定改造世界的战略的有效工具。但是也有一个条件，那就是要承认，在这方面马克思只是从思想和行动上开了个头。换句话说，人们要以马克思为基础进行发展，而不是到此为止。"① 这也就意味着，马克思主义只是指示了一个方向，不可能要求马克思主义给出一个完全的步入社会主义的行动步骤。阿明提出，外围地区的社会正在进入"后资本主义"时期，应通过一种人民民族主义的战略，而不是通过传统社会主义的战略步入社会主义："从资本主义欧洲中心论的虚假普遍主义到人民民族主义发展的成功，再到重新构思一种优越的社会主义普遍主义。"② 对于体制内外围国家的大多数人民（占全人类80%）来说，现实资本主义内部的两极分化将社会主义革命提上了日程，"世界资本主义向世界社会主义长期过渡"。为此，马克思主义的依附理论家鼓动非西方不发达国家进行社会主义革命，实行"脱钩战略"。"南方国家应该并能够从自由主义幻想中解脱出来，并采取自主发展的革新形式……发展首先是确定国内的目标，实现生产体系的现代化并创造内部条件使其服务于社会进步，然后是使南方国家与发达的资本主义中心的关系方式适应这一逻辑的要求。这种脱钩的定义——并不是闭关自守——是要使与对立的原则（自由主义原则）相反的'结构调整'的概念与全球化的要求相适应。"③ 阿明劝告第三世界国家采取孤立政策，当然不是永久性的孤立，至少可以持续到这个国家能与较好的社会在经济上和文化上竞争为止。这也不意味着要完全抵制对外贸易，而只是要扭转国际贸易与发展战略之间现有的关系，因为现有的国际经济贸易只会加快不发达的发展，从而使非西方的不发达更加深重。而要想反对现有的国际经济贸易体系，也不是不可能，但那也要等到不发

---

① ［埃及］萨米尔·阿明：《自由主义病毒/欧洲中心论批判》，王麟进等译，社会科学文献出版社2007年版，第89页。

② 同上书，第235页。

③ 同上书，第73页。

达国家拥有足够的力量才能达到。德国的李斯特就反对英国的李嘉图提出的"比较利益和自由贸易"思想而倡导贸易保护主义和保护关税政策，弗兰克就此评论说，"利斯特（国内一般译作李斯特，引者注）是德国人，他的国家有能力反对自由贸易，而不像印度之类的国家在政治上被英国控制"①。关于具体如何实行脱钩战略，阿明则建议说，对南方国家来说更好的还是引导自己的农业发展去首先满足自己巨大的国内市场的需要，而不是去考虑优先满足国际市场，后者实际上就是优先满足发达国家的需要。依附理论家坚信走向社会主义是不发达国家唯一的出路，即使在世界社会主义运动遭受严重挫折的情况下，他们中的许多人仍然坚持这一观点。萨米尔·阿明就公开表示："我对社会主义的前途充满信心。"② 他认为，苏联解体毁灭的只是一种特定的社会主义模式，而不是社会主义理念。苏维埃主义并不是真正的社会主义，这只是一种"被斯大林篡改过的社会主义"，其实质是一种特殊形式的资本主义（无资本家的资本主义）。因而其失败并不是社会主义的失败，而只是"一种形式特殊的资本主义计划的失败"③。

　　依附理论激烈地批评现代化理论，现代化理论在进行自我辩护的同时，也对依附理论进行反批判。约翰·W. 斯隆就对于依附理论开出的社会主义革命的药方进行批判，说他们把独立于资本主义国际体系之外的好处看得太多了，好像只要踏上社会主义道路就会扭转不发达的局面。拉美的古巴就是社会主义，但这并不能改变它一直依赖食糖出口；因此就算是危地马拉被纳入社会主义体系，也会继续依赖咖

---

　　① ［德］安德烈·冈德·弗兰克：《依附性积累与不发达》，高铦、高戈译，译林出版社 1999 年版，第 103 页。

　　② 薛晓源编：《透视当代资本主义——"全球化与当代资本主义"国际学术报告会实录》，载李惠斌主编《全球化与现代性批判》，广西师范大学出版社 2003 年版，第 10 页。

　　③ ［埃及］萨米尔·阿明：《资本主义的危机》，彭姝祎、贾瑞坤译，社会科学文献出版社 2003 年版，第 74—75 页。

啡出口的。①

如何看待依附理论与现代化理论之间关于发展道路的批评与反批评呢？首先，我们认为，依附理论对于现代化理论关于不发达国家发展道路的批评是对的：现代化理论为不发达国家设计的发展道路——继续沿着西方走过的资本主义道路向前走，是走不通的。按照现代化理论的理解，发达国家曾经走过的发展道路就是不发达国家今后要走的发展道路。那发达国家靠什么实现发达的呢？众所周知，在发达国家走向发达的过程中，尽管不能把全部功劳都归于殖民活动，但殖民活动毕竟起到了非常重要的作用。罗得西亚（现为赞比亚和津巴布韦）的创立者塞西尔·罗兹曾经毫不掩饰地说，"我们必须发现新的领域，在那里，我们能够获得原料，同时开发和利用当地廉价的劳动力资源，并且可以将生产的过剩产品在这些殖民地倾销。"② 而在当今来看，这条路径是不可复制的。（1）当初国际上并没有相关的法律条约对殖民活动进行约束，在这种不平等的国际政治经济旧秩序下，被殖民国家和地区没有相关的法理依据进行反驳和抗议，只能选择在无奈中默默地忍受，或者进行暴力和非暴力的抗争。而当今，国际上已经有很多相对平等的国际条约（寻求绝对平等是不可能的）的存在，再像以前那样明目张胆地进行殖民活动已经是不可能的了。（2）退一步讲，就算可以把这些相关的条约放在一边（就像当年希

①　约翰·W. 斯隆继续写道，一个必须要弄清楚的问题是，"为了自己的经济利益，国家越小就越要依赖出口商品。概言之，人口的多少和外贸在国民收入中所占份额的大小成反比。"（他在原文中提到了两个基本事实，这只是其中的一个。［美］约翰·W. 斯隆：《依附论的主要欠缺》，李建国译，载罗荣渠主编《现代化理论与历史经验的再探讨》，上海译文出版社 1993 年版，第 142 页。）应该说，斯隆对依附理论的这种批判是很有力的，尤其是古巴和危地马拉那两个实例国家，在这里意识形态的对立并不能从根本上说明问题的实质。但使斯隆的批判威力大大减弱的，是他的抽象能力，也就是说，上述论据并不能推出上述论点。真正有关系的，是一个国家的生产结构和消费结构，而不是国家的大小和人口的多少。日本和孟加拉国的人口差不多，但外贸在国民收入中的份额却相差太大；改革开放之前和之后的中国，人口并没有太大的变化，但外贸在国民收入中所占份额大小的情况却发生太大的变化。

②　［英国］A. J. 麦克迈克尔：《危险的地球》，罗蕾、王小红译，江苏人民出版社 2000 年版，第 347 页。

特勒与周边国家签订的、后来又被撕毁的条约），殖民活动的前提是必须找到比殖民国家发展落后的被殖民者（总不能是落后的国家去殖民先进的国家吧），日本就是从当年的被其他国家殖民转而又去殖民其他别的国家进而走上强盛之路的，而这些都属于第二次世界大战之前的旧体系的事情，可现在这些非西方国家已经是最落后的了，到哪里去寻求比它们更落后的国家呢？换句话说，就算是非西方国家也想进行殖民活动，那前提是也要"有民可殖"。

其次，依附理论对现代化理论反面批评的正确并不意味着依附理论自身正面的脱钩主张就也是正确的。（1）依附理论认为，非西方国家之所以落后，就是因为它们与西方发达国家的联系太多了，与发达国家的联系越紧密，不发达国家就越落后。既然如此，索性不发达国家就不与发达国家发生关联，这样就能摆脱发达国家的剥削与控制，切断不发达国家不发达的根源。但是，现在整个世界都处于全球化的背景下，要想使某个国家不与外界发生联系，这是可能的吗？美国的气象学家洛伦兹说过，"巴西丛林一只蝴蝶偶然扇动翅膀，可能会在美国德克萨斯州掀起一场龙卷风。"整个世界都处于紧密关联中，切断与外界的联系只能是一种臆想，无异于痴人说梦。联合国秘书长安南在 2000 年 2 月的联合国贸易与发展大会的一次会议上说："在今天这个非常不平等的世界上，主要的失败者不是那些过多卷入全球化的国家，而是那些自外于全球化进程的国家。"① （2）退一步讲，就算是不发达国家在当代背景下能够做到不与外界发生关联，等到它们强盛到能够与发达国家公平竞争的时候再与它们发生联系，但是依靠这种政策就能实现自身的发展吗？相当初，这些非西方不发达国家在被殖民之前不就是在执行着这种不与外界发生关联的自主性嘛，结果不就是由此导致了自身的落后而遭致被殖民的经历嘛。所以说，"脱钩"战略根本做不到；就算做到了，也不能发挥作用。所以，后来学者在评论依附理论的贡献时，大多集中于依附理论对不发达国家原因

---

① ［瑞典］约翰·诺尔贝格：《为全球化申辩》，姚中秋、陈海威译，社会科学文献出版社 2008 年版，第 126 页。

的分析，而对于它们提出的正面建议则嗤之以鼻。

第二节　新马克思主义发展理论视域中的马克思形象透视

前文已经论述过，马克思主义与依附理论的关系非常复杂，并不是所有的依附理论都属于马克思主义性质，即便是马克思主义的依附理论，也包含着很多非马克思主义的成分。世界体系理论也是一样。因此，至关重要的是，不可以把属于新马克思主义流派关于发展的各种理论同马克思主义的科学社会主义混为一谈。新马克思主义发展理论家并不是完全按照马克思的思想观点分析问题，他们所处的时代毕竟不同于马克思的时代，马克思的观点不可能被完全照搬，这是可以理解的，但是他们却由这种思想倾向走向了与马克思思想的背离甚至对立，就超出了我们能接受的范围。这里主要论述三种典型的对马克思思想的修正。

一　重建历史唯物主义①：次决定论基础上的历史唯物主义

前文已经有一些阐述论及萨米尔·阿明，他是马克思主义的依附理论的主要代表人物，著名的新马克思主义理论家，在国外马克思主义研究领域占有重要地位，对马克思思想做出过独特的理解。他力主反对作为资本主义世界意识形态的现代化理论，主张用马克思主义的方法建构发展理论来指导非西方国家走出不发达的状态。他自己在"心路历程"中就讲，早在高中和大学的时候，他就开始用马克思主义来分析社会现实。"只有历史唯物主义才是一种名副其实的、科学的方法论。"②他赞同马克思的思想原则，但这并不意味着，他对马

---

① 在现代西方学界，不止阿明一人提出重建"历史唯物主义"，试图做出这种努力的有很多人，典型的有卢卡奇、哈贝马斯等人。

② ［埃及］萨米尔·阿明：《资本主义的危机》，彭姝祎、贾瑞坤译，社会科学文献出版社 2003 年版，第 129 页。

克思思想的全盘接受，更不意味着他会附和庸俗的马克思主义，它们"不是去批评和丰富马克思主义理论，而是对它采取教条主义的态度，满足于对马克思的著作进行解释"。相应地，阿明提出建立一种"次决定论"基础上的历史唯物主义："每个层面（经济、政治和意识形态）都包含着自身独特的内在逻辑，因此，在它们的演变过程中必须要有互补性，以保证体制上的全球一致性。"① 奠基于这种"次决定论基础上的历史唯物主义"，阿明不认为马克思是一个经济决定论者，对马克思加以辩护；也把韦伯作为一个文化决定论者加以批判；同时区分了马克思的"历史唯物主义"与马克思以后的"历史马克思主义"。我们这里试图从思想史的视角对阿明这种"次决定论基础上的历史唯物主义"做出简要评析。

1. 辩护：马克思不是经济决定论者

按照萨米尔·阿明的理解，马克思主义就是历史唯物主义，而历史唯物主义就应该是以"次决定论"为基础，这种历史唯物主义认为，决定社会发展的是单元因素，在不同的社会中占据支配地位的因素是不同的，但每一社会中占据支配地位的因素都只有一个：在氏族社会（即前资本主义社会）中是政治因素，资本主义社会中是经济因素，而在共产主义社会中是文化因素占据支配地位。阿明认为马克思不是经济决定论者，历史唯物主义不是经济决定论，理由有两条。第一条，"我认为对于历史上各阶段不同层面之间的关系用同样的方式对待是不正确的，经济的自主性是资本主义所固有的，而在贡赋制度中，经济要服从政治"；第二条，"每个层面都受制于它所特有的逻辑，其地位最终起决定性或主导性的作用（在贡赋制国家中是政治，资本主义中是经济，未来共产主义社会中是文化）。这些特有的逻辑是各自独立的，它们并不一定互为补充。因而，这些逻辑陷入了频繁的冲突之中。"② 各种逻辑的冲突总能找到一种解决的办法（次

---

① ［埃及］萨米尔·阿明：《自由主义病毒/欧洲中心论批判》，王麟进等译，社会科学文献出版社2007年版，第94页。

② 同上书，第133页。

决定论：通过一些逻辑服从于另一些逻辑），在好几种解决办法中选择一种。社会、政治、思想和文化的斗争通过这一种——而不是那一种——合乎逻辑的选择来造就社会。在前资本主义社会中，经济的交换价值没有支配社会，经济规律（和对劳动力的剥削）是清晰透明的，社会是被各种政治需求所支配的，经济服从于政治。资本主义社会关系的特性则正好相反，资本主义的建立通过颠覆了以前的政治经济关系顺序，把政治对经济的统治过程变成了有利于经济（价值规律）发展的经济对政治—意识形态的统治。经济规律不仅控制资本主义经济制度的再生产，而且价值还控制着这个制度下的社会生活的各个方面，市场经济变成了市场社会。而在未来共产主义社会中，如果文化不代替经济起主导作用的话，简直就无法想象。"就算马克思本人和马克思主义都没有像在经济领域那样，在政治、意识形态和文化领域建立相关理论——非马克思主义更没有那么做——但是马克思一直呼吁人们去做。因此，对马克思主义的非经济主义解释是存在的。"① 总之，"马克思的蓝图不是一张经济蓝图，而是历史唯物主义的蓝图。"②

　　如果马克思不是经济决定论者，如何解释马克思对经济因素的强调呢？阿明认为，马克思之所以强调经济因素的作用，只是针对人类历史发展中的一个特殊阶段——资本主义阶段而言的，但马克思要阐述的是整个人类社会发展过程，而不仅仅是资本主义发展阶段，也不仅仅对资本主义市场进行分析，对资本主义的分析只是马克思全部工作的一部分。马克思精辟地分析了反映资本主义主导性的经济逻辑，也就是说，那些得以使经济积累战胜政治、思想和文化逻辑的渠道。通过上述说法，阿明基本完成了对马克思的辩护。当然，阿明为马克思辩护，并不意味着在阿明那里马克思思想就不存在缺陷。马克思思

　　① ［埃及］萨米尔·阿明：《资本主义的危机》，彭姝祎、贾瑞坤译，社会科学文献出版社 2003 年版，第 38 页。

　　② ［埃及］萨米尔·阿明：《自由主义病毒/欧洲中心论批判》，王麟进等译，社会科学文献出版社 2007 年版，第 130 页。

想也具有局限性："它低估了资本主义在世界范围内扩张的内在的不平等性，它针对资本主义的矛盾设计了一种社会主义反应战略，这种战略已经被证明是不可实现的。"①

我们认为，阿明对马克思的辩护是不成功的，这种辩护并没有很强大的说服力。这与其说是为马克思辩护，不如说是变相地批评马克思。他的辩护手段并不高明，因为这种辩护是建立在对马克思思想的曲解基础上的。按照阿明的理解，马克思在对资本主义的分析上仍然是经济决定论，"按照异化的观点，资本主义社会直接被经济所控制，经济不仅最终起决定性作用，而且占据统治地位。驾驭经济的'规律'就像'自然规律'一样俨然成为置身于社会之外的'客观'规律。而过去的制度并不是这样的，因为占统治地位的不是经济。"②马克思并没有阐明资本主义之前的政治决定的逻辑和之后的文化决定的逻辑，"我要说，无论是马克思还是历史马克思主义都没有对其他层面的逻辑作过同样精辟的分析。我也不认为在马克思主义范围以外，在这些方面有过重大的进展。"③ 事实上，阿明的做法已经承认了马克思是经济决定论者，但经济决定论只能在一个有限的范围（资本主义阶段）内有效，因而必须要把它纳入他的"次决定论"的框架中，变成其中的一部分。

我们认为马克思不是经济决定论者，在资本主义阶段之前和之后不是，在资本主义阶段也不是。换句话说，马克思在整个人类发展阶段都不存在经济决定论的思想。恩格斯晚年就曾对这一问题一再澄清：整个社会发展过程中很多因素共同发生作用，"整个伟大的发展过程是在相互作用的形式中进行的（虽然相互作用的力量很不相等：其中经济力量是最强有力的、最本原的、最有决定性的）。"④ 当有人提出马克思主义就是单一经济决定论时，恩格斯愤怒地辩解说，"如

---

① ［埃及］萨米尔·阿明：《自由主义病毒/欧洲中心论批判》，王麟进等译，社会科学文献出版社 2007 年版，第 231 页。

② 同上书，第 129 页。

③ 同上书，第 134 页。

④ 《马克思恩格斯选集》第 4 卷，人民出版社 1995 年版，第 705 页。

果政治权力在经济上是无能为力的，那么我们何必要为无产阶级的政治专政而斗争呢?"① 关于这方面学界已经有很多论证（本书前文中也有一些相关的论述），这里就不再赘述。

2. 批判：韦伯是个文化决定论者

现代化理论把马克思解释成为经济决定论者，把韦伯作为马克思的对立面，解释成为文化决定论者。作为现代化理论的直接反叛依附理论的主要代表人物，萨米尔·阿明不同意马克思是经济决定论者的看法，但却同意韦伯是文化决定论者的主张。与现代化理论的不同在于：现代化理论家赞同并沿袭了韦伯的文化决定论思想，而阿明却对韦伯的文化决定论思想进行了批判。现代化理论是在韦伯思想基础上建立起来的，依附理论则建基于马克思的思想。所以，阿明除了要极力为马克思辩护之外，还要极力批判韦伯。在阿明看来，"文化运动应该决定经济和政治运动。这就是韦伯的观点（新教产生了资本主义）。但这不是我对历史的理解。我看到的更多情况是文化、经济和政治分阶段共同演变。在我看来这也是马克思的看法。"② 这句话的含义有二：其一，在阿明看来，韦伯是个文化决定论者，而这种观点是错误的；其二，文化、经济和政治分阶段地共同推动了社会发展，这是阿明和马克思的共同看法。这里已经非常明显地具有批判韦伯和为马克思辩护的意味。阿明进一步地批判韦伯，"韦伯展开的观点表面上很严谨，但在这个问题上却是混乱的。另外，这些论点正着说反着说都完全可以，类似于过去用儒家学说来解释为什么昨天的中国落后，而50年以后还用同样的儒家学说来解释这个国家为什么能够起飞！一些浅薄的历史学家用伊斯兰教来解释中世纪阿拉伯文明成功的原因，而当代的一些记者更加浅薄，他们还用伊斯兰教来解释阿拉伯世界停滞不前的原因。'文化学派'对历史上任何重大挑战都无法作出一个单义的回答。它的答案太多，因为它既能证明某一答案是正

① 《马克思恩格斯选集》第4卷，人民出版社1995年版，第705页。

② ［埃及］萨米尔·阿明：《资本主义的危机》，彭姝祎、贾瑞坤译，社会科学文献出版社2003年版，第42页。

确，也同时能证明该答案是错的。"①

我们认为，这里阿明对韦伯的批判与其对马克思的辩护一样都是不成功的。就阿明的批判而言，他的论点是正确的，但论证的方式却是错误的，即是说，这种对韦伯及整个"文化学派"观点的批评是正确的，但批评方式却存在着两个层面的问题：其一，就韦伯的论证方式，韦伯这里并没有说是基督教促成了资本主义精神的生成，而且特别指明，如同非西方的其他宗教一样，改革之前的基督教是不能促成资本主义精神的生成的，只有改革之后的基督教即新教才能促成资本主义精神的生成。用这种理论完全可以解释为什么儒家学说和伊斯兰教没有能够促成资本主义精神的生成，因为它们一直没有发生根本性的变化。就这点来说，韦伯的论证方式是没有问题的。其二，最根本的，阿明把韦伯定性为文化决定论者，这对韦伯是不公允的。这一点我们在前文中已经做了较详细的说明，这里也就不再赘述。

3. 区分："历史唯物主义"与"历史马克思主义"

阿明在阐述他的"次决定论基础上的"历史唯物主义时，特别强调要将历史唯物主义同"历史马克思主义"区分开来。在阿明看来，马克思"可能低估了（至少是不了解）资本主义全球扩张的结果必然会在内部产生两极分化。"② 事实上，从全球资本主义体系的中心国家（占体系全部人口的20%）的长时期的历史来看，中产阶级不断壮大，贫穷化—两极化的倾向不是必然的；但是如果从全球资本主义体系的整体来看，两极化不仅存在，而且越来越明显。因此可以得出结论："两极化是全球资本主义的内在需要"，欠发达国家并没有走上赶超先进资本主义国家的道路。这就要求马克思之后的马克思主义必须面对这种挑战。然而，马克思之后的马克思主义都没能正确领会马克思的本来意图，没能"继续完成马克思的工作，并通过关注资

① ［埃及］萨米尔·阿明：《自由主义病毒/欧洲中心论批判》，王麟进等译，社会科学文献出版社2007年版，第92页。

② 同上书，第130页。

本主义体系的全球性加以补充和加强，找出它的特点和倾向。"① 于是，这些马克思之后的马克思主义就已经背离了马克思的历史唯物主义，变成了"历史马克思主义"，第二国际的马克思主义（包括考茨基）、第三国际的马克思主义（包括列宁），以及西方马克思主义，都在此列。尤其是"在革命后建立起来的执政的历史马克思主义完全变成了'合法化的马克思主义'"，特别地，"斯大林苏联马克思主义肯定是一种将苏联领导阶级的实践合法化的不需争议的形式。"②

　　阿明认为马克思的思想就是历史唯物主义，而历史唯物主义是科学的方法论，不过历史马克思主义对历史唯物主义做了庸俗化的理解，应该对两者予以区分。③ 在阿明看来，"历史马克思主义"没有真正地坚持和发展马克思主义，把马克思主义视作辩证唯物主义哲学，又把历史唯物主义看作是辩证唯物主义哲学的一部分，这就根本背离了马克思的历史唯物主义。"我反对把历史唯物主义看做是辩证唯物主义哲学的一部分，它是以支配社会和自然的普遍规律为基础的。我拒绝接受在历史马克思主义中的普遍观点。支配社会的规律是在认识论层次上的，具有不同于自然规律的性质。"④ 这种历史马克思主义很容易对历史作经济主义的解读，特别是"从 60 年代起，苏维埃的马克思主义就开始缩小到经济主义领域……经济主义成为了一种严格遵循生产力发展的行为，而生产力的发展则表现成为一种自然

---

　　① ［埃及］萨米尔·阿明：《自由主义病毒/欧洲中心论批判》，王麟进等译，社会科学文献出版社 2007 年版，第 131 页。

　　② 同上书，第 132 页。

　　③ 关于历史唯物主义与马克思思想的关系问题，这里有必要涉及弗兰克的观点。弗兰克也认为历史唯物主义是一种科学的方法论，但"历史唯物主义的基本观点既非马克思之原创，亦非马克思所独有"。他还认为，历史唯物主义包括马克思主义，"马克思主义和新马克思主义史学不应该囿于自我限定的'孤立主义的'正统观念。历史唯物主义分析法——马克思主义的、抑或其他什么主义的——尤其应朝着戈登·蔡尔德这样的早期唯物主义经济史学家们和后来的布罗代尔的'整体历史'所指出的更为全面、包容广泛的方向努力"。（参见［德］安德烈·冈德·弗兰克、巴里·K. 吉尔斯主编《世界体系：500 年还是 5000 年？》，郝名玮译，社会科学文献出版社 2004 年版，第 41、361 页。）

　　④ ［埃及］萨米尔·阿明：《资本主义的危机》，彭姝祎、贾瑞坤译，社会科学文献出版社 2003 年版，第 317 页。

的、甚至是超自然的力量，似乎取代了上帝的位置。经济主义的异化把马克思主义归结成了一种取代资产阶级思想的形式，同时它还赞同进化论在这方面的基本概念。"① 这样，历史马克思主义加强了对马克思主义做出经济决定论解读的倾向。但是，"把'经济效率'只看做是合理性的一种特殊形式，而不是普遍的合理性，也不是合理性本身，我认为这正是马克思本人的观点，尽管历史上的马克思主义把它遗忘了。"②

我们认为，对阿明把历史唯物主义和历史马克思主义区分开来并进一步对历史马克思主义进行批判的做法应该进行辩证的分析。一方面，阿明对历史马克思主义，特别是对第二国际的马克思主义的批判具有积极意义，他正确地看到了第二国际对马克思主义"进化论式的""实证主义"诠释及危害——"亲帝国主义的"性质，并进一步明确其根源——基于欧洲中心论的视角。但另一方面，阿明的"历史马克思主义"的提法具有致命的缺陷，它把马克思之后的马克思主义统统捆绑在一起，难免鱼龙混杂。特别是在批判第二国际和西方马克思主义的时候，也把列宁和毛泽东放在一起批判，甚至讲"列宁和毛走得更远"③，列宁的"帝国主义薄弱环节论"不能有效地应对马克思主义面临的挑战。这种看法是完全错误的。"帝国主义薄弱环节论"是在列宁在帝国主义战争时期，根据马克思的学说，认真分析资本主义的新发展及帝国主义的经济政治实质后得出的结论，"经济和政治发展的不平衡是资本主义的绝对规律。由此就应得出结论：社会主义可能首先在少数甚至在单独一个资本主义国家内获得胜利。"④ 这是列宁在对帝国主义时代的政治经济发展不平衡规律进行深入研究的基础上，根据新的历史条件得出的科

---

① ［埃及］萨米尔·阿明：《资本主义的危机》，彭姝祎、贾瑞坤译，社会科学文献出版社2003年版，第323页。

② 同上书，第38页。

③ ［埃及］萨米尔·阿明：《自由主义病毒/欧洲中心论批判》，王麟进等译，社会科学文献出版社2007年版，第131页。

④ 《列宁选集》第2卷，人民出版社2012年版，第554页。

学结论。列宁不是照搬照抄马克思的教条，"我们决不把马克思的理论看作某种一成不变的和神圣不可侵犯的东西。"① 同样地，毛泽东也是把马克思主义的基本原理同中国革命的实际运动相结合的典范，他说："要使马克思列宁主义的理论和中国革命的实际运动结合起来，是为着解决中国革命的理论问题和策略问题而去从它找立场、找观点、找方法的。这种态度，就是有的放矢的态度。'的'就是中国革命，'矢'就是马克思列宁主义。我们中国共产党人所以要找这根'矢'，就是为了要射中国革命和东方革命这个'的'的。"② 实践证明，列宁和毛泽东不是离马克思主义"走得更远"，而是真正地坚持和发展了马克思主义。阿明一再强调，对待马克思主义最重要的是历史唯物主义的方法，面对列宁和毛泽东这样不拘泥于教条而应用历史唯物主义的方法去解决实际问题的情况又大加指责，这反而暴露了阿明自己的内在矛盾性。

二　修正马克思主义：社会主义的非必然性

沃勒斯坦是世界体系论的主要代表，世界体系理论打破了现代化理论和依附理论的主要以国家为分析单位的思维框架，转而以世界体系为分析单位来探讨发展问题。"现代国家从来不是一个完全自治的政治实体。国家是作为国家体系的组成部分而发展和形成的。国家体系是国家必须在其中运行的一系列规则，是国家舍此便不能生存的一系列合法化过程。"③ 世界性体系产生过很多，基本都消亡了，现在仍然存在的就是资本主义世界体系，因此也必须从世界体系的视角来分析资本主义。"资本主义首先是一个历史体系，要了解它的起源、它的运行，或者它当前的状况，我们必须从它存在的现实中加以考察。"④ 沃勒

---

① 《列宁选集》第 1 卷，人民出版社 1995 年版，第 274 页。

② 毛泽东：《毛泽东选集》第 3 卷，人民出版社 1991 年版，第 801 页。

③ ［美］伊曼努尔·沃勒斯坦：《历史资本主义》，路爱国、丁浩金译，社会科学文献出版社 1999 年版，第 31 页。

④ 同上书，第 1 页。

斯坦的世界体系理论体现了浓厚的马克思主义色彩①，无论是其产生过程，还是其发展扩张过程，乃至必然的消亡过程。在沃勒斯坦看来，马克思"是当代知识学术史和政治史上的不朽伟人。他给我们留下的概念丰富、道德向上的伟大遗产。"② 但这并不意味着，沃勒斯坦处处都赞同马克思的观点，"马克思主义者和其他政治左倾人士已撰写了大量有关资本主义的论著。但是，在我看来，大部分这类论著都陷入了非此即彼的两个误区。"③ 我们这里结合着发展哲学研究的主题，就沃勒斯坦不同意马克思思想的几处观点进行评述。

　　沃勒斯坦认为，现在的资本主义世界体系尽管已经存在了500年，但与历史上以往的世界体系一样，也是注定要消亡的。资本主义世界体系调节的限度已近极限，资本主义也只是呈现为一种历史的过程性，必将成为过去，它的特定的历史体系必将消失不在，为新的世界体系所替代。关于资本主义必然灭亡的问题，沃勒斯坦与马克思是一致的，④ 但在后资本主义时代的状况问题上，沃勒斯坦并不认同马

---

　　① 当然，对沃勒斯坦产生较大影响的还有法国年鉴学派历史学家布罗代尔等人，而布罗代尔也受到马克思的影响，他说："马克思的天才，马克思的影响经久不衰的秘密，正是他首先从历史长时段出发，制造出真正的社会模式……马克思主义是20世纪中最有影响力的社会分析；它只能在长时段中恢复和焕发青春。"（参见［法］费尔南·布罗代尔《资本主义论丛》，顾良、张慧君译，中央编译出版社1997年版，第202—203页。）

　　② ［美］伊曼努尔·华勒斯坦：《历史资本主义》，路爱国、丁浩金译，社会科学文献出版社1999年版，导言第2页。

　　③ 同上书，导言第1页。

　　④ 有学者沿着这一思路，提出沃勒斯坦的历史资本主义思想从另一个角度论证了马克思的"两个必然"思想。笔者认为，这种看法是对沃勒斯坦思想的误读。因为马克思的"两个必然"是说"资本主义必然灭亡社会主义必然胜利"，而在沃勒斯坦那里，资本主义灭亡是必然的，但社会主义胜利却不是必然的，社会主义只是资本主义之后的一种可能性。在这一点上，沃勒斯坦与世界体系理论的奠基者、第二国际著名理论家罗莎·卢森堡的观点是不同的。卢森堡沿着资本积累的逻辑，提出资本主义因其扩张的本性，当它发展到一定程度或阶段，就会因其内部不可调和的固有矛盾而走向灭亡，在这个时候"除了实行社会主义外，没有其他的出路"。（［德］罗莎·卢森堡：《资本积累论》，彭尘舜、吴纪先译，生活·读书·新知三联书店1959年版，第376页。）也就是说，卢森堡与马克思是一致的，都不仅认为资本主义是必然灭亡的，而且认为取代资本主义的只能是社会主义（但是卢森堡与马克思关于资本主义必然灭亡原因的理解也是不同的）。

克思"社会主义必然胜利"的观点，他提出资本主义世界体系最终会走向尽头，取代它的世界体系将有三种可能，第一种是新封建主义，第二种是民主法西斯主义，而"能持一个高水平的生产率，并能改变分配制度的唯一可替代的世界体系，将引起政治和经济决策层的重新整合。这将构成世界体系的第三种可能形式，即一个社会主义世界政府"，但"这不是一种现存的形式，甚至也不是16世纪时所能模模糊糊地想象得到的。"①在沃勒斯坦看来，社会主义只具有可能性，不具有必然性。

第一，无产阶级并非资本主义世界体系消亡的原因，阶级斗争并非历史发展的动力。按照马克思主义的观点，建立于经济发展基础之上的阶级对立和斗争构成了历史发展的动力。在资本主义时代，资产阶级和无产阶级之间的矛盾不可调和，最后诉诸无产阶级的斗争，资本主义走向社会主义。但在沃勒斯坦看来，"无产阶级"概念的内涵本身就有问题，"从概念上讲，'无产者'一词是否适用于个人？我对此表示怀疑。"②而且，在当代世界，"无产阶级化"的程度就更是一个问题，因为，尽管资本主义体系至少经历了400年，但直到今天，完全无产阶级化的劳动力在资本主义世界经济中也不到50%。资本主义世界体系消亡，主要是因为其自我调节的能力（经济的、政治的、文化的调节能力）已经达到极限。不仅不能用无产阶级与资产阶级的阶级斗争来解释当今时代的发展，也不能用资产阶级与封建贵族的阶级斗争来解释资本主义的起源和发展。"认为历史资本主义通过一个进步的资产阶级推翻一个落后的贵族统治而产生，这种看法是错误的。正确的基本形象是，由于旧体系正在解体，土地贵族本身转化成资产阶级，由此产生了历史资本主义。"③把资产阶级和封建贵族认定为两个不同的集团是不正确的，它们是两个大量交错重叠的社

① ［美］伊曼纽尔·沃勒斯坦：《现代世界体系》第1卷，尤来寅等译，高等教育出版社1998年版，第462页。

② ［美］伊曼努尔·华勒斯坦：《历史资本主义》，路爱国、丁浩金译，社会科学文献出版社1999年版，第9页。

③ 同上书，第65—66页。

会集团，它们之间的斗争是统治阶层的内部斗争，不属于统治阶级和被统治阶级之间的阶级斗争。

第二，现存的社会主义并非是资本主义世界体系的替代物。现存的社会主义运动本身也是历史资本主义的产物，是在资本主义世界体系内部产生和发展起来的，是依靠革命手段获得胜利取得政权的，因此社会主义的"革命后政权"大多数仍然作为历史资本主义体系社会分工的一部分而存在，仍然要在资本积累的压力下运行，这与非"革命后政权"并没有根本性的区别。现存的社会主义运动即使取得政权，也不得不，甚至想方设法地、努力排除各种阻碍地留在资本主义体系内部，也必然推动资本积累的万物商品化过程，也必须接受价值规律宰制的世界现实。因此说来，"现存的自称为社会主义的国家或运动对未来提供不了多少指导意义。它们是当前的现象，即，是历史资本主义世界体系的现象，因此，必须在这个框架下对它们进行评价。"① 沃勒斯坦并不认为现存的社会主义运动能够替代资本主义世界体系，② 但能够真正取代历史资本主义体系的历史社会主义体系仍然是可能的，尽管"共产主义"是不可能的。共产主义就一个是乌托邦，它不是一个历史前景，而是一个当代神话。"相比之下，社会主义却是一个能够实现的历史体系，某一天也许会在世界上建立起来。……一个具体的历史社会主义，它满足最大限度地实现平等和公正的一个历史体系的最低限定条件，它增强人类对自身生命的控制力（民主），它解放想象力。"③

第三，"历史资本主义"在历史上没有实现社会进步，其消亡也

---

① ［美］伊曼努尔·华勒斯坦：《历史资本主义》，路爱国、丁浩金译，社会科学文献出版社 1999 年版，第 56—57 页。

② 西方学者中不把现实中存在的社会主义国家（如苏联等）视为真正的社会主义的人不止沃勒斯坦，还有很多人都持类似看法，典型的如阿明、马尔库塞等。另外，就苏联的国家性质而言，连前苏共中央总书记戈尔巴乔夫也认为，在列宁之后，苏联实际是"斯大林体制"，不是社会主义。（参见［俄］戈尔巴乔夫、斯拉文《尚未结束的历史——戈尔巴乔夫访谈录》，孙凌齐、李京洲译，中央编译出版社 2003 年版，第 37—38 页。）

③ ［美］伊曼努尔·华勒斯坦：《历史资本主义》，路爱国、丁浩金译，社会科学文献出版社 1999 年版，第 69 页。

并不必然会导向社会进步。沃勒斯坦否认社会进步论的看法，尤其批判了把现代资本主义社会（相对于以前社会）视为一种社会进步的观点，认为这是自由主义的观点，为封建主义向资本主义的过渡提供了合法依据，而作为自由主义意识形态对立面的马克思主义也相信社会进步，"像卡尔·马克思这样的历史资本主义的顽强斗士，也充分强调了它的历史进步作用"①，这是很奇怪的。他说有许多马克思主义历史学家与辉格派的历史观一样，把现代时期认为"与人类自由的进步同义"，这样就"陷入了迷雾"，"这种观点在理论上距无政府主义仅有一步之遥"。② 他进一步提出，"马克思主义者接受进步的进化模式是一个大陷阱"，"认为资本主义作为一个历史体系，相对于它消灭或转化的以前的各种体系而言是代表了进步，这根本就不是事实"。③ "说世界在今天比一千年前更自由、平等和博爱，这至少完全不是不言自明的事实。人们甚至可以论证，相反的情况倒是事实。我无意把历史资本主义以前的世界描绘成田园诗。那里不存在多少自由、平等和博爱。"④ 承认社会进步的观点主要以产业工人为参照系。的确，就产业工人的向度来讲，今天的状况要比 1800 年好得多，但产业工人毕竟只占世界人口的一小部分，因此，以产业工人的生活状况为标准来看待社会是否进步是不客观的，应该以世界大部分人口为参照。"世界劳动力的绝大部分，即生活在农村或在农村与城市贫民区之间流动的劳动力，他们的状况比他们 500 年前的祖先更糟。他们吃得更差，其饮食肯定更不平衡。"⑤ 这些人无论是物质生活还是政治地位都不如以前。沃勒斯坦不认为社会进步具有必然性，但也不完

---

　　① ［美］伊曼努尔·华勒斯坦：《历史资本主义》，路爱国、丁浩金译，社会科学文献出版社 1999 年版，第 21 页。

　　② ［美］伊曼纽尔·沃勒斯坦：《现代世界体系》第 2 卷，吕丹等译，高等教育出版社 1998 年版，第 129 页。

　　③ ［美］伊曼努尔·华勒斯坦：《历史资本主义》，路爱国、丁浩金译，社会科学文献出版社 1999 年版，第 60 页。

　　④ 同上书，第 61 页。

　　⑤ 同上书，第 62 页。

全拒绝进步，社会进步仍然是可能的。"我们正在为进步而斗争。斗争不是采取社会主义反对资本主义的形式，而是以向相对无阶级社会的过渡为一方，反对向以某种新阶级为基础的生产方式（它与历史资本主义不一样，但并不必然比它更好）过渡的另一方。"①

在发展哲学研究的角度，我们应该怎样看待沃勒斯坦与马克思思想的关系呢？首先应当明确，沃勒斯坦还是试图坚持马克思主义的理论方法，按照他自己的说法，不能僵化地对待马克思的著作，唯一明智的方式是，把马克思"当作战友，从他所处的历史背景下来理解他的论述"，作为19世纪的人的马克思，"他的眼光不可避免地受到当时社会现实的限制。"② 沃勒斯坦创立的世界体系理论是作为现代化理论的代替物出现的，而后者是带有强烈反马克思主义意识形态的，沃勒斯坦对马克思主义的态度与罗斯托对马克思主义的态度是不一样的。在阶级斗争问题上，罗斯托明确反对阶级斗争而主张诉诸经济增长，沃勒斯坦则承认阶级斗争的作用，尽管阶级斗争不是构成社会发展的主要动力；在社会主义问题上，罗斯托明确反对社会主义而认为资本主义是人类发展的康庄大道，沃勒斯坦则认为资本主义体系是必然会灭亡的，在后资本主义时代中社会主义是可能的，尽管不具有必然性；在社会进步问题上，罗斯托承认社会直线发展论，沿着一定的阶段持续走向进步，特别是资本主义给人类带来了巨大的进步，沃勒斯坦则明确表示资本主义给世界带来的是明显的退步，而且无论哪一种资本主义的替代物，都并不必然带来进步，尽管社会进步是可能的。

另外，我们也必须明确，作为马克思主义反对者的反对者，是不能被视为与马克思主义完全一致的思想的。资本主义反对封建主义，社会主义反对资本主义，但不能把社会主义视为封建主义，尽管其作为封建主义的反对者。

---

① ［美］伊曼努尔·华勒斯坦：《历史资本主义》，路爱国、丁浩金译，社会科学文献出版社1999年版，第66—67页。

② 同上书，导言第2页。

第一，关于无产阶级的历史作用问题。我们必须看到，随着时代的发展，现代产业工人的生活状况已经根本不同于马克思时代的"一无所有"，特别是发达国家中的产业工人已经成为"中产阶级"，但这并没有根本改变他们作为全体社会成员中大多数的、处于社会下层的、被剥削阶级的事实。马尔库塞在《单向度的人》中精确地描绘了这种状况，工人可以和老板享受同样的电视节目，打字员可以打扮得像雇主的女儿一样漂亮，但这并不表明他们的阶级的消失。退一步讲，作为无产阶级革命必需的共产主义意识，并不必然形成于无产阶级中，马克思在讲到无产阶级的作用时说，共产主义意识"当然也可以在其他阶级中形成，只要它们认识到这个阶级的状况"①。这是发达国家的情况，放眼整个世界，中产阶级集团的人数从来没有超过世界人口的七分之一，而且大多集中于核心国家，所以全球范围的两极对立形式没有改变而愈加明显，沃勒斯坦自己也说，"历史资本主义创造了空前的物质产品，同时也创造了空前的报酬两极化。许多人从中得到极大好处，但更多的人得到的是实际总收入和生活质量的大幅度下降。"② 至于阶级斗争的作用，我们认为，沃勒斯坦以封建贵族转化为资产阶级来否认阶级斗争的历史作用则是不正确的。巨大的社会变革会产生很多种错综复杂的矛盾斗争，既有统治阶级与被统治阶级之间的阶级斗争，也有统治阶级内部的非阶级斗争，但前者的阶级斗争是主要的推动力量。在资产阶级反对特权阶级的资产阶级革命过程中，资产阶级就是以全体"人民"（被压迫阶级）的代表者的名义进行斗争的，他们认为，"和他们对立的是一个特权阶级，但他们和全国所有其他阶层一起构成了人民。他们所维护的是人民的权利；他们所关心的是人民的利益。"③ 但等到革命成功后，资产阶级与其他阶层之间的联盟就土崩瓦解，资产阶级又成为新的统治阶级转而与

① 《马克思恩格斯选集》第 1 卷，人民出版社 1995 年版，第 90 页。

② ［美］伊曼努尔·华勒斯坦：《历史资本主义》，路爱国、丁浩金译，社会科学文献出版社 1999 年版，第 42 页。

③ 《马克思恩格斯选集》第 1 卷，人民出版社 1995 年版，第 617 页。

"人民"中的其他阶层相对立。因此说，即使那些由封建贵族转化来的资产阶级利用了下层人民反对统治阶级的阶级斗争，也不能抹杀阶级斗争的巨大历史推动作用，恰恰相反，这正是对这种巨大历史推动作用的承认。沃勒斯坦尽管也承认两种斗争的作用，但他颠倒了两种斗争作用的位置，这是不对的。

第二，关于后资本主义时代社会主义的必然性问题。按照沃勒斯坦的看法，资本主义体系的灭亡是不可避免的，而其后社会要走向何方则是不明确的。这方面有点类似于韦伯，韦伯也认为资本主义发展是没有前途的，而以后靠什么方式来拯救社会则是不明确的。相反地，马克思倒是明确的。在马克思那里，资本主义是必然要灭亡的，社会必然要走向社会主义。在这方面，沃勒斯坦与其说是马克思主义者，不如说是韦伯主义者。他之所以提出社会主义并非历史必然性，是因为他对资本主义和社会主义关系的认识模糊，准确地说，是对社会主义如何取代资本主义过程和逻辑的认识不清楚。当然现存的社会主义国家远远谈不上尽善尽美，还有很多不尽如人意的地方，苏联东欧国家社会主义事业的失败也为沃勒斯坦对社会主义前途的认识蒙上了一层阴影。这些现存的社会主义是在资本主义体系内部产生起来的，也要遵循，并且只有努力遵循资本主义体系的资本积累的逻辑，才能获得生存和发展，这种社会主义是不可能成为历史资本主义的终结者的。在沃勒斯坦那里，只有"一个具体的历史社会主义"才成为可能，而这种可能替代历史资本主义的历史社会主义如何能够产生，他没有回答。按照沃勒斯坦的理解，只有摆脱资本主义体系的纠缠，才能"最大限度地实现平等和公正"。在这里，他把"历史资本主义"和"历史社会主义"视为两种截然不同的事物，对"历史社会主义"的规定就从"历史资本主义"的反面来进行，这又回到了他曾努力反对的现代化理论的思维方式——两极对立、非此即彼的思维方式，区别在于，在现代化理论那里，对立的是"传统"和"现代"。我们认为，社会主义替代资本主义是历史的必然，但这种"替代"呈现为一种过程性和历史性：从最终结果上看，社会主义社会是作为资本主义社会之后的一种社会形态而存在的；从具体过程上看，社会主义与资本主义有着很长时间的共处时期，期间两者并非完全对立。① 在资本主义和社会主义共处时期，一些资产阶级有可能批上"社会主义"外衣，但这改变不了资本主义必然灭亡的命运，社会主义就是在与资本主义的斗争中逐步取得胜利的。沃勒斯坦自己在讲到资本主义革命时说，资产阶级与封建贵族并非截然对立，一些资产阶级就是由封建贵族转化而来的；但到了社会主义革命时，就把资本主义与社会主义完全对立，这其中的理论运衍逻辑似乎并不完全自恰。

第三，关于社会进步是否具有必然性问题。沃勒斯坦站在世界人口大多数人的角度，否认社会进步具有必然性，尤其认为资本主义取代封建主义不是历史发展的进步，而是退步。在资本主义发展初期，"荷兰资本主义的整个利润'对大多数人民几乎没有什么益处'"②。他还特别指责马克思对资本主义曾经的历史进步性看法。沃勒斯坦批判历史进步论，并不意味着他是历史退步论或历史循环论者，他更接近于历史随机论。我们认为，看一个社会是否进步，主要在于确立什么标准，在这方面，沃勒斯坦以世界上大多数人的发展状况为标准，这没有错。沃勒斯坦的错误在于，他采用形而上学的思维方式来看待社会进步问题，对历史资本主义持一边倒的批判态度。马克思对待各种事物——包括像封建主义和资本主义这样的事物——所持的辩证法的态度是可取的。关于社会进步问题，我们将在下一章节专门展开讨论，这里就不多讲述。

三　批判马克思主义：欧洲中心论的主要代表

新马克思主义发展理论家并不是在所有方面都严格遵循马克思的观点，在有些方面对马克思的观点做了修正（如上文所述），而在另一些方面则对马克思的思想进行批判，在这一点上比较典型的，当属

---

① 中国在"文化大革命"期间就存在这样的思维方式，认为凡是资本主义有的事物，社会主义就不能有；反之亦然。把两者处于绝对对立关系中，"宁要社会主义的草，不要资本主义的苗"，结果对我们的社会主义事业造成了巨大的危害。

② ［美］伊曼纽尔·沃勒斯坦：《现代世界体系》第1卷，尤来寅等译，高等教育出版社1998年版，第66—67页。

后期弗兰克把马克思作为欧洲中心论的主要代表进行的批判。

　　前文已有所述，马克思主义对弗兰克的影响是很大的，但这种影响在不同的思想发展阶段存在着差异。具体来说，弗兰克对依附论的研究基本是马克思主义的，因为它们的核心概念和主要观点大多来自马克思、斯威齐和巴兰等学者①；而他在对世界体系理论的研究中受马克思主义的影响则大为减弱，尽管弗兰克的世界体系论受到了沃勒斯坦的极大影响，而沃勒斯坦的世界体系思想是建立在马克思主义的基础上，但弗兰克比他走得更远，已经超越了它的"限制"。最典型的是，弗兰克"超出"了沃勒斯坦500年世界体系的说法，提出了世界体系5000年的说法。就在这种"超出"中，弗兰克认为，沃勒斯坦之所以把世界体系存在的时间定为500年而不是5000年，就在于沃勒斯坦受到了马克思欧洲中心论的影响，马克思与"其他大多数学术界"一样，都认为这个体系中的"资本积累直到公元1800年以后才开始，或者最早在公元1500年开始。"②从而他把马克思和沃勒斯坦（连同韦伯一起）作为欧洲中心论的主要代表加以批判。

　　当然这样说绝不意味着弗兰克与马克思完全对立，事实上，不管前期还是后期，弗兰克都把历史唯物主义作为自己研究的方法论基础。前期弗兰克批判正统的发展社会学、发展人类学有意避开与马克思主义的联系，辩称"他们忽视了古典社会学兴起于争论的背景中，首先与18世纪的思想和启蒙思想争论，然后与18世纪真理的继承人卡尔·马克思争论；忽视了人类学的发展据称是完全独立于马克思主义之外的说法。更为真实的是，20世纪人类学发展是对马克思主义

---

　　①　当然这并不意味着前期弗兰克会全盘接受马克思的思想。在前期著作《依附性积累与不发达》中谈到宗主国对殖民地的影响时，弗兰克就坚持认为，"正是英国工业的发展造成了印度的不发达和非工业化"；同时对马克思提出了严厉的批评："马克思错误地预测说英国的工业化是印度未来的镜子，那是不可能的。"（［德］安德烈·冈德·弗兰克：《依附性积累与不发达》，高铦、高戈译，译林出版社1999年版，第94页。）

　　②　［德］安德烈·冈德·弗兰克、巴里·K.吉尔斯主编：《世界体系：500年还是5000年？》，郝名玮译，社会科学文献出版社2004年版，中文版序第5页。

的反映……他们不仅忽视了历史，而且忽视了唯物主义。"① 弗兰克
是把马克思主义的历史唯物主义作为社会学发展的基础。后期弗兰克
的世界体系理论也是建立在历史唯物主义基础之上，"用唯物主义定
义世界体系使得我们（指弗兰克与吉尔斯，引者注）能够把发展的
周期性特点的分析在时间上向前推，在这一点上，我们的研究方法不
同于传统的世界体系分析和其他政治经济学方法。"② 即使在后期世
界体系论阶段，弗兰克的思想也与马克思保持着很深的联系，在探讨
一些基本理论和方法时直接依据马克思的观点。比如在"能动性，还
是结构"的探讨中，他就反复提及马克思的观点："人创造自己的历
史，但不是在他们自己选择的条件下"；以及《关于费尔巴哈的提
纲》第 11 条的观点。③ 从更深层次上说，弗兰克（与沃勒斯坦）选
择"世界体系"作为研究的出发点，也是受到了马克思历史唯物主
义对经济因素强调的影响。关于这一点，威廉·H. 麦克内尔曾就
"世界体系"评析说，"就将人类历史视为一个整体而言，要在'世
界体系'和'文明'这两个相对立的概念之间选择哪一个作为基本
体系，在某种程度上得看人们是认为物质生活重要还是认为思想和理
想重要了。"④

　　这里基于本书的写作逻辑，主要从弗兰克等新马克思主义发展理
论家对马克思"欧洲中心论"的批判入手，并结合学界当前的一些
研究热点，展开分析和讨论"马克思与欧洲中心论的关系"问题。

　　1. 批判马克思的欧洲中心论思想

　　弗兰克强烈地批判欧洲中心论。沿着这一视角，他的批判对象并
不仅限于马克思。他在《白银资本》中讲，"回顾我过去的研究，当

---

　　① 转引自杨旗《5000 年世界的发展逻辑——弗兰克世界体系理论研究》，南京大学出
版社 2009 年版，第 94 页。

　　② 同上书，第 118 页。

　　③ ［德］贡德·弗兰克：《白银资本：重视经济全球化中的东方》，刘北成译，中央编
译出版社 2001 年版，第 465 页。

　　④ ［德］安德烈·冈德·弗兰克、巴里·K. 吉尔斯主编：《世界体系：500 年还是
5000 年?》，郝名玮译，社会科学文献出版社 2004 年版，序第 6 页。

时我和我的许多读者感兴趣的是'发展'、'现代化'、'资本主义'以及'依附'等概念。这些概念都是普洛克路斯忒斯式斯式的空洞概念；因为马克思、韦伯及其信徒们的根本缺陷就在于，他们不是在真正的世界经济/体系中，而是在欧洲的特殊性中寻找资本主义的'起源'、'原因'、'性质'、'机制'以及'本质'"。"'现代化'的'发展'就是像美国歌手弗兰克·西纳特拉所唱的那样'照我的方式做'。'依附'理论乃是一种回应，否定那种方式的有效性，反而宣称'消除联系'也许能提供另外一条道路——去做基本上同样的事情。"①弗兰克尽管这里在回顾他过去的研究，但从中不难看出其中至少三点：其一，依附理论是作为现代化理论的反叛出现的，这种反叛主要体现在"发展"的路径方面；其二，现代化理论和依附理论是以韦伯和马克思为理论先导的，即马克思和韦伯是在对立意义上来理解的；其三，现代化理论和依附理论在深层次上是一致的（都是空洞的概念），因为它们都信奉欧洲中心论的信条，马克思和韦伯就是欧洲中心论的主要代表。在弗兰克看来，"资本主义""封建主义""社会主义"这些概念都出自欧洲中心论这一原罪。这种错误被马克思、韦伯及其众多拘泥于"发展"这一僵直狭窄思路的信徒乃至一些反叛者奉为社会"科学"而顶礼膜拜。

关于欧洲中心论的基本内涵，弗兰克引用了特纳的论述，欧洲中心论"这种综合病症是由几个基本论点构成的：（1）社会发展起因于社会内在的特点；（2）社会的历史发展或者是进化过程，或者是逐渐的衰落。东方学的学者根据这些论点建立了西方社会的二元理想形态，认为西方社会的本质是在动态进程中展开，向民主的工业制度前进。"② 弗兰克认为，欧洲中心论的曾祖父是孔德和梅因，祖父是迪尔凯姆和滕尼斯，继承人是帕森斯、汤因比和斯宾格勒。马克思和韦伯是最典型的两个代表，在当代则是亨廷顿和布罗代尔，甚至还包

---

① ［德］贡德·弗兰克：《白银资本：重视经济全球化中的东方》，刘北成译，中央编译出版社 2001 年版，第 446 页。

② 同上书，第 33 页。

括早期的弗兰克自己:"所有这些人都(错误地)把他们各自理论的中心位置给了欧洲。"① 特别地关于马克思和韦伯,两人的思想在很多方面都存在着根本的分歧甚至对立,但两人的研究态度在根本上是一致的,"韦伯的态度与马克思的态度其实是殊途同归",都是欧洲中心论:"按照他们以及他们的信徒的看法,所谓在欧洲内部产生的'资本主义生产方式'的要素在世界其他地方了无踪迹,只有通过欧洲的帮助和扩散才能提供这些要素。这就是马克思的'东方学'假设、韦伯的大量研究以及二人发表的有关世界其他地区的无稽之谈的落脚点。"②

弗兰克认为马克思主义就是欧洲中心论,认为马克思关于"亚细亚生产方式"的论述就是以欧洲人的眼光看世界,就是欧洲中心论的表现。"'亚细亚生产方式'是欧洲人特别是马克思发明的一个神话,其目的在于证明子虚乌有的欧洲'独特性'。"③ 弗兰克认为马克思在"亚细亚生产方式"的论述自相矛盾:一方面,马克思认为,"亚细亚生产方式"使整个亚洲"分裂为村社,每一个村社都拥有完全独立的组织,自身构成一个小世界";另一方面,马克思又用"东方专制主义"来概括亚洲的特征,把它说成是为了管理这些社会的大型水利工程而必需的社会政治组织形式,因为这些大型水利工程是所谓的孤立村社力所不能及的。④ 弗兰克继续批评马克思,"马克思的整个'资本主义理论'有两方面的致命缺陷,一方面是他以欧洲中心论制造的亚细亚生产方式的寓言,另一方面是同样欧洲中心论的断言:欧洲是不一样的,在那里发生的事情应该从那里起源。"⑤

弗兰克强烈地批判欧洲中心论,并不意味着他想建立其他地区的中心论,相反他极力否认这种带有浓厚地域性中心论的说法(弗兰克

---

① [德]贡德·弗兰克:《白银资本:重视经济全球化中的东方》,刘北成译,中央编译出版社 2001 年版,前言第 14 页。

② 同上书,第 39 页。

③ 同上书,中文版前言第 20 页。

④ 同上书,第 40 页。

⑤ 同上书,第 429 页。

不仅反对欧洲中心论，也反对伊斯兰中心论、中国中心论、日本中心论等各种地域性中心论），如果一定要以什么中心来冠名的话，那么"我们的著作和论文特意以人类为中心，而且可能的话也是以生态为中心的。这方面它们大大不同于西方国家、中国以及其他各地大多数得到承认的研究、教学与理论，后者都是本地的，地方化的，时期短暂的，而且往往是特意这样做的。"① 以人类为中心的世界历史能为新的全球实践提供知识基础。"这种方法将会摧毁马克思、韦伯、汤因比、波拉尼、沃勒斯坦以及其他许多现代社会理论家的反历史的——科学的——其实是意识形态的——欧洲中心论的历史根基。"② 为了强调不同于马克思，弗兰克特别表示，"本书还提示了一种观念，用以取代马克思主义的同样属于意识形态的发明，即'亚细亚生产方式'概念、甚至还有'封建主义'概念。"③

　　除了弗兰克外，萨米尔·阿明也认为马克思具有欧洲中心论思想，并以此为基础，否定了马克思的两种观点。第一，他否定马克思主义"五阶段论"：（1）认为奴隶制是所有比较先进的社会都必然要经历的阶段；（2）认为封建主义是继奴隶制之后的必然阶段。第二，他否定马克思的"两条道路论"：（1）欧洲道路（从奴隶制到封建制）为资本主义的创造力做好了准备；（2）亚洲道路（所谓亚细亚生产方式）难以自行向前发展。阿明认为历史唯物主义的这两种观点都是欧洲中心主义的产物。④

　　2. 以往学界对马克思主义"欧洲中心论"批判的视角

　　把某种思想认定为一种错误思想，再把马克思的思想划归该种思

---

　　① ［德］安德烈·冈德·弗兰克、巴里·K. 吉尔斯主编：《世界体系：500 年还是5000 年?》，郝名玮译，社会科学文献出版社 2004 年版，中文版序第 1 页。

　　② ［德］贡德·弗兰克：《白银资本：重视经济全球化中的东方》，刘北成译，中央编译出版社 2001 年版，前言第 2 页。

　　③ 同上书，中文版前言第 27 页。

　　④ ［埃及］萨米尔·阿明：《古代世界诸体系与现代资本主义世界体系》，载安德烈·弗兰克、巴里·K. 吉尔斯主编《世界体系：500 年还是 5000 年?》，郝名玮译，社会科学文献出版社 2004 年版，第 297—298 页。

想流派，进而对马克思（主义）进行批判，这是西方反马克思主义者批判马克思主义惯常使用的一种思维方式，"欧洲中心论"就是这种思维方式下的典型例证。不过与那些反马克思主义者不同，弗兰克试图通过批判"欧洲中心论"所要达到的，不仅要反对马克思，而且也反对以往学界的很多人，尤其是韦伯，而韦伯等人恰恰是那些反马克思主义者所拥戴的对象。也正因为弗兰克要反对的是整个学术界，所以他对"欧洲中心论"的批判就遭到了来自"反马"和"拥马"两方面的双重性"反批判"。① 不过这是后话，这里暂且不提。这里主要是想在对"马克思是否是欧洲中心论者"问题进行探讨之前，借机把以往学术界各种对马克思主义的从欧洲中心论视角所做的批判进行简要的梳理。以往学界对马克思主义进行"欧洲中心论"视角批判的，除了弗兰克、阿明等新马克思主义发展理论家外，还有很多站在不同立场上的学者。从直接论据的角度看，这些学者的批判主要可以分为以下几个层面。

第一，"亚细亚生产方式"问题。马克思的很多思想都充满了争议，学界对马克思"亚细亚生产方式"的争议就一直不断。与本章

① 在弗兰克提出的欧洲中心论的典型代表人物中，有很多人已故去，如马克思、韦伯、布罗代尔等人，还有一些人仍然健在。故去的人是无法做出反驳意见的，健在的人中就有人做出了一些比较激烈的反应，如沃勒斯坦。沃勒斯坦在《欧洲中心论及其化身》的演说中分析了欧洲中心论的几种典型的表现方式后，又较详尽地分析了对欧洲中心论的三种批判方式及其理论实质，就在于"反欧洲中心论的欧洲中心论"。特别是里面尽管没有一个字直接提及弗兰克，但却给人以处处针对弗兰克的感觉，其实可以看作是沃勒斯坦对弗兰克加给他的"欧洲中心论者"帽子的反击。沃勒斯坦这样说，并不意味着他赞成欧洲中心论的观点，相反他也对欧洲中心论持强烈的批评态度，只不过他的批评方式与弗兰克的批评方式非常不同罢了。在沃勒斯坦看来，弗兰克对欧洲中心论的批判把西欧资本主义看作"只不过是单一体系之历史结构中又一个变体而已"，这就"抹煞不同历史体系的本质区别"，一方面否认了欧洲资本主义对人类的贡献，另一方面也否认了欧洲资本主义对人类的罪责。沃勒斯坦主张，我们必须承认"在16—18世纪期间欧洲确实起了某种特殊的作用，确实改变了世界，但是其方向导致我们今日所遭受的种种消极后果"。只有承认欧洲中心、欧洲化的世界体系，才能反对欧洲中心的全球化所带来的灾难性后果，进而走出欧洲中心论，重建更美好的世界体系。（参见伊曼纽尔·沃勒斯坦《所知世界的终结——二十一世纪的社会科学》，冯炳昆译，社会科学文献出版社2002年版，第十一章"欧洲中心论及其化身"。）

的主题直接相关的是，"亚细亚生产方式"与"欧洲中心论"的关系到底是什么样的？正面主张者把它作为马克思是欧洲中心论者的论据，反对者则把它作为马克思不是欧洲中心论者的论据（正如我们随后将要看到的那样）。两者争论的焦点不在于否认马克思提出的"亚细亚生产方式"的说法①，而在于如何评价马克思的"亚细亚生产方式"。这就将问题转化为一个认识论的问题。在那些主张"马克思是欧洲中心论者"的学者中很多人都把马克思的"亚细亚生产方式"思想作为直接的论据，其逻辑思路有两条。逻辑思路之一，马克思提出了"五种社会形态发展说"，也提出了"亚细亚生产方式"思想，从人类历史发展具有统一规律的角度看，亚细亚生产方式必然要被纳入依次更替的社会经济形态的序列中。至于"纳入"的方式，有人讲马克思所说的亚细亚生产方式就是指原始社会，是人类历史最初的一种社会经济形态；也有人讲亚细亚生产方式是一种古代东方奴隶制；有人讲亚细亚生产方式属于封建制的生产方式；等等。而"五种社会形态发展说"是马克思基于欧洲的历史发展经验总结出来的。很多学者在这种思路研究马克思"亚细亚生产方式"思想的时候，尽管没有明确地说明马克思是欧洲中心论者，但这种研究思路已经在前提里暗含着欧洲中心论的逻辑，因为从奴隶社会到封建社会再到资本主义社会，在西欧最为典型。逻辑思路之二，不能把"亚细亚生产方式"纳入"五种社会经济形态"中，这是根本不同的两种方式。但是"亚细亚生产方式"是以欧洲独特性发展的对立面的身份出现的，亚细亚社会一直处于停滞不前的状态，根本就不能走向"发展"。

第二，"未来景象"问题。那些主张"马克思是欧洲中心论者"的学者，经常抓住马克思在 1867 年《资本论》第一版序言中的一句话，"工业较发达的国家向工业较不发达的国家所显示的，只是后者未来的景象。"前资本主义的不发达国家"不仅苦于资本主义生产的发展，而

---

① 学界也有个别人提出"亚细亚生产方式"是反马克思主义的，"特殊的'亚细亚'生产方式观念实质上是反马克思主义的体系"。（参见郝镇华编《外国学者论亚细亚生产方式》（上），中国社会科学出版社 1981 年版，第 57 页。）

且苦于资本主义生产的不发展。"① 霍华德·威亚尔达在其主编的《非西方发展理论——地区模式与全球趋势》一书前言第一段中就直接说道，"20世纪50年代和60年代，许多美国社会科学家认为非西方或第三世界的社会、经济和政治发展主要是追随和模仿西方。无论马克思的模式还是非马克思的模式，都将西方或发达国家视为样板；发达国家向不发达国家展示了后者未来社会经济和政治的景象。"② 马克思所生活的19世纪"发达国家"主要集中在西欧，按照这样的理解，西欧"发达国家"的发展状况就成为非西欧③（特别是非欧）国家的样板。斯卡拉皮诺也提出，"看来很清楚，马克思根据19世纪欧洲的经验作了概括，认为世界上所有的国家都将遵循这种特定的欧洲模式，并且认为一定的经济状态定会自动地产生出一定的政治制度，这是错的。"④ 弗兰克也从这种角度进行过批判，在他看来，罗斯托的"阶段论"几乎是马克思从封建主义到资本主义再到社会主义的阶段论的"资产阶级"翻版——都是以欧洲为起点。与马克思一样，罗斯托宣称，继英国之后，美国将给世界其他地区提供一面未来的镜子。⑤

① 《马克思恩格斯选集》第2卷，人民出版社1995年版，第100页。

② ［美］霍华德·威亚尔达主编：《非西方发展理论——地区模式与全球趋势》，董正华等译，北京大学出版社2006年版，第1页。

③ 美国尽管从地理上说不属于欧洲，更不属于西欧，但在价值意义上讲，美国则属于欧洲，特别是西欧的延续。今天来讲，更多的学者愿意采用"西方中心论"的说法来替代"欧洲中心论"的说辞。"西方中心论"与"欧洲中心论"相比，内涵上没有变化，只是外延上有所扩大。而由于美国在20世纪的全面崛起，已经超过了老牌的西欧发达国家，现在意义上的"西方中心论"不仅是"欧洲中心论"外延的扩大（包含了美国等国家），而且已经演变成了"美国中心论"。这里就我们主要探讨的主题，马克思所生活的年代是19世纪，这时美国还处于崛起过程中，我们更多地使用"欧洲中心论"的说法。这一点正如沃勒斯坦所说，"我们在这里所用的'欧洲'一词，与其说是地图用语，不如说是文化用语；在这个意义上，在关于最近两个世纪的讨论中，我们主要指的是西欧与北美的合称。"（［美］伊曼纽尔·沃勒斯坦：《所知世界的终结——二十一世纪的社会科学》，冯炳昆译，社会科学文献出版社2002年版，第183页。）

④ ［以色列］什洛莫·阿维内里：《马克思与现代化》，张景明等译，载罗荣渠主编《现代化理论与历史经验的再探讨》，上海译文出版社1993年版，第8页。

⑤ ［德］贡德·弗兰克：《白银资本：重视经济全球化中的东方》，刘北成译，中央编译出版社2001年版，第47页。

　　第三，"殖民地"问题。把马克思认定是"欧洲中心论者"的根据还在于马克思主义经典作家在对待西方殖民者对亚非等国家进行的殖民活动的态度上。马克思在具有指南性的《共产党宣言》中指出，正是资产阶级的、西方的扩张导致了非欧洲世界的"未开化"社会走向现代化：欧洲"资产阶级由于一切生产工具的迅速改进，由于交通的极其便利，把一切民族甚至最野蛮的民族都卷到文明中来了。……正像它使农村从属于城市一样，它使未开化和半开化的国家从属于文明的国家，使农民的民族从属于资产阶级的民族，使东方从属于西方。"① 这里马克思、恩格斯结合世界历史的发展对欧洲（资产阶级）的作用做了一般性的阐述，已经暗含着一种强烈的"欧洲中心论"内容。具体论述到英国殖民者在印度进行的殖民活动时，马克思讲道，"的确，英国在印度斯坦造成社会革命完全是受极卑鄙的利益所驱使，而且谋取这些利益的方式也很愚蠢。但是问题不在这里。问题在于，如果亚洲的社会状态没有一个根本的革命，人类能不能实现自己的命运？如果不能，那么，英国不管干了多少罪行，它造成这个革命毕竟是充当了历史的不自觉的工具。""无论一个古老世界崩溃的情景对我们个人的感情来说是怎样难过，但是从历史观点来看，我们有权同歌德一起高唱：'我们何必因这痛苦而伤心，既然它带给我们更多快乐？'"② 这里马克思在谴责英国殖民者的侵略暴行的同时，更多地从历史进步的角度肯定了殖民活动。马克思认为如果没有（西方殖民者的殖民活动）外来力量，像印度这样的亚洲社会不会走向历史的进步"实现自己的命运"。于是，在批判者看来，这里马克思的"欧洲中心论"色彩就已经很强了。

　　第四，对"欧洲（西方）中心论"内涵的特定理解。前述三种认定马克思是欧洲中心论者的论证根据基本都是建立在对"欧洲（西方）中心论"内涵比较接近乃至一致的基础上，都对"欧洲中心论"进行一种文化的理解（这一点后文会有所阐述）。还有论者也认

---

① 《马克思恩格斯选集》第 1 卷，人民出版社 1995 年版，第 276—277 页。
② 同上书，第 766 页。

为马克思是欧洲中心论者，不过与前几种不同的是，对"欧洲中心论"做了一种"新"的地理意义的理解，并用此来解释马克思、恩格斯的社会主义革命理论。该种观点认为，马克思（和恩格斯）一直坚持"西方中心论"，即认为社会主义革命将首先在西方取得胜利，世界社会主义革命的中心在西方，经济相对落后的东方国家将迟于西方取得社会主义革命的胜利，西方社会主义革命的胜利对东方具有导向和帮助的作用，东方只有在西方胜利后才能获得胜利。[①] 可见，这种对"马克思是欧洲中心论者"的认定方式与前三种明显的不同，主要在于对欧洲中心论内涵的"新"理解。这种理解目的不是要对马克思的"欧洲中心论"思想进行批判，而是要论证马克思"欧洲中心论者"的正面性，这也是这种理解与前三种理解的不同之处。[②]

3. 以往对"马克思不是欧洲中心论者"辩护的不成功性

长期以来，围绕着欧洲中心论的各种讨论（形形色色的"维护"与"批判"）一直不断，尤其是其中的一个分支问题"马克思是否是欧洲中心论者"的问题更是人们热衷的焦点，有些学者认为马克思是欧洲中心论者，并提出一些根据（如前文所述），也有一些学者提出反对意见，对"马克思不是欧洲中心论者"的观点进行辩护。但综观一些文献材料，我们看到，以往学界有些对马克思不是欧洲中心论者的辩护是不成功的。这里我们试以两例进行分析。

美国学者奥古斯特·尼姆兹在一篇《所谓欧洲中心论的马克思和恩格斯以及相关的无稽之谈》（被收录在剑桥大学出版社 2002 年出版的克里斯塔尔·巴托洛维奇和尼尔·拉扎鲁斯主编的《马克思主义、

---

① 参见曹丽丽《由"西方中心论"到"东方社会主义战略"的转变》，载《江汉论坛》2009 年第 4 期。

② 值得一提的是，也有观点从这种角度对马克思不是欧洲中心论者进行辩护。该种观点提出，马克思和恩格斯从来没有把眼光局限于英国或欧洲，特别是 1870 年以后他们高度重视俄国革命，并搜列一些事实以证明马克思不是欧洲中心论者；该观点进一步提出，马克思对俄国革命发展高度重视的事实，竟然被后来的马克思主义学者所忽略。我们认为这种辩护是不成功的。

现代性和后殖民研究》一书中）的文章①里，批驳了马克思和恩格斯是欧洲中心论者的种种怪论。作者提出，马克思和恩格斯从来没有把眼光局限于英国或欧洲，特别是1870年以后他们高度重视俄国革命，并搜列一些事实予以证明。他写道：

> 为了深入了解俄国的重要性，马克思在1870年开始学习俄语。按照他的妻子燕妮的说法，"他学习俄语时的样子，好像那是一个关系到生死存亡的问题"。在读完俄国民粹派社会主义者恩·弗列罗夫斯基《俄国工人阶级的状况》一书后，马克思在给恩格斯的信中称赞该书是"你的《工人阶级状况》这一著作问世以后最重要的一本书"，并且说"在研究了他的著作之后可以相信，波澜壮阔的社会革命在俄国是不可避免的，并在日益临近……这是好消息。俄国和英国是现代欧洲体系的两大支柱。其余一切国家，甚至包括美丽的法国和有教养的德国在内，都只具有次要意义"。五年之后，恩格斯准确地预言俄国的社会革命"对德国的反作用也是不可避免的"，虽然用的时间要比他预期的长。此后直到逝世，马克思和恩格斯都把俄国革命的发展放在优先位置来考虑，而这个事实几乎被所有马克思主义学者所忽略（着重号为引者所加）。

这里之所以大段地引用这些文字，是要说明一些学者在"马克思不是欧洲中心论者"观点辩护的拙劣性：其一，对马克思话语的解读存在着问题。奥古斯特·尼姆兹所引用的马克思的话能够表明马克思重视俄国的革命，但并不能说明英国等传统欧洲地区不重要，其实马克思自己已经说得很清楚，"俄国和英国是现代欧洲体系的两大支柱"；恩格斯也只是说俄国社会革命"对德国的反作用"，也没有到"把俄国革命的发展放在优先位置来考虑"的地步。笔者这里要说的，不是说马克思不重视俄国革命及其影响（恰恰相反，马克思的确很重视俄国革

---

① ［美］奥古斯特·尼姆兹：《马克思和恩格斯是欧洲中心论者吗?》，徐跃勤、陈铮玲译，载《国外理论动态》2009年第5期，第19—28页。

命），而是说研究者要对马克思话语思想做出正确的解读，否则起不到批驳效果，只能是隔靴搔痒。其二，对学界的相关研究了解不多，文献梳理做得不够。奥古斯特·尼姆兹说"而这个事实几乎被所有马克思主义学者所忽略"，实际上，他所说的事实不是"几乎被所有马克思主义学者所忽略"，恰恰相反，几乎所有的马克思主义学者都知道，仅就中国学界而言，上述事实就已经被引用得相当多了。

　　同样的辩护不成功也体现在一些中国学者的论文中。有论者在相关论文①中提出，马克思在晚年以前，一度认为资本主义大工业是包括东方在内的一切国家进入世界历史的唯一之路。所以他在1859年的《政治经济学批判》序言中说，"资产阶级的生产关系是社会生产过程的最后一个对抗形式，……人类社会的史前时期就以这种形态而告终。"对于印度等东方亚细亚生产方式的国家，马克思也认为英国侵略的客观后果之一是"在亚洲为西方式的社会奠定物质基础"。但是到了19世纪70年代后期，马克思关于全世界都必须经过资本主义发展阶段的看法有所改变，在致《祖国纪事》编辑部和查苏利奇的通信中，他首先将资本主义产生的历史"必然性明确地限于西欧各国"，然后又以俄国这一东方国家为典型，详尽地探讨了在存在土地公有制的条件下，不经过资本主义发展阶段的可能性。也就是在同一大段里，该论者又讲到，马克思早在《1857—1858年经济学手稿》中就指出，从人类社会原生形态的农业公社开始，就孕育了后来次生形态的分化过程。原始农业公社根据其内部公私财产的对比关系和组织形式，可以分为三种不同的类型……这三种原生阶段的公社所有制形式就演化成后来的亚细亚生产方式、奴隶制和封建制三种社会形态。

　　该论者意在通过这段文字阐扬马克思对欧洲中心论观点的批判，但从中我们看到这种辩护的不成功性。其一，第一部分文字中暗含着马克思思想转向说，马克思在19世纪70年代以后才"对资本主义发展阶段的看法有所改变"，而这之前特别是50年代末马克思还坚持非常不同的看法。这无疑将对"马克思不是欧洲中心论者"观点的阐

---

　　①　《马克思对封建制的界说》，载《哲学研究》2010年第3期，第18—23页。

述效果大打折扣。而且，这种暗含的"转向说"没有也不能说明"转向"何以发生。其二，纵然"转向说"能够成立，也仍然存在问题：第一部分文字说，马克思在1859年《政治经济学批判》时还没有发生转向，而第二部分文字却说，马克思在《1857—1858年经济学手稿》中就指出了亚细亚等三种不同的社会形态。这里存在着明显的矛盾，亦即此时的马克思是否已经完成了对欧洲中心论的批判。

4. 马克思主义不是欧洲中心论者

首先必须明确的是，我们这里讨论的问题不是欧洲中心论是否错误（欧洲中心论当然是错误的），也不是欧洲中心论是否值得进行批判，而是马克思是否是欧洲中心论者从而是否值得我们为此进行批判或辩护。① 值得警惕的是，有一些反对马克思的人，把一些本来不是马克思的观点生硬地套在马克思的身上，然后再对这些观点进行批判，从而达到批判马克思的目的。这不是严谨的学术态度。

我们还必须明确的是，"马克思是否是欧洲中心论者"问题中的"欧洲中心论"的内涵。关于"欧洲中心论"的内涵，学者叶险明提

---

① 阿明就把"欧洲中心论"文化构建分为几个要点并加以批判。其一，把希腊文化特别是希腊神话合并到欧洲，并与东方文化相对立，进一步提出不存在东方对希腊思想的贡献。阿明引证了马丁·伯纳尔的研究，其实古希腊人一直属于古老的东方地区文化，他们不仅承认从东方的埃及人和腓尼基人那里学到了很多东西（希腊语言有一半是从埃及人和腓尼基人的语言中借用的），而且他们也不认为自己是"反东方"的。其二，利用语言分类学来证明种族主义（特别是生物学上的种族主义），将印欧语和闪族（希伯来语和阿拉伯语）之间出现的对立升级为一种"科学上确立的"和无争议的信条，使欧洲语言的"完善性"与"邪恶的和落后的"闪族语言的特性形成对照，借此来证明欧洲的"优越"。但是，这种观点无法证明，印度人也是操印欧系语言，可他们也因为不发达而被征服，仍然受到蔑视。其三，把基督教作为欧洲文化统一的主要因素合并到欧洲，并提出基督教因具有区别于其他宗教的根本特性而与其他宗教对立。阿明指出这依然是一个神话，基督教与希腊文明一样，是在东方人中诞生的，后来征服了西方，只不过西方改造了它。基督教与伊斯兰教等东方宗教一样，都是建立在寻求绝对化的基础上，尽管与其他宗教有差异。而且，基督教在中世纪时不能继续希腊遗产的光辉，一直使欧洲只能在"黑暗中摸索前进"。既然如此，文艺复兴运动怎么能使欧洲文化得以延续希腊文明呢？所以，"欧洲中心论用部分虚假的理论代替了对历史的理性解释，这种虚假的理论纯属东拼西凑，有时甚至自相矛盾，但是它在构建一种令欧洲人相信的神话中仍然起着不凡的作用。"（［埃及］萨米尔·阿明：《自由主义病毒/欧洲中心论批判》，社会科学文献出版社2007年版，第203页。）

出三种类型：一是野蛮的极端的西方中心论及其思维方式，这种西方中心论一般与种族优越论紧密相连，这种论调即使在西方也已经很不得人心；二是典型的西方中心论及其思维方式，把世界划分为绝对对立的两极，不断进步的西方与始终不变的东方，作为普遍性的西方与作为特殊性的东方，等等，这种思想在西方占有很大的市场，对发展中国家的影响也很大；三是温和的西方中心论及其思维方式，这种类型的"西方中心论"及其思维方式的影响已经深深地积淀在西方国家和包括中国在内的经济相对落后国家中的许多知识分子文化心理的深层。① （关于欧洲中心论，另有学者也做出了其他类型的划分。②）叶险明教授这里是从横向的视角考察欧洲中心论的，这三种类型实际上也是欧洲中心论内涵的纵向展开，即从地理种族的方面转向文化心理的方面，而且随着时间的推移，欧洲中心论在文化价值方面的内涵越来越浓厚。基于我们这里研究的主题（马克思是否是欧洲中心论者），结合叶教授所划分的三种类型，我们认为，应该把"欧洲中心论"的内涵明确在第二种类型。因为，第一种类型"种族的欧洲中心论"明显与马克思不相符合，况且对马克思是欧洲中心论者的种种指证均与此不搭界；第三种"温和的欧洲中心论"指涉的更多对象是经济相对落后的国家及同时代的西方国家的知识分子的深层的文化心理，而马克思所生活的 19 世纪，落后国家（如中国）的社会科学尚未与西方产生太多的接触，这种"心理"层面的欧洲中心论也不可能。（叶老师对欧洲中心论的概括是站在 21 世纪的今天来讲的，不能简单地用来解释 19 世纪的情况。）所以，第二种类型"典型的欧洲中心论"恰是我们要讨论的主要内容，即只在一般的文化意义上来探讨欧洲中心论，而不涉及深层的心理。沃勒斯坦也在这个意义上来讲欧洲中心论，并总结出欧洲中心主义在社会科学中的四种表现：

---

①　参见叶险明《确立历史评价科学性的理论基础的三个重要理逻辑节》，载《哲学研究》2008 年第 4 期，第 6 页。

②　学者任东波把"西方中心论"分为"假定前提的欧洲中心论""文化传播的欧洲中心论"和"反欧洲中心论的欧洲中心论"三种类型。（参见任东波《"欧洲中心论"与世界史研究》，载《史学理论研究》2006 年第 1 期，第 41—52 页。）

（1）它的历史研究法；（2）其普遍主义的偏狭性；（3）其关于（西方）文明的假定；（4）其东方学及其推行进步论的企图。① 如果我们这里对"欧洲中心论"内涵的界定是合理的话，那么前文中提及的、从第四个方面对"马克思是欧洲中心论者"的认定，即从地理意义上来理解的"欧洲中心论"就站不住脚了。

实际上，对"欧洲中心论"的这种"新"的、地理意义上的理解，根本就不是新的理解，只是"欧洲中心论"的最初的、现在已经逐渐被扬弃了的理解方式。即使在这个意义上来理解，也不能把马克思视为一个简单的欧洲中心论者，他还强烈地批判欧洲中心论。在《神圣家族》中，马克思对青年黑格尔派的"批判的批判"者们的带有浓厚的"德国中心论"色彩的历史观，做了深刻的剖析。他先是把"批判的批判"者们有关"德国中心论"的观点摆了出来，"批判继续滔滔不绝地说：'古往今来还没有一个民族在某些方面优越于其他民族……''假如有一个能在精神上优越于其他民族的民族，那么这只是那个能够批判自己和其他民族并能认识普遍颓废的原因的民族。'"② 进而他针锋相对地指出："古往今来每个民族都在某些方面优越于其他民族。如果批判的预言正确无误，那末任何一个民族都永远不会优越于其他民族，因为所有的欧洲文明民族——英国人、德国人、法国人——现在都在'批判自己和其他民族'并'能认识普遍颓废的原因'。最后，硬说'批判'、'认识'即精神的活动能提供精神的优势，其实只是一种词语上的同义反复；而踌躇满志地把自己摆在各民族之上并期待着各民族匍匐于自己脚下乞求指点迷径的批判，正是通过这种漫画般的、基督教德意志的唯心主义，证明它依然深深地陷在德国民族性的泥坑里。"③ 可见，马克思对"西方中心论"的一个特定表现形态即"德国中心论"，在方法论上的剖析是极为深刻

---

① ［美］伊曼纽尔·沃勒斯坦：《所知世界的终结——21 世纪的社会科学》，冯炳昆译，社会科学文献出版社 2002 年版，第 184 页。

② 《马克思恩格斯全集》第 2 卷，人民出版社 1957 年版，第 194 页。

③ 同上书，第 194—195 页。

的。更可贵的是，马克思主义经典作家不仅没有简单附和欧洲中心论者的一般看法，还对欧洲中心论者故意歪曲的历史事实予以纠正。比较典型的，"黑色火药、指南针和活字印刷"作为欧洲中心论的证明，都曾"被公认为西方文艺复兴时代的发明"①。恩格斯则在《德国农民战争》中明确指出："一系列的发明都各有或多或少的重要意义，其中具有光辉的历史意义的就是火药。现在已经毫无疑义地证实了，火药是从中国经过印度传给阿拉伯人，又由阿拉伯人和火药武器一道经过西班牙传入欧洲。"②

接下来我们就分别针对学界对"马克思是欧洲中心论者"的其他三条主要论据逐一进行探讨。

第一，关于亚细亚生产方式问题。

"亚细亚生产方式"能成为"马克思是否是欧洲中心论者"问题讨论中一个富有争议的焦点，原因在于学界对马克思关于亚细亚生产方式的一句话的理解分歧。亚细亚生产方式是马克思 1859 年发表的《政治经济学批判》序言中首次提出的，"大体说来，亚细亚的、古代的、封建的和现代资产阶级的生产方式可以看作是经济的社会形态演进的几个时代。"③ 关于这句话，学界的分歧主要在于，"亚细亚的""古代的""封建的"生产方式的逻辑关系是怎样的。支持马克思是欧洲中心论者的学者认定它们是一种时间先后的纵向关系，甚至直接认定亚细亚生产方式就是原始社会。认为"马克思不是欧洲中心论者"的学者则把上述几种生产方式的关系看作是相并列的、独立的前资本主义生产方式，尽管"并列"的方式不同学者理解有所不同。应该说，这种"并列说"得到了越来越多学者的认同。国外比较典型的学者，如意大利学者翁贝托·梅洛蒂认为，亚细亚公社与古代公社（连同日耳曼公社）相并列，一方面由亚细亚公社发展到亚细亚

①　[日] E. Sakakiava：《进步主义的终结》，张铭、陈向诹译，《现代外国哲学社会科学文摘》1996 年第 5 期，第 16 页。

②　《马克思恩格斯全集》第 7 卷，人民出版社 1959 年版，第 386 页（包括正文和页下注）。

③　《马克思恩格斯选集》第 2 卷，人民出版社 1995 年版，第 33 页。

社会，有的社会经过殖民征服，进入不发达的资本主义社会（如印度等），有的社会未经殖民征服进入官僚主义的集体制（如苏联等）；另一方面由古代社会发展到以奴隶为基础的社会，进入封建社会（连同由于蛮族入侵的日耳曼公社一起），再进入发达的资本主义社会。①国内也有很多学者突破了苏联式的理解方式，无论史学界、社会学界还是哲学界，都赞同"并列"的说法②，如吴大琨、冯钢、张奎良③等。关于这方面的论述比较多，已经很有说服力了，这里就不再赘述。

　　主张"马克思是欧洲中心论者"的人，特别是认定亚细亚生产方式就是原始社会的学者还直接引用马克思的另外一些话，其中比较典型的是，"我提出的欧洲各地的亚细亚的或印度的所有制形式都是原始形式，这个观点在这里（虽然毛勒对此毫无所知）再次得到了证实。"④ 对于这些话语，认为"马克思不是欧洲中心论者"的学者基

---

① 参见［意大利］翁贝托·梅洛蒂《马克思与第三世界》，高铦等译，商务印书馆1981年版，第36页。

② 还有一些学者更是把"马克思主义的五种生产关系说"的说法提出指向斯大林，因为斯大林在1938年出版的《联共（布）党史简明教程》对此做了特别强调式的理解。代表人物国内如吴大琨、国外如阿明等，阿明就说，把马克思五种生产关系普遍化的是庸俗马克思主义，"由于受到当时的知识的局限，马克思提出的一系列想法既可以意味着普遍性，也可以意味着从希腊—罗马的奴隶制到封建主义和资本主义连续进程的特殊性。19世纪中期，关于欧洲以外的人们大家知道些什么呢？知之不多。由于这一原因，马克思没有急急忙忙地做出概括。正如人们所知，他宣布奴隶制——封建主义——资本主义的连续性是欧洲特有的。而且他留下的关于'亚细亚生产方式'的手稿是一种不系统的状态，用以表示不是完整的思考。"尽管马克思采取了这些谨慎的做法，庸俗的马克思主义还是屈服于主导文化的影响，停留在欧洲中心论的怀抱里。庸俗马克思主义向来使用一套很笼统的词汇，例如将所有明显是不发达的大国社会统统称为封建社会。（［埃及］萨米尔·阿明：《自由主义病毒/欧洲中心论批判》，王麟进等译，社会科学文献出版社2007年版，第215页。）

③ 参见史学界吴大琨《关于亚细亚生产方式研究的几个问题》，《学术研究》1980年第1期；社会学界冯钢《非西方社会发展理论与马克思》，浙江人民出版社1992年版；哲学界张奎良《马克思对封建制的界说》，《哲学研究》2010年第3期。因此可以说，这个问题在整个社会科学界已经基本取得共识。

④ 《马克思恩格斯全集》第32卷，人民出版社1974年版，第43页。

本都采取了回避的态度，没有予以正视，或者说，由于反驳的难度不敢正视，无力正视。笔者这里试图就此展开一试探性的分析。马克思这里讲得很明确，亚细亚所有制是原始形式，那么，怎么才叫"原始"？既然是"原始"，那么把亚细亚所有制归结为原始社会为什么不对？这个问题不予回答，批判起来就会大打折扣。笔者认为，要从分析亚细亚生产方式的特点入手。亚细亚生产方式具有双重特点：土地公有和专制国家。那些认为亚细亚所有制就是原始社会的观点主要集中于"土地公有"这一特点，因为原始社会的主要特点之一就是没有私有制，但这种观点忽视了亚细亚生产方式"专制国家"的特点。原始社会没有私有制，亚细亚生产方式也没有私有制，"没有私有制"就成为两者的共性，也就是马克思所说的"原始形式"。但亚细亚生产方式与原始社会具有根本性的不同：原始社会没有剥削、没有阶级、没有国家，"没有私有制"实际上是全体社员集体共有；亚细亚生产方式则存在着剥削、存在着阶级、存在着国家，"没有私有制"实际上是没有个人的私有制，但却有国家的所有制，而国家又被视为君主（国王）个人的，在这个意义上说，国家所有制（国王所有制）又可视为一种特殊的个人所有制。马克思1853年6月2日在给恩格斯的信中写道，"贝尔尼埃完全正确地看到，东方（他指的是土耳其、波斯、印度斯坦）一切现象的基础是不存在土地私有制。这甚至是了解东方天国的一把真正的钥匙"，"国王是国中全部土地的唯一所有者"[1]，"普天之下莫非王土"。另外，在亚细亚生产方式中尽管存在剥削，但剥削方式是与欧洲的奴隶社会、封建社会也存在着根本的区别，即把"地租"和"课税"合而为一，因为东方不存在土地私有制，"在亚细亚的（至少是占优势的）形式中，不存在个人所有，只有个人占有"[2]。这一点也得到了马克思主义之外的学者的赞同。科利就讲道，在印度，"莫卧尔的国王把土地赐予宫廷宠臣及其地方权势人物。这些人把征收上来的税留下一部分，然后再把一部

---

① 《马克思恩格斯全集》第28卷，人民出版社1973年版，第256页。
② 《马克思恩格斯全集》第46卷（上），人民出版社1979年版，第481页。

分上缴给上级权威。这些征税的农场主尽管掌握着这些土地，但是他们并不享有土地的所有权。"①

从亚细亚生产方式角度说明马克思是欧洲中心论者还有与前面不同的另外一个视角，这种视角不是把亚细亚生产方式纳入五种社会形态，而是认为亚细亚生产方式是不同于五种社会形态的"新形态"。这种观点承认前面的"马克思不是欧洲中心论者"的论述内容，但否认后者的论证方式。按照这种观点的看法，的确不能把亚细亚生产方式纳入五种社会形态，但马克思关于亚细亚生产方式内涵的论述恰恰是与欧洲生产方式相反的，即认为亚细亚生产方式是一种长期停滞的、自身不能实现进步的、落后的生产方式，这种对亚细亚生产方式内涵的界定仍然是以欧洲中心论为前提的。不难看出，这种"马克思是欧洲中心论者"的论证视角比前面一种更加深入，更为刁钻（这正是弗兰克对马克思的诘难）。但是论证视角的刁钻并不能掩盖论证论题的真相。我们认为，从马克思的一些话语叙述上看，并不能得出他就认为亚细亚生产方式是落后的、停滞不前的、与欧洲毫无关联的结论。在谈到作为亚细亚生产方式典型之一的俄国社会在 19 世纪 80 年代以后的发展状况时，马克思甚至认为，俄国革命的发生和胜利，"会给西方的工人运动以新的推动，为它创造新的更好的斗争条件，从而加速现代工业无产阶级的胜利。"② 在谈到俄国公社的作用时，马克思更是说道，"《共产主义宣言》的任务，是宣告现代资产阶级所有制必然灭亡。但是在俄国，我们看见，除了迅速盛行起来的资本主义狂热和刚开始发展的资产阶级土地所有制外，大半土地仍归农民公共占有。那么试问：俄国公社，这一固然已经大遭破坏的原始土地公共占有形式，是能够直接过渡到高级的共产主义的公共占有形式呢？或者相反，它还必须先经历西方的历史发展所经历的那个瓦解过程呢？对于这个问

---

① ［美］阿图尔·科利：《国家引导的发展——全球边缘地区的政治权力与工业化》，朱天飚等译，吉林出版集团有限责任公司 2007 年版，第 250 页。

② 《马克思恩格斯全集》第 22 卷，人民出版社 1965 年版，第 510 页。

题，目前唯一可能的答复是：假如俄国革命将成为西方无产阶级革命的信号而双方互相补充的话，那么现今的俄国土地公有制便能成为共产主义发展的起点。"① 在马克思看来，亚细亚生产方式不是停滞不前的，它自身也经历着运动，甚至有时还比较狂热；也不是一直落后的，甚至有时能成为革命的先导。

第二，"未来景象"问题。

马克思在《资本论》第一卷序言中说，"工业较发达的国家向工业较不发达的国家所显示的，只是后者未来的景象。"对于这句话，认定"马克思是欧洲中心论者"的学者以此为依据，在他们看来，按照马克思的理解，工业较发达的国家的"发达"状态就是工业较不发达国家的榜样，不发达国家只要按照发达国家走过的路去走，就能达到发达国家的发展状态。"工业较发达的国家"就是西欧国家，这就意味着世界其他非欧国家都要走西欧的发展道路，而这恰恰就是第二次世界大战之后兴起的"现代化理论"的逻辑。这不就说明马克思是欧洲中心论者嘛。

我们认为，要真正理解马克思这句话的真实含义，必须回到马克思的文本，放在上下文中，不能孤零零地拿出来做断章取义的理解。马克思在《资本论》序言中讲，"我要在本书中研究的，是资本主义生产方式以及和它相适应的生产关系和交换关系。……问题本身并不在于资本主义生产的自然规律所引起的社会对抗的发展程度的高低。问题在于这些规律本身，在于这些以铁的必然性发生作用并且正在实现的趋势。工业较发达的国家向工业较不发达的国家所显示的，只是后者未来的景象。"② 可以看出，马克思这里探讨的，并不是要让不发达国家都来走工业发达国家的道路以达到"发达"状态，而是"资本主义生产的自然规律"本身（及其引起的社会对抗），这即意味着，资本主义生产必然要引起整个社会的两极分化。恩格斯在《共产主义原理》中也讲道，"大工业使所有文明国家的社会发展大致相

① 《马克思恩格斯选集》第 1 卷，人民出版社 1995 年版，第 251 页。
② 《马克思恩格斯选集》第 2 卷，人民出版社 1995 年版，第 100 页。

同，以致在所有这些国家，资产阶级和无产阶级都成了社会上两个起决定作用的阶级，它们之间的斗争成了当前的主要斗争。"① 关于马克思这句话所指涉的内容，萨米尔·阿明也作出了正确的解读。按照阿明的理解，马克思的意思是资本主义全球扩张的结果必然会在内部产生两极分化。资本主义"扩张将会使全球社会在一种普遍的社会两极分化（资产阶级/无产阶级）的基础上形成单一化——各个国家都大致相同。"② 也就是说，按照资本主义生产的逻辑，工业较发达国家已经产生了两极分化，工业较不发达国家也将会产生两极分化，发达国家和不发达国家都会以此为基础爆发社会革命，进而建立一种无阶级对立的社会主义社会。从这里看出，马克思论及了两重意义的两极分化：发达国家内部的两极分化和不发达国家内部的两极分化，这两种两极分化是一致的。阿明沿着这一思路进行了认真的分析，并回应了一些学者基于后来发达国家的实际状况而作出的对马克思的指责。（注意，这些指责不是指责马克思是欧洲中心论者，而是指责在资本主义发达国家内部没有出现马克思所预言的两极分化。）阿明说，马克思的这句话"暴露了马克思的一个错误，即马克思可能低估了（至少是不了解）资本主义全球扩张的结果必然会在内部产生两极分化。但是，如果对马克思的著作加以进一步研读，则上述判断就不会那么绝对。"③ 事实确正如阿明所言。④ 以现在 21 世纪的时代来看，西方发达国家内部两极分化趋势不明显，但不发达国家内部的两极分化则是明显的。而且更为明

---

① 《马克思恩格斯选集》第 1 卷，人民出版社 1995 年版，第 241 页。

② ［埃及］萨米尔·阿明：《自由主义病毒/欧洲中心论批判》，王麟进等译，社会科学文献出版社 2007 年版，第 216 页。

③ 同上书，第 130 页。

④ 20 世纪 90 年代，南非的基尼系数为 0.65，超过巴西的 0.6，墨西哥的 0.5，马来西亚的 0.48，先进工业国则低于 0.41。收入最低的 20% 的收入者的收入只占全国收入 1.2%，而最富有 10% 的家庭收入则占全国收入的 50%。（［美］曼纽尔·卡斯特：《千年终结》，夏铸九等译，社会科学文献出版社 2003 年版，第 138 页。）在 21 世纪第一个十年，世界上最富有的 225 人的收入与最贫穷的 27 亿人的收入相等，相当于世界所有人口收入的 40%。比尔·盖茨、巴菲特、保罗·艾伦三人总资产比世界上最不发达的 43 个国家 GDP 的总量还多。（李慎明：《苏联解体与世界格局》，载《中国社会科学报》2011 年 5 月 5 日。）

显的是，整个世界范围内的两极化趋势不仅存在，而且越来越明显，这将是一种"新的两极分化"、新的"双重的两极分化"："一方面是在全球范围内收入的不平等分配，另一方面是在外围社会中日益增长的收入的不平等分配。"① 由此看来，不发达国家不可能走上发达国家走过的道路。我们这里的任务不是要探讨马克思所预言的两极分化能否实现以及在多大程度上实现的问题，而是要探讨从马克思的这句话能否分析出马克思是欧洲中心论者的问题，故而我们不再展开论述。

上面我们是从过程角度来考察马克思的这句话，接下来我们从结果角度来考察。马克思将整个人类社会发展的最后阶段界定为"共产主义社会"，而共产主义社会是建立在发达生产力基础之上的，故而"工业较发达的国家"先进入共产主义社会，先进入共产主义社会的国家为后来"工业较不发达的国家"提供榜样。"共产主义革命发展得较快或较慢，要看这个国家是否有发达的工业，较多的财富和比较大量的生产力。"② 在当时来看，"工业较发达的国家"主要在西欧（北美），因而这些地区较早发生共产主义革命。马克思主义经典作家在《共产党宣言》（包括之前的《共产主义原理》）和《德意志意识形态》中都有过论述。如果这种思想可以称得上"欧洲中心论"的话，也只能算是地理意义上的欧洲中心论，也就是前文讲过的"第四种"类型，我们已经分析过了。马克思的视野是整个世界，而不是欧洲，更不是西欧。早在作为历史唯物主义形成之标志的《德意志意识形态》中，马克思就强调了共产主义的"世界历史性"。随着生产力的发展，"人们的世界历史性的而不是地域性的存在同时已经是经验的存在了"；随着"生产力的普遍发展"而建立起来的"人们的普遍交往""使每一民族都依赖于其他民族的变革；最后，地域性的个人为世界历史性的、经验上普遍的个人所代替"才是可能的。因此，

---

① ［埃及］萨米尔·阿明：《自由主义病毒/欧洲中心论批判》，王麟进等译，社会科学文献出版社 2007 年版，第 217 页。

② 《马克思恩格斯选集》第 1 卷，人民出版社 1995 年版，第 241 页。

"共产主义……只有作为'世界历史性的'存在才有可能实现"①。马克思和恩格斯晚年在谈到俄国革命问题时还希望俄国的农村公社能够同西欧的转变相配合而成为共产主义发展的起点。1894 年恩格斯在《〈论俄国的社会问题〉跋》中还讲道,"俄国的革命还会给西方的工人运动以新的推动,为它创造新的更好的斗争条件,从而加速现代工业无产阶级的胜利;没有这种胜利,目前的俄国无论从公社那里还是从资本主义那里,都不可能达到社会主义的改造。"② 这些都体现了马克思主义经典作家世界历史的观点。马克思的确使用了很多来自欧洲特别是英国的材料,但这不是由于马克思的生活更多地接触欧洲,更不是因为他只关心欧洲。就在马克思说这句话的前一段(《资本论》第一卷 1867 年第一版序言),马克思说得很清楚,"我要在本书研究的,是资本主义生产方式以及和它相适应的生产关系和交换关系。到现在为止,这种生产方式的典型地点是英国。因此,我在理论阐述上主要用英国作为例证。"③ 但马克思的视野并不局限于欧洲,19 世纪五六十年代,除东方俄国外(俄国只有一少部分国土在欧洲),他还论及中国、印度、美国、墨西哥、埃及等很多亚非拉美等国家的发展及其对世界其他地区的影响。也是在《资本论》第一卷 1867 年第一版序言中,马克思说道,"正像 18 世纪美国独立战争给欧洲中等阶级敲起了警钟一样,19 世纪美国南北战争又给欧洲工人阶级敲起了警钟。"④ 马克思在生命的最后几年里一直阅读关于从美洲到欧洲及亚洲的前资本主义社会的书籍,并做了很多笔记。

第三,"殖民地"问题。

马克思(和恩格斯)在 19 世纪 50 年代关于殖民地问题一些具体的论述,被一些学者拿来当作其是"欧洲中心论者"的证明,尤其是马克思关于英国对印度殖民活动"双重使命"的论述,"英国在印

---

① 《马克思恩格斯选集》第 1 卷,人民出版社 1995 年版,第 86—87 页。
② 《马克思恩格斯选集》第 4 卷,人民出版社 1995 年版,第 450—451 页。
③ 《马克思恩格斯选集》第 2 卷,人民出版社 1995 年版,第 100 页。
④ 同上书,第 101 页。

度要完成双重的使命：一个是破坏的使命，即消灭旧的亚洲式的社会；另一个是重建的使命，即在亚洲为西方式的社会奠定物质基础。"① 马克思这里在谴责殖民主义的野蛮和伪善的同时，也认为它在瓦解前资本主义社会结构方面具有历史进步性。就这段话的理解问题，学者叶险明教授给出了一个非常合理的解释：要从马克思英国殖民主义"双重使命"思想提出的特定话语背景和历史背景来考察，这一思想是马克思世界历史理论在对资本主义世界历史时代发展的一定阶段上英国与印度关系考察中的具体运用。叶教授还特别批评了弗兰克把马克思学说归于"欧洲中心论"的观点，说这是不负责任的。从方法论上看，其根本缘由在于：把马克思的某些词语从其由以产生的话语背景和历史背景中抽译出来加以"碎片化"，然后再赋予这些已被"碎片化"的词语的非马克思文本的含义，并进而将其推至马克思整体思想性质的认识。② 学者冯钢也是从历史背景的视角来评析殖民主义影响的，他说，此时资本主义处于自由竞争阶段，"除了它对不发达民族的征服、掠夺以外，还具有促使当地资本主义产生和发展的另一面"，"这个阶段的资本主义扩张及其与不发达地区的接触并不排斥那些有条件的非西方社会中发展资本主义的可能性"。③ 笔者非常同意这些学者从话语背景和历史背景的角度来阐释，这样才可能走出只根据马克思的只言片语就做出一些片面的理解。这里，我们根据这种思想对殖民主义对殖民地的影响及其实现的可能性再做一些具体的阐发。

认定马克思是"欧洲中心论者"的学者把马克思关于殖民地问题的有关论述，特别是"双重使命"等话语当作论据，其实他们更关注"双重使命"中的"建设使命"，因为"破坏使命"一般着眼于道德尺度评价，而"建设使命"更着眼于历史尺度评价，从"建设使

① 《马克思恩格斯选集》第 1 卷，人民出版社 1995 年版，第 768 页。

② 叶险明：《马克思思想发展逻辑研究中的一个"问题源"——马克思关于英国殖民主义作用的看法极其变化的过程和深层原因》，载《马克思主义研究》2012 年第 6 期。

③ 冯钢：《非西方社会发展理论与马克思》，浙江人民出版社 1992 年版，第 212 页。

命"带来的非欧殖民地国家生产力水平的提高及社会形态的演进，进而使非欧殖民地国家更容易走西方的发展道路，与西方国家的发展水平更加接近，从而使"建设使命"更具欧洲中心论色彩。我们这里主要从以下几个方面来探讨。

首先，殖民国家（宗主国）在殖民地的"建设使命"并非殖民国家的本意，其完成程度受宗主国的强烈影响，殖民国家只是"充当了历史的不自觉的工具"。"英国的工业巨头们之所以愿意在印度修筑铁路"，初始目的不是为了让印度拥有现代交通工具，而"完全是为了要降低他们的工厂所需要的棉花和其他原料的价格"，完全是出于资本增值的目的。[①] 英国"摧毁了印度社会的整个结构，而且至今还没有任何重新改建的迹象。印度人失掉了他们的旧世界而没有获得一个新世界"[②]。"在印度进行统治的历史，除破坏以外很难说还有别的什么内容。他们的重建工作在这大堆大堆的废墟里使人很难看得出来。"[③]

其次，殖民国家在殖民地的"建设使命"所体现出来的建设成就并不直接意味着殖民地的人民得到解放。殖民主义会带来殖民地生产水平的提高，但并不会改善殖民地人民的生活状况。"英国资产阶级将被迫在印度实行的一切，既不会使人民群众得到解放，也不会根本改善他们的社会状况，因为这两者不仅仅决定于生产力的发展，而且还决定于生产力是否归人民所有。"[④] 尽管"英国为印度提供了统一的政治、统一的民族市场还有基础设施。但是仅仅靠英国所提供的这些服务，对任何类型的持续的经济增长和工业化都是不够的。"[⑤] 殖民地建设成效的取得是有条件的，"在大不列颠本国现在的统治阶级还没有被工业无产阶级取代以前，或者在印度人自己还没有强大到能

---

① 《马克思恩格斯选集》第1卷，人民出版社1995年版，第770页。

② 同上书，第762页。

③ 同上书，第768页。

④ 同上书，第771页。

⑤ ［美］阿图尔·科利：《国家引导的发展——全球边缘地区的政治权力与工业化》，朱天飚等译，吉林出版集团有限责任公司2007年版，第247页。

够完全摆脱英国的殖民枷锁以前，印度人是不会收获到不列颠资产阶级在他们中间播下的新的社会因素所结的果实的。"① 先说后一方面，要印度人强大到能够摆脱殖民统治，这本身就是悖论，是不可能的，如果真的能够摆脱殖民统治，殖民主义也就不成立了。那就只有前一方面英国的统治阶级被工业无产阶级取代，而这对于还处于自由竞争阶段的资本主义来说，道路似乎更为漫长。所以，马克思在文末再次强调，"只有在伟大的社会革命支配了资产阶级时代的成果，支配了世界市场和现代生产力，并且使这一切都服从于最先进的民族的共同监督的时候，人类的进步才会不再像可怕的异教神怪那样，只有用被杀害者的头颅做酒杯才能喝下甜美的酒浆。"②

再次，殖民国家不同的殖民方式直接影响着殖民地"建设使命"的效果，对效果的分析必须置于具体的历史背景当中。英国对印度的殖民方式就发生过很大的转变。1857 年以前，主要是东印度公司进行的殖民活动，它们最关心的当然不是印度的发展，而是在印度获取更多的利润回报。为了获取更多的利润，英国人把印度的本土精英也视为经济上榨取的对象，而那些深感到自身受到威胁的印度王公，以民族主义的方式反抗英国残暴的殖民统治，于是爆发了印度民族大起义［英国历史学家称作"1857 年叛乱（mutiny of 1857）"］。起义尽管被镇压下去了，但英国对印度的殖民方式却发生了转变：英国国王从东印度公司手中接管了对印度的统治权，印度正式成为英国的一个殖民地；英国人从"叛乱"中吸取了教训，懂得了需要尊重"印度传统制度的延续性和力量"，联合印度传统政治精英并强化他们的地位。毫无疑问，殖民方式的改变必然影响殖民地"建设使命"的效果。这里的关键是殖民地旧有的统治阶层的态度，是与本国民众联合一起对抗外来殖民主义者，还是与外来殖民主义者联合一起对抗本国民众。更进一步说，对于外来殖民主义者而言，是把殖民国所有人都当作殖民对象，还是仅把殖民国的下层民众当作殖民对象，这不仅是

① 《马克思恩格斯选集》第 1 卷，人民出版社 1995 年版，第 771—772 页。
② 同上书，第 773 页。

一个理论的问题，更是一个实践的问题。

最后，殖民地人民的反抗斗争，尤其是"反抗性质"间接影响着殖民地"建设使命"的效果，对效果的分析也必须置于具体的历史背景当中。殖民地成为商品倾销市场对于宗主国来说具有相当重要的意义①，但殖民地的反抗斗争将会引起商品市场缩小，进而也会加速宗主国工业危机的到来。马克思在讲到"中国革命"（指太平天国运动）时就说，"当英国引起了中国革命的时候，便发生一个问题，即这场革命将来会对英国并且通过英国对欧洲发生什么影响？这个问题是不难回答的。"②"欧洲人民下一次的起义，他们下一阶段争取共和自由、争取廉洁政府的斗争，在更大的程度上恐怕要决定于天朝帝国（欧洲的直接对立面）目前所发生的事件。"③马克思和恩格斯不仅看到了殖民地人民的反抗斗争对于殖民国家的意义，还特别强调了这种反抗斗争对殖民地国家本身的意义。但马克思、恩格斯不是在抽象意义上讲殖民地反抗斗争的意义，而是着重从反抗性质上来阐述。19世纪五六十年代，世界范围内的资产阶级民主革命还没有结束，殖民地反抗本国专制统治和外来殖民统治的斗争如果具备资产阶级民主革命的性质，就能大大推进"建设使命"的效果；相反如果这种斗争不具备资产阶级民主革命的性质，则"建设使命"的效果不仅凸显不出，还会倒退。面对着由于鸦片战争引起的中国革命可能具有的资产阶级民主革命的性质，马克思和恩格斯在1850年的《国际述评（一）》中讲道，"世界上最古老最巩固的帝国8年来在英国资产者的大批印花布的影响之下已经处于社会变革的前夕，而这次变革必将给这个国家的文明带来极其重要的结果。如果我们欧洲的反动分子不久的将来会逃奔亚洲，最后到达万里长城，到达最反动最保守的堡垒的大门，那末他们说不定就会看见这样的字样：中华共和国，自由，平

----

① 殖民者从殖民地掠走了大量的财富，加快了宗主国的资本积累，加速了宗主国的生产危机进而经济危机，加剧了资产阶级和无产阶级的矛盾，有利于促成殖民国家社会主义革命的爆发。这是题中应有之义，自不再提。

② 《马克思恩格斯选集》第1卷，人民出版社1995年版，第692—693页。

③ 同上书，第690页。

等，博爱"①。恩格斯在 1857 年撰写的《波斯和中国》一文中论述了
"旧中国的死亡时刻正在迅速临近"这一局面："中国的南方人在反
对外国人的斗争中所表现的那种狂热本身，似乎表明他们已觉悟到旧
中国遇到极大的危险；过不了多少年，我们就会亲眼看到世界上最古
老的帝国的垂死挣扎，看到整个亚洲新纪元的曙光。"② 这里，马克
思、恩格斯由于对中国革命资产阶级民主革命可能性质的期盼而大加
赞扬和肯定。但是，当马克思看到（准确地说是"听到"）中国革命
并不具备他们所想象的资产阶级民主革命性质，而是相反，是一种封
建性质的改朝换代的时候，马克思、恩格斯就予以否定③：在 1862 年
的马克思看来，中国革命（太平天国运动）"这种现象本身并不是什
么特殊的东西，因为在东方各国，我们经常看到社会基础不动而夺取
到政治上层建筑的人物和种族不断更迭的情形。"太平天国"除了改
朝换代以外，他们没有给自己提出任何任务。他们没有任何口号。他
们给予民众的惊惶比给予老统治者们的惊惶还要厉害。他们的全部使
命，好像仅仅是用丑恶万状的破坏来与停滞腐朽对立，这种破坏没有
一点建设工作的苗头。"④

---

① 《马克思恩格斯全集》第 7 卷，人民出版社 1959 年版，第 265 页。

② 《马克思恩格斯选集》第 1 卷，人民出版社 1995 年版，第 712 页。

③ 国内学界对马克思、恩格斯对太平天国运动评价的变化有很多种说法，但很少有人
从其是否具备资产阶级民主革命的性质的角度去探讨。当然学界对太平天国运动的评价有
很多非常不同的观点。（如有学者认为马克思的《中国记事》是受了宁波英领事夏福礼的信
的蒙蔽，但透过表面字句仍然可以看到马克思对太平天国的赞许，特别是最后一句"显然，
太平军就是中国人的幻想所描绘的那个魔鬼 in persona［化身］。但是，只有在中国才能有这
类魔鬼。这类魔鬼是停滞的社会生活的产物。"该类学者认为马克思的这种说法不是对太平
军抹黑，因为马克思在《共产党宣言》中就曾把共产主义描述为"怪影"。）这里无意对此
展开过多探讨，而只想根据文本探讨"马克思对太平天国运动性质的看法"。笔者认为从
"中国革命"（太平天国运动）的性质角度来探讨马克思对其态度的变化不仅是合适的，而
且是最恰当的。

④ 《马克思恩格斯全集》第 15 卷，人民出版社 1963 年版，第 545 页。

第三章

马克思主义形象的当代辩护：
发展主义批判的视角

第二次世界大战以来，发展理论经历了一个复杂的演变过程，后起的发展理论总要批判以前发展理论的局限性，而后者总要想尽办法维护自己的历史合法性，又对前者进行一些反批判。就在这些不断的批判与反批判中，发展理论自身艰难地前行。自然地，构成这些发展理论前提的发展哲学也在不断演化。当然，这些发展理论，包括构成其前提的发展哲学，并不是非此即彼地绝对不相融，而它们与马克思主义的关系就更加复杂。在这些复杂的问题中，"发展主义"就是一个绕不过去的、必须要面对的问题。甚至在某种意义上可以讲，"发展主义"构成了战后发展理论研究中的一条主线，"马克思主义与发展主义的关系"则成了一种模糊的形象。

发展主义的整套话语在"发展学"的语境中遭到了各种各样的批判。从根本点上来说，"作为一种意识形态，各类发展主义学说都没有去（或没有能力去）反思一系列基本问题：究竟为什么要发展？经济增长是否就等于改善人们的福利、提高人们的生活素质？在经济增长过程中，不同社群所付出的代价又是什么？对弱势群体的影响又如何？"① 在这些发展主义批判中，有一种批判将矛头指向马克思主义，认为马克思主义是发展主义的一种典型话语，成为发展主义的一个亚种，因为马克思主义相比于其他理论，特别强调经济因素在社会发展的作用。我们认为，不能简单地把马克思主义视为发展主义的亚种，就是仅仅从上面这句话来讲，也不能做出这样的结论，因为马克

---

① 许宝强、汪晖：《发展的幻象》，中央编译出版社 2001 年版，第 1 页。

思主义正是在这方面提出问题的：马克思主义不仅关注经济发展因素，而且也不断强调经济发展的代价（自然代价和社会代价）问题，强调经济发展对作为弱势群体的工人阶级的影响，所以马克思主义不属于发展主义的变种。这一章我们就从发展主义批判的视角来审视一下马克思主义的当代形象问题。首先我们对发展主义的价值预设及批判范式进行讨论，接下来的几节，我们将围绕着发展主义的价值预设，分别从马克思主义与进步主义、技术决定论思想与可持续发展思想的关系来阐述马克思主义与发展主义的关系问题。

第一节　发展主义及其批判

"发展主义"作为一个"问题"被提出来，最早可上溯到 20 世纪 60 年代，是伴随着对现代化理论的批判一起被提出来的。"发展主义"是对第二次世界大战之后发展中国家的发展观念、发展模式和发展体制进行反思和批判的产物，实际上被看作现代化理论的本质。目前学界对于"发展主义"的理论内涵虽然在局部有些分歧，但基本上已经达成共识，但对于"发展主义"的评价学界却远远没有达成共识，尽管多数人都对其持批判态度。

一　发展主义的价值预设

"发展主义"的"问题"很大程度上缘于其强烈的价值预设，甚至被打上"意识形态"烙印。① 发展主义远非一个价值中性的语词。

1. 发展主义的性质界定

学界对发展主义的探讨比较多，但对于发展主义的性质界定却并不一样，即是说，学界并不是在同一含义下使用这一语词的。有学者把发展主义仅仅指谓发展经济学中的拉美发展主义流派。这种发展主

---

① 当然，被打上意识形态烙印的，远不止于发展主义。例如，雷迅马把现代化理论作为一种对抗社会主义的资本主义意识形态，哈贝马斯把科学技术作为维护统治的发达工业社会意识形态。

义作为一种发展理论，是专门指拉美地区的一种理论，拉美经济发展理论除了发展主义外，还有依附理论、巴里洛克模式、新经济自由主义、外围资本主义变革论、重新定向论等，而发展主义是其中影响最为广泛的一种发展理论。其倡导者是阿根廷的经济学家普雷维什，他在1949年5月发表了《拉美的经济发展及其主要问题》一文，标志着发展主义理论正式诞生。这种发展主义理论从批判传统的国际贸易理论入手，创立了"中心—外围"的分析体系，提出了以实现"工业化"为中心，以国家规划和必要的干预为手段，以改善国际经济秩序为条件的发展战略，并提出了相应的政策措施。① 这种观点把发展主义理论与依附理论等其他理论相并列，提出"中心—外围"体系、"工业化"中心等思想，但这些思想在随后的其他理论中也都有体现，并不能构成发展主义理论的独特性质，故学界影响不大。

相比之下，学界更多人认为发展主义是一种意识形态。发展主义"是使发展本身作为一种推动社会变革的意识形态"，这种发展主义，其目的在于突出发展的地位，引起全社会对发展问题的迫切性的重视；其宗旨是专门论证发展本身的必要性和意义；其核心是以经济发展作为国家和个人的当务之急，一切政策安排和个人计划都围绕发展这一中心来部署。发展主义之所以成为一种意识形态，还在于推进发展需要意识形态，因此，发展中国家的决策者有必要把发展当作意识形态，宣传发展的好处，为经济改革做好舆论准备。② 有学者更是直接断言，"发展主义是一种意识形态，一种认为经济增长是社会进步的先决条件的信念。"③ "它是一种简单化的观念：经济增长是推动社会、精神、道德等诸方面发展所必要和足够的动力。"④ 这种发展主

---

① 参见庞元正、丁冬红主编《当代西方社会发展理论新词典》，吉林人民出版社2001年版；曹囡《拉美发展主义理论简述》，《社会观察》2004年第5期。

② 杨龙：《作为意识形态的发展主义》，《理论与现代化》1994年第9期，第18—21页。

③ 许宝强、汪晖选编：《发展的幻象》，中央编译出版社2001年版，前言第1页。

④ ［法］埃德加·莫林、安娜·布里吉特·凯恩：《地球　祖国》，马胜利译，生活·读书·新知三联书店1997年版，第78页。

义在第二次世界大战以后成为一种特定的意识形态理念。

其实，这两种发展主义并不存在根本性的分歧。作为拉美地区一种发展理论的发展主义，是发展主义意识形态的最典型的代表，而后者则是前者在理论层次的提升和在实践领域的扩展。在我们看来，"发展主义"的问题尽管与"发展"不同，但却是由对"发展"的最素朴的理解转化而来的。"发展"离不开物质经济，经济基础构成了"发展"的最重要内容，于是在最基本的含义层面上，经济发展便被等同于发展本身，而经济增长又构成了经济发展的本质规定，于是"发展"便被直接简化为"增长"。于是，就由于对"发展"本身的求索走向了单纯追求经济增长的"发展主义"。

由于这种发展主义的价值观念，人们把经济的增长直接等同于社会福利的提高，生活质量的改善。于是，人们千方百计地努力寻求经济增长的良方，或者采取自由市场机制，或者采用政府干预手段，或者依附发展，或者外向型经济，等等，只要能促进经济增长就是有效的手段。现代化理论、依附理论、"以发展为主导的国家"等，都是基于发展主义价值观念的基础之上的。

当然，作为一个国家来说，谋求社会发展一般具有双重目标，即发展经济和扩大内部平等。在发展主义的价值观念看来，这两重目标就是一枚钱币的正反两面。也就是说，发展主义并不是不考虑社会平等，而是坚定地认为：只要经济增长了，社会平等就可能达到。凡是对经济系统有益的事，就会促进全体人的福利。而这实际上就是把这两重目标简约为一个，即经济增长。因而发展主义首要考虑的就是如何实现经济增长。于是，广大发展中国家都普遍产生了经济增长的迫切愿望。再于是，"决定经济系统发展的问题不再是：什么对人有益，而是：什么对系统的增长有益。"① 于是，整个社会便笼罩在发展主义意识形态的氛围之下，经济的力量和价值成为社会的首位目标，那些对社会来说很重要的东西都要用金钱的多少来衡量。

---

① ［美］弗罗姆：《占有还是生存》，关山译，生活·读书·新知三联书店1989年版，第9页。

2. 发展主义的理论实质

人们之所以能由对"发展"本身的求索走向单纯追求经济增长的"发展主义",是因为"发展主义"存在着这样的价值预设:经济增长能够实现生活水平的提高、平等的扩大和社会的进步,也就是说,经济增长会导致更多美好价值的实现。于是,经济增长成为社会进步的先决条件。因为人们要追求社会进步,就必然要首先追求经济增长,所以经济增长本身又成为发展的目的。当然,人们的"发展"追求有两大直接目标:政治上的民主化和经济上的工业化。在"发展主义"看来,民主是一种附带的"奢侈品",当"发展"解决了社会的物质问题时自然就会出现。在这样的背景下,"政治在与经济的吻合过程中失去了独立性,虽然不说它屈从于经济。经济学的异化在这里充分发挥了作用,来掩盖政治独立性的消失。"① 罗斯托、施莱辛格、戈登等发展主义理论的推动者都坚持认为,美国能够"向西半球显示:在各个社会中经济增长、社会平等和民主发展是可以携手并进的"②。

发展主义相信经济增长能够产生更多的产品和服务,这样就能更好地改善人们的生活质量,因而人们的注意力都集中在"物"的增加上,而将"物"的分配问题忽略了,或者说,发展主义把产品和服务的增加能够惠及全体人民当作不证自明的前提承诺下来,因此,发展主义的理论实质就是以物为中心、以物为本。在发展主义的意识形态之下,社会的主导价值观念必然是拜物主义。同时,由于交换的重要媒介金钱的作用,对"物"的崇拜直接转为对金钱的推崇,拜物主义必然与拜金主义联系在一起。美国能源专家阿莫雷·拉文斯说过:"没有免费的午餐,但只要付钱就可以吃上一顿。"③

---

① [埃及]萨米尔·阿明:《自由主义病毒/欧洲中心论批判》,王麟进等译,社会科学文献出版社2007年版,第30页。

② [美]雷迅马:《作为意识形态的现代化》,牛可译,中央编译出版社2003年版,第131页。

③ 转引自麦克迈克尔《危险的地球》,罗蕾、王小红译,江苏人民出版社2000年版,第337页。

发展主义要求快速的经济增长，要求更多的产品和服务。而这种"物"的主要度量手段是国民生产总值（GNP）或国内生产总值（GDP），于是，人们又转而去追求 GDP。于是经济指标，即 GDP 的多少就被视为社会福利的大小、生活质量好坏的标准。一个国家人均 GDP 的多少就被视为其富裕与否的指标，在人们的潜意识里，这就是发达与不发达之间的分水岭。GDP 的增长就是经济的增长，经济的增长就是发展的明证，一个地区是否发展以及发展的程度就要看 GDP 是否增长以及增长的速度，进而这也成为考核地方官员政绩的主要手段。地方官员为了向上升迁，更是不遗余力地推行这种只顾 GDP 直线增长的发展主义的意识形态。弗罗姆评说发展主义之下的社会是一个"官僚主义的、以物为中心和以消费为导向的社会系统"①。

3. 发展主义的价值观念

在第二次世界大战以后，发展主义能够成为发展中国家的主导意识形态，与近代以来的进步主义直接相关，这种进步主义已经成为一种思维定式。"自进入工业时代以来，几代人一直把他们的信念和希望建立在无止境的进步这一伟大允诺的基石之上。他们期望在不久的将来能够征服自然界、让物质财富涌流、获得尽可能多的幸福和无拘无束的个人自由。"② 在这种进步主义看来，社会是直线向前发展的，社会越向后发展就越进步，其主要表现就是物质财富越来越丰裕，人民生活越来越富裕。发展中国家尽管目前比较贫困，但只要实行发展主义的意识形态，将来一定会好起来，有望赶上乃至超过发达国家的。对于发展中国家来说，"脱离自身传统的社会用以指导自己前途的不再是历史经验，而是对美好未来的追求。"③ 国内更有学者用猴子和人的关系作比喻来描述发展中国家所采用的进步主义的价值观念：他们看到现在的人是由猴子进化而来的，就幻想现在的猴子也会

---

① ［美］弗罗姆：《占有还是生存》，关山译，生活·读书·新知三联书店 1989 年版，第 168 页。

② 同上书，第 3 页。

③ ［法］埃德加·莫林、安娜·布里吉特·凯恩：《地球　祖国》，马胜利译，生活·读书·新知三联书店 1997 年版，第 74 页。

在将来进化成为人。① 发展主义的典型形式就是现代化理论，"现代化的意识形态认为所有的国家迟早都会依照那些先进的群体、国家和社会的模式而加入到进步的行列中。现代化的意识形态就是从这种理想化的思考中汲取力量的。"②

二　发展主义与新发展主义的理论表征

关于发展主义（以及新发展主义）的发展学说，学界说法并不一致。鉴于本章研究的主题，这里我们只选取"发展学"视域内的、与马克思主义相关的一些论述。

1. 关于发展主义的理论表征

许宝强在其选编的《发展的幻象》一书的序言中，对"发展主义"做了比较清晰的概括："发展主义（developmenlalism）是一种意识形态，一种认为经济增长是社会进步的先决条件的信念。以经济增长作为主要目标，依据不同的手段，例如高科技、工业化、国家干预或市场机制，产生出不同版本的发展学说——自由市场、外向型经济、依附发展（dependengt development）或以发展为主导的国家（developmental state）等等。"③ 这里只是说明了发展主义的性质，关于具体的发展学说，则比较笼统，没有明确的时间指向。

在霍华德·威亚尔达看来，所谓"发展主义"也就意味着狭义的"现代化理论"。他在阐述比较政治学的时候对"发展主义"的描述是这样的："20 世纪 60 年代，比较政治学、比较社会学和经济发展研究等领域基本上被后来所谓的'发展主义'（developmentalism）所主导。发展主义又来自早先的文化人类学研究和社会学研究，以及政治学的强力推动和变迁过程的分析。发展主义涵盖了对第三世界新兴国家的经济、社会和政治发展的研究。20 世纪 50 年代末 60 年代初，

---

① 刘森林：《从后思索法视域内的"发展"检思》，《中山大学学报》（社会科学版）2003 年第 4 期，第 4 页。

② ［美］阿里夫·德里克：《弹性生产时代的马克思主义》，黄涛译，载俞可平、黄卫平主编《全球化的悖论》，中央编译出版社 1998 年版，第 269 页。

③ 许宝强、汪晖选编：《发展的幻象》，中央编译出版社 2001 年版，序言。

一批由前殖民地独立而来的新国家出现在世界舞台上；与此同时，美国对外政策日益热衷于建立一种有吸引力的非共产主义发展模式，用来取代马克思列宁主义。这些都进一步刺激了发展研究。到了 60 年代，对社会发展、政治发展、经济发展、文化发展甚至心理发展都成了社会科学的主导范式。这种发展模式认为，所有社会都会通过即使不是完全相同也是大体相似的途径实行经济发展、社会变迁和政治现代化。"① 这里之所以引用这么一大段话，主要是想表达这种理解的发展主义的发展学说与马克思主义对立的性质。黄平关于发展主义的论域比较明确，是在第二次世界大战之后的现代化话语语境内的学说，发展主义"并非一般意义上的社会变迁，而是源自 17 世纪以来欧洲的启蒙思想中关于社会'进步'、'进化'的观念，并在二战后发达国家对其他地区和社会的援助和贷款项目实施过程中日益成型的一套'战略'、'规划'和'方案'。……发展主义语境下的发展，不是一般意义上的社会变迁和生活质量的改善，而是在现代化话语语境内，如何以欧洲近 300—500 年的变迁模式为依据，又如何学习、模仿、追踪欧洲模式的过程"②。这种说法尽管没有明确说明发展主义到底指谓哪种发展学说，但给人的感觉更接近狭义的"现代化理论"，因为这是第二次世界大战后由西方主导的、按照西方的经验学习、模仿欧洲模式的一套发展方案。但问题是：如果以这样狭义"现代化理论"的研究范式来理解发展主义，而狭义"现代化理论"又是以与马克思主义对立的理论为基础的理论建构，那"发展主义"与马克思主义就没有交集可言了。

周穗明对发展主义做了广义和狭义的双重概括，认为"发展主义是西方现代化的主流理念。在广义上，发展主义是一种以经济增长为中心的社会进步理论，代表着工业革命以来的进步主义价值观；在狭义上，发展主义是第二次世界大战以后的一种特定的意识形态理念，

---

① ［美］霍华德·威亚尔达主编：《非西方发展理论——地区模式与全球趋势》，董正华等译，北京大学出版社 2006 年版，第 1 页。

② 黄平等：《当代西方社会学人类学新词典》，吉林人民出版社 2003 年版，第 27 页。

是继战后'马歇尔计划'之后西方阵营的第三世界发展战略,也是包括'现代化理论'、'依附理论'、'世界体系论'以及种种关于高科技、工业化、国家干预或市场机制等不同版本的发展学说的总称。"① 周老师这里的广义理解,实际上是把发展主义的时间上限向上延伸至工业革命以来,也就指向古典社会理论;而狭义则主要指第二次世界大战之后的发展理论。这种理解也可以意指发展主义的前后两个阶段。但即使这种"狭义"理解也不"狭",依然包括现代化理论、依附理论、世界体系论(亦即广义上的"现代化理论")等很多发展学说。但这种说法也有问题:一方面把发展主义界定为"战后'马歇尔计划'之后西方阵营的第三世界发展战略";另一方面又解释说,这种发展战略包括现代化理论、依附理论和世界体系论等。问题在于,现代化理论是西方主导的发展战略,而依附理论和世界体系论恰恰是反现代化理论的、反西方主导的发展战略。这种说法的长处在于,能够把狭义"现代化理论"之外的"依附理论"和"世界体系论"(通常被认为是战后的马克思主义在非西方世界的发展理论)纳入发展主义的论域,这样做的结果之一就是建构起了马克思主义与发展主义的关联。

我们认为,不能把发展主义理解为仅仅限于拉丁美洲的一种发展模式,也不能把发展主义理解为狭义的"现代化理论",而应理解为包括狭义现代化理论、依附理论、世界体系论等在内的广义上的"现代化理论"。依附理论和世界体系论主要是以马克思主义为理论基础建构起来的,与狭义现代化理论相反对的,主要体现在理论基础方面,随着实践的扩展,"现代化理论、依附理论和世界体系论这三种发展理论在发展研究中的差别不仅未能消失,反而在修正自己的一些观点、方法的基础上,沿着自己原有的分析层面取得了更加深入的发展,出现了新现代化理论、新依附理论和国家层面的世界体系研究等等。"② 但另一方面,依附理论和世界体系论虽然在理论表述上是一

---

① 周穗明:《西方新发展主义理论述评》,《国外社会科学》2003 年第 5 期。
② 张琢、马福云:《发展社会学》,中国社会科学出版社 2001 年版,第 115 页。

种反现代化理论，但是在其理论追求和理论方法上同现代化理论并没有实质区别。透过发达国家和不发达国家的直接利益冲突，可以发现这三种发展理论有许多共同点。第一，它们的最终目的都是相同的，即都在追求落后国家如何摆脱贫穷状态，达到以美国为代表的发达国家的富裕程度；第二，它们认定的基本发展途径都是：发展科学技术，走工业化道路，追求最大的经济增长速度。正是基于这些方面，学界把狭义现代化理论、依附理论连同世界体系论一起并称为广义"现代化理论"。因此，联系上段关于发展主义的理论实质的分析，可以将发展主义理解为这种广义现代化理论。

2. 新发展主义的理论表征

20 世纪 70 年代以来，兴起的后现代主义很快浸淫了包括发展研究领域在内的整个社会科学界，在发展研究领域的表现就是，从第二次世界大战以来的发展主义到新发展主义的转向。在这种新发展主义看来，依附理论、世界体系论等对现代化理论的反对并不彻底，最后又回归了现代化理论的怀抱，陷入了发展的温柔陷阱。按照周穗明的理解，"所谓新发展主义，是西方左翼基于后现代主义立场对以往发展主义埋论和观念的全面清算。新发展主义力主第三世界各国摆脱西方现代性的价值尺度，拒绝西方主流的现代化发展道路，选择一条尊重各民族自己的历史文化传统，符合第三世界国家社会发展实际的'另类'发展方式和路径。作为对发展主义的理论反拨，新发展主义思潮出现于 20 世纪 80 年代中期，在'冷战'结束后的 90 年代形成高潮，是对 70 年代以后传统发展主义理论失效和实践失败的历史反思。"[1] 田毅鹏则认为，这种概括略显狭隘，没有反映出"新发展主义"思潮载体的多元性和复杂性特点。"新发展主义"思潮的承载者是多元的：既包括欧美国家左翼基于后现代主义立场对以往发展主义理论和观念的批评，也包括非西方国家知识界对"发展主义"的反思；既包括联合国及其附属组织，也包括民族国家和政府组织。[2]

---

① 周穗明：《西方新发展主义理论述评》，《国外社会科学》2003 年第 5 期。

② 田毅鹏：《东亚"新发展主义"研究》，中国社会科学出版社 2009 年版，第 32 页。

　　关于新发展主义的代表人物和理论流派，周穗明认为，佩鲁的《新发展观》和埃斯科巴的《遭遇发展》是 20 世纪八九十年代新发展主义的两部主要著作，佩鲁和埃斯科巴也成为新发展主义发展理论的两个最重要的代表人物。她还进一步指出，把沃勒斯坦和阿明也列为新发展主义的代表。田毅鹏在对新发展主义思潮代表性学者的归纳中，也把美国的沃勒斯坦、埃及的阿明等人都划归新发展主义名下。①这里隐含着一丝逻辑混乱：阿明是依附理论的重要代表，沃勒斯坦是世界体系论的主要代表，依附理论和世界体系论又秉承着现代化理论主导的发展主义范式，属于发展主义之列，而新发展主义又是对发展主义的反叛，那么再把沃勒斯坦和阿明列为新发展主义的代表是否合适？当然，这些发展理论家的思想也是不断变化的，任何理论流派的划分也是有局限的。

　　我们这里更关心的是，这种新发展主义话语与马克思主义之间的关联性。值得注意的是，如果把阿明和沃勒斯坦划归新发展主义名下，而阿明和沃勒斯坦都有鲜明的马克思主义血统，新发展主义与马克思主义的关联性倒是能够建立起来，但"新发展主义是对发展主义反叛"的理论定位却模糊了：只有把发展主义限定在狭义现代化理论中，把阿明代表的依附理论和沃勒斯坦代表的世界体系论对狭义现代化理论的反叛就视为新发展主义对发展主义的反叛。这样一来，就与我们在上段分析的结论有很大的出入，陷入逻辑上的矛盾。

　　还有一种观点值得关注，把埃斯科巴的新发展主义也视为马克思主义的一种类型，即新发展主义的马克思主义。我们认为，这种新发展主义基于后现代主义的视角，把整个现代性视为批判的对象，试图谋求一种根本不同于现代化发展道路的另类发展，这在根本上"与经典马克思主义日益疏离……与历史唯物主义距离最远"②。这点上我们同意周穗明老师的看法，"传统的发展主义固然不妥，'另类发展'

---

　　①　田毅鹏：《东亚"新发展主义"研究》，中国社会科学出版社 2009 年版，第 65 页。

　　②　周穗明主撰：《20 世纪西方新马克思主义发展史》，学习出版社 2004 年版，第 419 页。

的新观念似乎也难尽如人意。它们都没有达到、也超越不了马克思主义的社会发展理论。90 年代全球化冲击下的现实是：传统意义上的发展中国家依然没有摆脱贫困的命运；对多元文化的赞美，并不能掩盖这些国家经济社会状况的恶化。因此，需要思索新发展主义理论本身的局限性。"① 基于后现代主义哲学立场的新发展主义，坚持彻底相对主义的主张，奉行多元化发展道路，其实质是使广大发展中国家停留在前现代的历史场景中保持对现代性的警惕，不能构成对资本主义现代化发展在真正意义上的批判和战略上的挑战，不可能使这些国家真正走上发展道路。这根本不同于马克思主义的发展学说。如果这种理论也打出马克思主义的旗号，势必将"对马克思主义的历史唯物主义具有很大的损毁作用"②。

三　发展主义范式批判

发展主义的意识形态自第二次世界大战以来一直在发展领域占据主流地位，到 20 世纪 70 年代却受到了批判，特别是在 90 年代这种批判声音更加猛烈。值得指出的是，发展主义并不是在受到批判之后就退出历史舞台的，相反地，发展主义不断在其理论范式内部进行修正以利于自我维护。现代化理论最为明显地体现了这一点，全球化理论也是在一片反对的唏嘘声中逐渐地扩大它在世界中的影响的。综观这些对发展主义范式的批判，我们可以看到这些批判主要体现在：（1）质疑发展的文化意义，主要矛头指向经济增长，指向把经济增长等同于发展本身的理想信念；（2）批判发展主义话语所倡导的普遍主义道路，正是这种普遍主义的发展路径推动了发展主义范式的扩展；（3）批判作为发展主义意识形态基础的价值观念，主要指向进步主义，正是进步主义的价值观念构成发展主义的价值基础；（4）批判发展主义强势话语背后的西方文化霸权地位，支持发展主

---

① 周穗明主撰：《20 世纪西方新马克思主义发展史》，学习出版社 2004 年版，第 536—537 页。

② 同上书，第 411 页。

义立场的是一整套西方（欧洲）中心论思想。关于欧洲中心论及其批判，前文已经有所论及，这里不再赘述，只对其他三个方面展开分析。

1. 经济增长批判

对经济增长进行批判，是在最直接的层面上批判发展主义范式的。发展主义把经济增长本身当成了目的，即为了经济增长而去增长经济。然而从根本上说，是经济增长为人服务，而不是人为经济增长服务，经济增长只是过程，是手段。如果经济增长自足化，则必然导致发展的异化。美国生态文学家爱德华·艾比在其著名的散文作品《沙漠独居者》中断言："为发展而发展是癌细胞的疯狂裂变和扩散"，揭示了这种发展至上的意识形态所存在的严重谬误。

（1）国民生产总值批判

发展主义范式把经济增长等同于社会进步，又把 GDP 的增长等同于经济的增长。而在批判者看来，这两个等式都是有问题的。

第一，GDP 与经济增长的关系。首先，GDP 不能真实地反映经济增长，因为 GDP 衡量的是贸易活动，或运动中的商品和劳务，只有那些在市场上具有货币价值的东西才能归纳到 GDP 的经济指标中去。所以，那些没有通过市场贸易流程的产品和劳务，尽管也对国民经济有所贡献，但却不能纳入 GDP 之中。如农民生产的自己食用的粮食和蔬菜，由于没有参与流通过程，就不能算入 GDP 之中；而如果他们到市场上去买粮食和蔬菜，就参与了 GDP 的增值。只有假设农民把自己生产的全部粮食都卖掉，然后再到市场上买回来，这样这种经济活动才能归入 GDP 之中，然而这在实际生活中是不可能的。

其次，GDP 的增长也并不一定意味着物质财富的增加。发展主义范式下，自然资源和能源本身是不计入成本的，同时又没有考虑燃烧燃料消耗资源排出的废气废物等造成的环境破坏，这些都应从经济增长带来的利润中减掉而实际没有被扣除，而社会在治理这些污染的过程中，无疑又增长了 GDP 的数值。一般地，对于自然资源和能源的利用，都会为 GDP 提供两次增值机会。典型的事例是埃斯昂·瓦尔迪兹的石油溢出事件，一方面溢出的石油已经造成了国民财富的损失，另一方面因为要清洁被污染的海洋环境而又要消耗相当的国民财富，但在 GDP 统计中，阿拉斯加却因为这一事件而大大提高了国民生产总值。正是看到这一点，里夫金和霍华德才把国民生产总值讥讽为"国民污染总值"或"国民成本总值"。生态学家和哲学家加勒特·哈丁指出："一个政治家，一味强调最大限度地提高国民生产总值，给人的感觉正如一位作曲家要最大限度地增加交响乐中的音符一样。"①

第二，经济增长与社会进步的关系。这种关系比之上一种关系更为隐蔽，很多人都反对把 GDP 的增长等同于经济的增长，但却赞同把经济增长等同于社会进步。但经济增长和社会进步也并不具有正相当关系。

首先，经济增长对社会进步只是必要关系而非充分关系。在马克思那里，社会是不断向前演进的，"大体说来，亚细亚的、古代的、封建的和现代资产阶级的生产方式可以看作是经济的社会形态演进的几个时代。"② 这些社会形态都呈现为历史的暂时性，"现代资产阶级的生产方式"也要被"共产主义"所扬弃，但这需要具备两个实际前提：一是生产力的巨大增长和高度发展，一是人们交往的普遍发展，共产主义就是"以生产力的普遍发展和与此相联系的世界交往为前提的"③。马克思在这里已经明确指出，资本主义的扬弃和共产主义的建立需要两个前提，而社会生产力的增长只是其中的一个，尽管另一个也与此相联系，而且要以它为基础。同时，马克思主义虽然主张物质生产力的发展是历史前进的根本动力，但认为决定历史的力量不是单一的，而是复合的。恩格斯在《致约·布洛赫》的信中就提出了著名的"历史合力论"的思想，"有无数相互交错的力量，有无数个力的平行四边形，由此就产生出一个合力，即历史结果，而这个

① ［美］莱斯特·布朗等：《拯救地球——如何塑造一个在环境方面可持续发展的全球经济》，贡光禹等译，科学技术文献出版社 1993 年版，第 77 页。

② 《马克思恩格斯选集》第 2 卷，人民出版社 1995 年版，第 33 页。

③ 《马克思恩格斯选集》第 1 卷，人民出版社 1995 年版，第 86 页。

结果又可以看作一个作为整体的、不自觉地和不自主地起着作用的力量的产物。"① 很明显，这些都与发展主义所承诺的"只要经济增长就会带动社会进步"的理想信念有所不同。

其次，经济增长是能够给社会带来更多的产品和服务，但这只是社会总量的增加，只有这些产品和服务能够惠及社会上的大多数人的时候，经济增长才能促进社会的普遍进步；如果这些产品和服务只为社会上少数人所享有，是谈不上社会的普遍进步的。在一些分配不平等的国家和地区，如果经济增长和两极分化同时出现，那么对大部分人的生活福利的提高不会有多少积极意义。如果缺乏一个相对公平的分配机制，增长的经济只会使一少部分人受益。"收入分配是发展质量的一个方面。迅速的发展与分配的不合理相结合可能还不如缓慢的发展与有利于穷人的再分配的结合。"② 也就是说，经济总量的增长并不一定对大多数人有好处，经济增长能否促进社会的进步，还要看经济增长所带来的产品和服务如何分配，产品的分配方式成为问题的关键。

再次，经济增长产生的产品和服务是可以满足人们一定的物质和精神生活需要，但经济增长还能创造出更多的需要，因为一种产品一旦成为大众消费，新产品马上就会生产出来，造成新的需要。事实上，经济增长过程不断产生新的相对稀缺，制造新的不满足，形成新的贫困形式。所以，从价值观的角度上看，财富并不是越多越好，增长并不是越快越好，需求并不是越大越好。施里达斯·拉夫尔说得好，"我们总不能以金钱和物质财富来衡量生活质量"③。这也就是说，经济增长能否促进社会的进步，还要看经济增长所带来的产品和服务怎样满足人们的需要，产品满足人们需要的程度成为问题的关键。

---

① 《马克思恩格斯选集》第 4 卷，人民出版社 1995 年版，第 697 页。

② 世界环境与发展委员会：《我们共同的未来》，王之佳等译，吉林人民出版社 1997 年版，第 64—65 页。

③ ［美］施里达斯·拉夫尔：《我们的家园——地球》，夏堃堡等译，中国环境科学出版社 1993 年版，第 2 页。

最后，并不是什么样的经济增长都会导致社会的进步，不可持续的经济增长不会促进社会的持久进步。社会的进步是要以人的存在为前提的，而人是需要一定的生存环境的，如果经济的增长会导致人的生存环境被破坏，甚至致使人类的毁灭的话，自然就谈不上社会的进步。所以，社会发展的趋势并不是价值先定的，而是有着多样的可能性。伴随经济增长的，并不一定是社会进步，还有可能是社会退步，甚至社会灭亡。英国现代历史学家汤因比就列举了人类历史上存在过的 26 个文明，但现在至少有 14 个已经死了和埋掉了。当然，并不是说这些死了的和埋掉了的文明都是经济增长的结果，但至少其中有的文明，如玛雅文明就与经济的不健康增长直接相关。正是由于经济的不健康增长造成的人类生存环境的持续恶化，进一步地毁灭了玛雅文明。而恩格斯很早就经济增长与人类生存环境的关系提出过警告，我们不要过分地陶醉于对自然界的胜利，对于每一次这样的胜利，自然界都对我们进行报复。显而易见，这与发展主义所信奉的经济增长会带给人类一个美好未来的希冀是根本不同的。传统的经济增长方式是以原材料与能源的高投入和废气废料的高产出为特征的，是不可能持久下去的。也就是说，经济增长能否促进社会的进步，还要看经济增长是以何种方式实现的。

（2）自然界批判

发展主义只求经济快速增长，而经济增长必然要消耗资源和能源，这些资源和能源都只能来自自然界。在对待自然界方面，发展主义是建立在两个前提基础之上的：第一，把自然界对人类而言的价值做单一化理解，认为自然界只有经济价值，能够为人类提供经济增长所需的资源和能源，而否定了其他方面的价值；第二，进一步地，不仅把自然界视为资源和能源的存储仓库，而且认为这个存储库是取之不尽、用之不竭的。对发展主义范式的自然界批判就是针对这两个前提进行的。

发展主义对所有事物都只从经济的有用性视角来看待，包括人，把人看作是会生产的劳动力以及能消费商品的生物，构成整个社会生产过程的生产和消费两个重要环节。发展主义对待自然界就更是这样，只把自然界作为维持整个社会生产过程所必需的资源和能源的来源地和生产过程所产生的废气废物的排放场。在发展主义的视界里，自然界里的资源和能源虽然具有交换价值，但这种交换价值只是表征着开采该自然资源或能源所花费的劳动量，而不包含自然资源或能源自身的价值，也就是说自然资源和能源本身是不计入成本的，因为这些自然资源和能源是没有产权的。关于这一点，制度经济学派代表人物诺贝尔经济学奖获得者道格拉斯·诺思有很多论述。

　　相反地，在发展主义范式的批判者那里，自然界对人类来讲至少有三重价值。除了具有给经济增长提供必需的资源和能源外，还能够给人类提供审美对象，初生的朝阳、落日的余晖、翠绿的森林、恬静的湖水，这些都能给人以美的享受。然而发展主义视野内的人们只看到自然的经济可用性，而看不到自然的美。正如马克思所言，"贩卖矿物的商人只看到矿物的商业价值，而看不到矿物的美和特性。"①更重要的，人类来源于自然界，是自然界千百万年发展进化的产物，自然界还是人类的栖息地，居住场所，生存环境，人类一刻都离不开自然界。然而发展主义视野内的人们只把自然当作资源库以及生产过程废弃物的排放场。资源库和排放场的功能定位把自然界弄得面目全非，在发展主义最为盛行的南亚、非洲、南美洲等地区，也是世界公认的环境—生态最为恶化的地区。在批判者看来，发展主义把具有多重价值的自然界价值单一化，简约为经济增长的资源向度。

　　发展主义不仅把自然界视为经济增长的资源和能源库，而且还认为这是一个拥有无限存储量的库源。然而，这个存储库却并非无限的，不可再生性资源和能源是有一个限度的，而且有些资源和能源的耗费已经接近这个限度了；那些可再生性资源也不是无限可再生的，其再生是需要相关条件的，一旦这些条件遭到破坏，那些可再生性资源也将变得不可再生。在批判者看来，发展主义是严重忽视了发展的前提，即发展的制约性条件，为了获得更加快速的经济增长，最大限度地耗费资源和能源，而不考虑子孙后代基本的生存条件，实际上是

_____

①　《马克思恩格斯全集》第 42 卷，人民出版社 1979 年版，第 126 页。

"吃祖宗饭，断子孙路"。"无度的发展主义，必导致对生存的彻底遗忘。'生存'被置之度外，这是发展主义的必然结果。"① 艾比指出，无视生态承受力的发展是"一架发了疯的机器，一架专家不能理解、经理不能管理的机器。更为严重的是，这架巨大的机器正在迅速地将世界的资源吞噬殆尽。"②

发展主义意识形态之下的发展给人们带来了暂时性的生活舒适、生命的延长和沟通的便捷，但更长久地使环境恶化、资源枯竭，使人类整体的生命受到威胁。有鉴于此，弗罗姆强烈地发出呼吁，"不能再以变态的人为代价来换取健康的经济。我们的任务是，为健康的人建立起一种健康的经济。"③

2. 普遍主义道路批判

发展主义范式能够大行其道，与其所主张的普遍主义道路有着极其密切的关系。发展主义范式之下的各种发展理论尽管存在分歧，甚至互有抵触，但在广大发展中国家具体的发展道路问题上则是一致的，即要通过工业化、发展高新科学技术来实现发展的目的，这是普遍主义最现实层面的表现，因而也成为发展主义范式批判的必要的视角。"对发展主义的反思和清理，必须以反思和清理各种普遍主义的话语为方法论前提，至少须防止以习语代替思维，以话语代替事实的反实践态度。"④

（1）工业化批判

在作为发展主义的意识形态的现代化理论的视野中，发展中国家现在的境况就曾是发达国家实现发展以前的境况，而发达国家现在的境况就将是发展中国家实现发展以后的境况。因而发展中国家要想实现发展，就必须重走发达国家曾经走过的道路，发达国家实现发展的道路就是工业化，所以发展中国家也只有通过工业化的道路才能实现

---

① 吴国盛：《豁出"生存"搞"发展"》，《读书》1999年第2期，第38页。

② 转引自王诺《唯发展主义批判》，《读书》2005年第7期，第65页。

③ ［美］弗罗姆：《占有还是生存》，关山译，生活·读书·新知三联书店1989年版，第185页。

④ 黄平：《发展主义在中国》，《科学中国人》2003年第9期，第51页。

发展，工业化被视为发展中国家经济发展的必须条件。而随后的依附理论和世界体系论虽然在很多方面都对现代化理论提出反对意见，但在发展中国家要通过工业化道路来谋求发展的路径方面，与现代化理论并无二致。发展主义"完全是一种神话：社会进入工业化后便可实现福利，缩小极端的不平等，并给予个人尽量多的幸福"①。"将工业化（或所谓生产性产业、科技产业）置于经济增长以致发展的中心位置，是各类发展主义话语的通病。"② 如在早期发展主义的发展经济学看来，工业化是实现发展中国家经济发展的最好方式，因为工业化能够"带来经济增长，促成落后国家的现代化"，这是"清晰如朗日"的。③ 这种观点引来了学界对它的批判，认为在当今的条件下，仍靠工业化来实现发展的道路是行不通的。

从自然条件方面看，当初的资本主义国家可以通过"高消耗""高污染"的发展方式进行工业化，对自然界造成的环境污染和生态破坏虽然也很严重，因为这种方式的工业化就是在不断地制造出越来越多的非自然的、不可还原的人工产品——自然界自身吸纳不了的垃圾，但从总量上来说，还处于自然界能够"容忍"的范围之内。尽管也有一些人对这种发展方式进行过批评，但因为由此造成的危害没有在根本上触及人类的生存问题并没有引起人们足够的重视。而在这种发展方式已经进行了几百年之后的当今时代，自然界已经不堪重负，这种发展方式也不能再进行下去了，这样的发展将会导致人类付出整体毁灭的代价。

从社会条件方面看，在机器大工业的生产方式确立之初，资本主义国家是当时最先进的国家，面对推行工业化所需的资源、能源和商品消费市场等条件（这些必需的条件是单个国家范围内无法满足的），它们可以通过殖民手段掠夺落后的国家，来满足这种生产方式

---

① ［法］埃德加·莫林、安娜·布里吉特·凯恩：《地球 祖国》，马胜利译，生活·读书·新知三联书店1997年版，第78页。

② 许宝强：《发展主义的迷思》，《读书》1999年第7期，第19页。

③ ［美］埃斯科巴：《权力与能见性：发展与第三世界的发明与管理》，卢思骋译，载许宝强、汪晖选编《发展的幻象》，中央编译出版社2001年版，第90—91页。

对资源和能源的巨大需求，可以通过不平等贸易把殖民地作为它们的商品销售市场。所以，当最早的资本主义国家荷兰被迫让出占领的广大殖民地后，其工业发展能力也随之下降，将"海上马车夫"的马鞭拱手让给英国。而当今时代已远非殖民时代，发展中国家不可能再找到类似的资源来源地和商品销售地以支撑工业化生产。

从社会发展的实际进程看，发展主义理论把工业化等同于现代化，进而又等同于发展，把工业化视为发展中国家实现发展的道路，是源于对 18—19 世纪欧洲（特别是英国）的工业革命的误解，以为工业革命确曾带来了快速的经济增长。但实际上，英国工业革命对经济增长的贡献并不十分大。根据斯努克斯的估算，在 1086—1170 年的前工业革命时期，英国的经济增长速度与 1801—1831 年工业革命高峰期基本上差不多，而在 16 世纪上半叶的增长率，更是工业革命高峰期的 3 倍。更重要的是，在当今条件下，工业产品的利润率并不是很高，利润率较高的是金融贸易等产业。富有发达的"工业国"其实已经越来越非工业化，而越来越依赖于金融资讯等第三产业[①]，已经进入所谓的"后工业社会"。这表明，在当代即使自然条件和社会条件都允许发展中国家实行工业化，但依靠这种道路发展中国家是不可能赶上更不可能超越发达国家的。发达国家在过去所走过的工业化道路，只是人类过去历史进程中的独特产物，工业化只是在某种特定的历史时段可能带动经济增长，而当今背景下的工业化已经不能再像以前那样实现经济增长的目的。对于落后的发展中国家来说，工业化不仅不是经济增长的灵丹妙药，更可能掉进发达地区把生产过剩和环境污染的危机转嫁给落后地区的陷阱。

发展主义理论对于发展中国家工业化发展道路的探索，只是基于欧洲过去的历史回顾，而没有考虑到发展中国家的历史状况。这只是在盲目地照搬西方发达国家几个世纪以前走上发展之路的途径和手段，而没有考虑现在各个发展中国家所处的国内和国际环境已经根本不同于西方发达国家在几个世纪以前所处的国内和国际环境，这种不

---

① 参见许宝强、汪晖编《发展的幻象》，中央编译出版社 2001 年版，前言第 11 页。

同使它们在当今世界体系中的现代化追求，具有一种把早发国家现代化历史不同阶段出现的矛盾问题堆积在一起的特征。

（2）科学技术批判

发展主义迷信经济增长的力量，而在当代背景下，科学技术对经济增长的贡献率已经相当之高，以致科学技术已经成为"第一生产力"。于是，在发展主义看来，发展中国家要实现经济的高增长，当然要借助科学技术的力量，要充分利用技术进步来实现发展。而面对发展中国家本来就技术落后的现实，格尔申克隆提出后进国家无须自己建立技术，而可以从较先进国家引进、"借用"先进的技术装备，甚至可以考虑从较先进国家移民以及运用其先进的培训设施，来克服落后国家技术工人教育水平低下的困难。① 因此，后进国家应当有可能更快速地实现工业化并赶上先进国家。发展主义观念"把技术—工业的增长视为人类与社会发展的灵丹妙药。"② 问题是，丰满的理论遭遇到了骨感的现实，一些发展中国家引进了高技术后，不仅没有实现发展，而且以前的沉寂被打破后就再也回不去了，于是引来了发展中国家的批判。而在那些批判者看来，发展主义所推崇的高新科技对于"落后"的发展中国家却未必是好事。于是，对科学技术的批判也成为发展主义范式批判的一条重要路径。

对科学技术的批判，在近代最早可上溯至卢梭，他批判科学技术的发展没有给人们带来福祉，相反倒是败坏了民风的淳朴性。埃吕尔等人是从技术自主性的视角进行批判，他们认为技术是一种自律性的存在，技术的发展会导致人的价值的泯灭。这两种批判的范围都是对于整个世界而言的。法兰克福学派对科学技术的批判更为深入，在他们看来，科学技术已经成为发达工业社会的新型意识形态，为巩固统治服务，这种批判的范围主要是发达国家。而发展主义批判视角的科

---

① 参见［美］格尔申克隆《对现代工业化"前提条件"概念的反思》，刘建同译，载罗荣渠主编《现代化理论与历史经验的再探讨》，上海译文出版社1993年版，第186页。

② ［法］埃德加·莫林、安娜·布里吉特·凯恩：《地球　祖国》，马胜利译，生活·读书·新知三联书店1997年版，第84页。

学技术批判则着眼于发展中国家一味采用高新科学技术的负面效应，有着特定的指谓。

这种科学技术批判大致有两条路径。一条是经济角度的批判。这条批判路径认为发展中国家如果没有自己的发明专利，而靠引进外来的先进技术，这样是不可能创造经济剩余的，因为发展中国家要利用这种引进的先进技术，至少要比发达国家或发明它的那个公司多支付两笔费用：一是新技术的专利费；二是在资本稀缺的发展中国家，为了购买技术所需资金的成本也会比别人更高。这样一来势必造成这种结果：发展中国家要么生产同样的产品而成本比人家高，甚至成本高于市场竞争价格，导致亏损；要么售价比人家高而卖不出去，还是亏损。发展中国家一些企业买进了高新的设备，最后也只好闲置不用，可能反倒是对的，因为可能越用越亏损，闲置不用可能还亏得少些。[1] 哈巴库克也认为，新技术的利用不如"现存最好的（技术）的传播"重要。[2] 这种批判路径实际上并不是批判发展中国家使用高新科学技术，也不是否定高新科学技术因包含着高额附加值而存在着巨大的利润空间，而是因为发展中国家很少拥有高新科学技术的发明专利权（世界上92%的最新科技发明产生在发达国家），所以即使使用高新科学技术，其得到的利润也会随着"专利费"而流入发达国家的肥田。

另一条是文化角度的批判。这条批判路径认为，对于已经习惯于传统社会习俗和相应技术水平的发展中国家人民来说，高新科学技术的引进势必会冲击原住民社群文化生活，降低他们承受外界风险的能力，自然谈不上社会进步。阿帕杜雷引用印度西部一个叫瓦迪的农村的案例，说明了高新农业科技给农村带来的消极影响。瓦迪村传统上以牛只作为动力，以皮制水桶为工具汲取井水，从事灌溉农业耕作。现代高新科学技术引入以后，电力汲水方法取代牛只拉水操作，金属水桶取代皮制水桶。这项引入的技术对当地农民的负面影响表现为：

① 樊纲：《适当才合算》，《经济日报》2002 年 6 月 4 日。

② ［美］伊曼纽尔·沃勒斯坦：《现代世界体系》第 2 卷，吕丹等译，高等教育出版社 1998 年版，第 101 页。

购买电力发动机的风险成本太高，令很多人难以承受；牛只不再成为动力，只有被卖掉，进一步地失去了有机肥料的来源而必须使用化学肥料，致使土地肥力下降；皮制水桶的制造者及水源占卜师等人的生计问题变得更加困难；等等。① 这条批判路径实际上是批评高新科学技术对传统农业社会的冲击，借以表明高新科学技术并不是万能的社会发展的推进剂，如果强行推行高新科技，那么给这些使用者带来的必定是灾难大于益处，对发展中国家的社会发展无疑是退步。萨米尔·阿明也从技术进步与劳动力的关系上进行批判，"为什么南方国家不能晚一个或两个世纪来复制相似的变革模式呢？人们在这里忘掉了，19 世纪欧洲的工业和城市需要大量的劳动力，而剩余的劳动力则大规模地移居美洲。当代第三世界没有这种可能性，如果它要像人们所要求的那样具有竞争力，就必须立即采用现代技术，而这种技术只需要很少的劳动力。资本在全球的扩张所造成的两极分化使南方国家无法迟缓地复制北方的模式。"②

　　工业化道路和科学技术手段是普遍主义话语的最现实层面的体现，而在深层次上，这种普遍主义话语遵循的是资本的逻辑，即利润最大化原则。"对于资本来说，利润是同质的东西，永远是越多越好。无论在什么领域，通过什么手段，无论出现了多少对人、对物的滥用，无论花费多少代价，只要利润能够不断增加，对资本就标志着成功。在资本增值的意义上，'更多'就意味着'更好'，而'更多'是没有止境的。"③ 这正体现了发展主义的进步主义价值观念。

　　3. 进步主义观念批判

　　发展主义是"一种认为经济增长是社会进步的先决条件的信念"，

---

　　① ［印度］阿帕杜雷：《印度西部农村技术与价值的再生产》，叶沛瑜、萧润仪译，载许宝强、汪晖选编《发展的幻象》，中央编译出版社 2001 年版，第 205—245 页。

　　② ［埃及］萨米尔·阿明：《自由主义病毒/欧洲中心论批判》，王麟进等译，社会科学文献出版社 2007 年版，第 22 页。

　　③ 路爱国：《资本主义与可持续发展——可持续发展的社会制度因素剖析》，载滕藤、郑玉歆主编《可持续发展的理念、制度与政策》，社会科学文献出版社 2004 年版，第 28—29 页。

相信社会进步就构成发展主义的必要内涵。与简单地承认发展并不就是"发展主义"一样，简单地承认进步也并不就是"进步主义"。只有相信社会会一直向前进步的信念才构成进步主义。① 进步主义奠定于线性时间观基础之上，相信随着时间的推移人们的生活会越来越好，今年会比去年好，明年定比今年强。在发展主义理论那里，只要采取正确的发展路径，发展中国家会逐步走上发展的康庄大道（关于什么才是正确的发展路径，现代化理论、依附理论、世界体系论各有不同的看法）。同时，进步主义又带有强烈的目的论色彩。而在发展主义理论那里，发达国家（特别是美国）当前的发展状况就成为广大发展中国家发展的样板，后发国家的发展目标就是要努力追赶乃至超过发达国家的水平。因此自然地，除了经济增长之外，对相信社会会一直进步的"进步主义"的批判也成了发展主义批判的题中应有之义。

（1）"发展"与"进步"概念上的关联性。一般意义上说，整个世界是处于不断运动变化之中的，"运动"是整个物质世界，包括自然界和人类社会的根本属性，只要时空形式的位置发生变化，都可以称为"运动"。"进化"是进入有机界领域以后的运动特征，在生物进化论看来，生物的进化就是一个物种向多样性、复杂性方向演化的过程。一般来讲，"运动"和"进化"仍然属于自然领域的自发性变化，尽管社会领域有时也采用运动、进化的说法，如"太平天国运动""洋务运动""社会进化论"等。相比于"运动"和"进化"，"进步"和"发展"则要更多地应用在社会领域，很少见到"自然进步""自然发展"的说法。从真正的本意来说，"发展"应是属于人所特有的性质，"发展问题"也是只对人和人类社会才存在的问题。② 而在社会领域，"进步"

---

① 发展与进步的复杂关系直接导致了发展主义与进步主义关系的复杂性，由于发展与进步在很多方面的重合性，有学者认为发展主义与进步主义是同义语，发展主义就是进步主义。（参见彭新武《论进化与进步主义》，《人文杂志》2001 年第 2 期，第 45 页）我们这里把进步主义作为发展主义的内涵之一，两者并不完全等同。

② 高清海：《社会发展哲学——中国现代化的理性思考》，高等教育出版社 1999 年版，第 371 页。

与"发展"则区分不大,几乎可以通用,最常见的就是"社会进步""社会发展"。但在狭义上,如在本书中所提及的"发展学"视域内,"发展"不是指涉所有的人类社会领域,而是专指第二次世界大战以后的发展中国家的"发展","进步"则没有限制。这样一来,"发展"的概念内涵便是在"进步"的基础上发展起来的。

(2)进步主义观念遭遇的批判。尽管"进步"是在人类社会领域才提及的,但人类拥有社会进步的信念却是很晚近的事(16 世纪以后)。在古代,很多人认为社会向前不是在进步,而是在退步,或者持历史循环论的看法(无论东西方都有),西方近代的文艺复兴运动也是在"复兴"古希腊文化的口号下兴起的,尽管其实质是资产阶级文化。后来随着资产阶级在经济和政治力量的不断增强,"社会在不断进步"的信念在培根、笛卡尔等人的力主下越来越深入人心,但是对进步观念的批判从其诞生之日起就从未间断过。这种批判着重点在于社会进步论的根据——由自然领域的"生物进化论"进到社会领域的"社会进化论",典型的就是把达尔文的自然进化论生搬到社会领域应用,"这种错误地将生物进化等同于进步的观念,一直有着不幸的后果。历史上,它产生了社会达尔文主义的滥用……今天,仍然是致使我们在地球上傲慢的一个重要因素。"① 社会达尔文主义把社会历史看作一个连贯的时间流,体现出来的是一种线性进步观。第一次世界大战期间,法国军队索姆河一役第一天即阵亡 6 万士兵。对此,英国思想家戴维·科尔比评论说,"索姆之战的伤亡者中之一是世界向善论;还有一个就是维多利亚时代的历史观——把世界看成是'一个连贯的时间流,从过去经过现在,直到将来'(法舍尔用语)的历史观,已经永远被弄得支离破碎了。"② 这个时期尽管受到小股部队的骚扰,进步主义信念的大部队还是节节胜利,直至人们的内心深处。

---

① 〔美〕斯蒂芬·杰·古尔德:《自达尔文以来》,生活·读书·新知三联书店 1997 年版,第 25 页。

② 〔英〕戴维·科尔比:《简明现代思潮词典》,邓平译,重庆出版社 1987 年版,第 116 页。

　　进步主义观念在近现代的挺进与科学技术的作用分不开。这种观念认为，通过科学技术的发展、知识的累积可以征服自然，完善人性，实现幸福与自由，因为科学技术已经给人们带来了巨大的福祉和服务。由于这种进步观念曾经在发达国家的发达过程中起到了很大的作用，于是顺理成章地被引进发展中国家谋求发展的发展主义宏图战略中。彼德·欧皮茨所说，"进步"作为我们这个时代的"中心思想"，在整个世界都取得了胜利。"深受进步思想影响的不仅仅是第三世界的革命，就连'发达'和'欠发达'的意识也产生和存在于进步概念的精神环境之中。"同时，发展主义战略又是以欧美的发展为蓝图而设计出来的，作为发展主义应有内涵的进步主义也带有浓厚的欧洲中心论色彩，因为"'进步'最先是西方人的'大观念'，以后在世界范围内流行，成为人类的'大观念'"①，西欧是"进步思想的诞生地和进步思想在经过一系列深刻变化之后在全世界获得胜利的发祥地"。于是人们对科学技术和欧洲中心主义的双重批判中，不自觉与之相伴随的就是对进步主义的批判。在这些直接间接的批判中，进步主义由全面胜利而走向萎缩。在今天，尽管人们对进步的信仰还构成世界的一个重要特征，但这个概念却丧失了许多往日的光辉，人们提到更多的是一个与之相反的概念"危机"。进步主义受到了深刻的批评，对进步主义最尖刻的声音来自本雅明，"历史天使就可以描绘成这个样子。他回头看着过去，在我们看来是一连串事件的地方，他看到的只是一整场灾难。这场灾难不断把新的废墟堆到旧的废墟上，然后把这一切抛在他的脚下。天使本想留下来，唤醒死者，把碎片弥合起来。但一阵大风从天堂吹来；大风猛烈地吹到他的翅膀上，他再也无法把它们合拢回来。大风势不可挡，推送他飞向他背朝着的未来，而他所面对着的那堵断壁残垣则拔地而起，挺立参天。这大风

---

① 梁治平：《关于"进步"观念的几点思考》，《中国社会科学季刊（香港）》1994年第8期，第188页。

是我们称为进步的力量。"① 这里囿于我们的研究主题,进步主义在战前遭受的批评就不再详细赘述。

(3)进步主义在第三世界的境遇。进步主义在欧美发达国家受到了深刻的批评,但由于其曾收获的广泛赞誉,也仍然被诉诸战后的发展主义意识形态中。战后的第三世界像客户一样面临着资本主义和社会主义两大对立集团的拉拢和选择,两大集团竞相兜售自己的商品:美国抛出的是"民主、人权"的原则,苏联示人的是"世界革命"的纲领。两种商品表面不同的背后隐藏着的是一致性:两国都将自己看作进步的代表,而进步对两国来说不仅仅代表科学技术的进步,而同时也是社会与政治的进步。时任日本大藏相的 E. Sakakiava 在《外交》杂志的论文《进步主义的终结》开篇就讲道,"冷战只是社会主义和新古典资本主义这两种进步主义的极端变体之间的冲突,这两种意识形态都把高速增长和更好地分配物质福利作为自己追求的目标。"区别只在于达到这一目标的方法不同:"对社会主义来说,达到这一目标的方法是国家计划;对新古典主义来说,则是市场。"② 在这些进步主义理论中,"发展"与"现代化"被混为一谈,而现代化就是"西化",西化又有两种形式:盎格鲁—撒克逊式的民主,这主要由美国来鼓吹;以及苏联在世界范围内宣扬的社会主义模式。这两派的一致性还在于:克服或说毁灭传统社会。以进步和自身为模式重建世界的名义,毁灭传统社会的真理、价值和体制。③ 如果想用"进步"的观念"为社会主义辩护,同时也就为资本主义进行了辩护"④。"尽管苏联拒绝了西方发展的资本主义财政与经济基础,但它似乎也在追求同样的物质目

---

① [德]瓦尔特·本雅明:《本雅明文选》,陈永国、马海良译,中国社会科学出版社1999年版,第427页。

② [日]E. Sakakiava:《进步主义的终结》,张铭、陈向谰译,《现代外国哲学社会科学文摘》1996年第5期,第14页。

③ [德]彼德·欧皮茨:《进步:一个概念的兴衰》,史世伟、徐萍译,《中国社会科学季刊(香港)》1994年第8期,第183页。

④ [美]沃勒斯坦:《历史资本主义》,路爱国、丁浩金译,社会科学文献出版社1999年版,第60页。

标。这样，各个第三世界国家所追求的真正的非西方发展模式，与这两个超级大国的目标同样是不相容的。"① 关于这一点，伊林·费切尔进一步解释说，当代两种进步观——资本主义和社会主义——在下面这一点上被统一起来：生产，特别是劳动生产率的提高最终被视为衡量"进步"的唯一或至少是决定性的标准。换句话说，当今大多数政治领导集团都坚持一种"进步"的概念，其根本的衡量尺度乃是社会生产总值。在他看来，成问题的恰恰正是这样一种进步观。②

巴西前环境部部长、诺贝尔特别奖获得者何塞·卢岑贝格对进步主义的两个错误理论基础展开批评："地球拥有取之不尽、用之不竭的资源；同时存在一个可以容纳所有垃圾的无底洞。"③ 看得出来，卢氏的批评是从环境的视角进行的。日本前大藏相 E. Sakakiava 批评进步主义模式存在两大缺点，在环境视角外又加上了全球化的视角："第一，认为放任主义性质的经济管理会导致消费者权利的观念所基于种种假定……不逾越国界。但金融资本的全球化及其相对自由流动直接和这种假定相冲突。""第二个难题是，环境的限制约束十分明显，未来人口的爆炸和能源消费的几何级数增长是不可能持续的。"④ 国内学者汪行福教授把全球化与环境因素统一起来，又提出了经济社会发展模式的问题：进步主义的意识形态导致了人类两个层面的发展困境，"一是经济和社会发展模式的选择问题，……二是全球生产是否在能源、环境、技术等方面碰到了天花板，面临着绝对的限制。"⑤

---

① ［美］斯蒂文·布瓦拉尔：《俄罗斯与中亚》，载［美］霍华德·威亚尔达主编《非西方发展理论——地区模式与全球趋势》，董正华等译，北京大学出版社2006年版，第136页。

② 参见梁治平《关于"进步"观念的几点思考》，《中国社会科学季刊（香港）》1994年第8期，第189页。

③ 转引自曲瑞华《进步主义的终结与构建新文明的基本原则》，《求索》2001年第6期，第88页。

④ ［日］E. Sakakiava：《进步主义的终结》，张铭、陈向谰译，《现代外国哲学社会科学文摘》1996年第5期，第16页。

⑤ 汪行福：《进步主义意识形态的批判与超越》，上海市社会科学界第七届学术年会文集（2009年度）马克思主义研究学科卷，第143页。

这种对进步主义的批评就已经超出了经济学和社会学层面，进入伦理学和人类学领域。总体来看，战后学界对作为发展主义理论支撑的这种进步主义观念的批判，主要体现在对两个理论前提的错误揭示方面：第一，物质进步不会是无限的，因为有限的自然界难以支撑无限的物质进步（这一点在前文"自然界批判"中已经提及）；第二，物质进步并不必然导致社会道德的总体提高，因为它忽视了人类欲望的无法满足性（人的贪婪的欲望看上去是无底洞，看一下有些发展中国家的"巨贪"就知道了）。

第二节　马克思主义与进步主义

学界对进步主义及其后果的批判非常猛烈，他们不仅批判进步主义的意识形态本身，而且连同各种进步主义的理论载体。马克思主义就被他们看作是一个典型的理论载体而进入了批判的行列。很多人都是从社会历史的五形态说（也包括人的发展三阶段说）开始批判马克思主义的。小阿瑟·施莱辛格就说，"如果说马克思主义历史观有什么中心命题的话，这个命题是：现代化、工业化和社会及经济发展的进程会使每一个民族从封建主义、通过资本主义而进入共产主义。"① 这里不仅指出了马克思主义视野下的社会发展目标（进入共产主义），而且指出了达到这个目标的途径和手段（现代化和工业化）。后期弗兰克认为马克思主义的五形态演进说是一种进步主义的"伪科学"，并予以批判。"数以千计的拉美地区的学生和工人正在找寻科学的政治指南，以超越大都市资产阶级和他们在拉丁美洲的追随者提供的理论，或者超越一些马克思主义的修正主义者提供的理论指南。他们准备接受来自大都市的马克思主义模式——所有人类都需要依次经过从公社式的共产主义向奴隶制、封建主义、资本主义、社会主义和共产主义过渡的几个阶段——教育与指导吗？……拉丁美洲将

---

① 转引自［以色列］什洛莫·阿维内里《马克思与现代化》，张景明等译，载罗荣渠主编《现代化理论与历史经验的再探讨》，上海译文出版社1993年版，第5页。

永远不会在这种马克思主义的伪科学的指导下爆发革命。"① 后期弗兰克不仅把马克思视为欧洲中心论的主要代表，而且也视为进步主义的代表加以激烈地批判，并且认为这种马克思主义的进步主义信念在实践上对人们的危害更大。彼德·欧皮茨也在这个意义上说，"进步是历史中固有的，而向着理想状态发展的进步，这对于马克思和恩格斯也是毋庸置疑的事实。他们将这种理想状态也称作'自由王国'，这说明他们在精神上与黑格尔，或说自由主义思想接近，必须从这种连续性中去看待他们。"② 也有人从人类中心主义的视角批判马克思的进步主义。"进步主义的支配本质，或人类中心主义必然碰壁。……笛卡尔的理性主义重申人类是自然的中心，而马克思则将自然科学永久进步的人类中心论信念发展到了极致。"③ 还有人从方法论的意义上批判，马克思明确地讲过，"人体解剖对于猴体解剖是一把钥匙"。后面几位学者已经不是简单地对马克思主义的进步主义进行诘难，而是深入了思想史的内部，从马克思与笛卡尔、黑格尔等人的思想联系中挖掘其进步主义的根源。

　　面对着上述各种或明或暗地对马克思主义的进步主义的诘难，我们要问：马克思主义是属于"进步主义"理论吗？能否把马克思主义社会发展的五阶段论（及人的发展的三阶段论）视为进步主义的发展链条？关于此类问题，学界已有所论及，做了一些工作。④ 大体来讲，学界主要从历史规律性、历史目的论、线性发展观三个方面来澄清马克思主义与进步主义的本质不同。我们认为，从思想史的视角

---

　　① 转引自杨旗《5000 年世界的发展逻辑——弗兰克世界体系理论研究》，南京大学出版社 2009 年版，第 82 页。

　　② ［德］彼德·欧皮茨：《进步：一个概念的兴衰》，史世伟、徐萍译，《中国社会科学季刊（香港）》1994 年夏季卷总第 8 期，第 182 页。

　　③ ［日］E. Sakakiava：《进步主义的终结》，张铭、陈向谰译，《现代外国哲学社会科学文摘》1996 年第 5 期，第 17 页。

　　④ 如孙亮在一篇文章中从历史目的论、历史发展的多样性与单向性、历史观的开放性和封闭性三个方面勘定了进步主义与历史唯物主义进步观的异质性。（参见孙亮《为历史唯物主义的"进步观"辩护——"进步主义"与历史唯物主义"进步观"的异质性勘定》，《人文杂志》2012 年第 4 期，第 1—7 页）

看，特别是作为传统哲学终结者的黑格尔哲学已经把近代机械因果规律纳入了他的辩证的历史目的论哲学中，成为历史目的实现的一个中介环节之后，历史规律性和历史目的论在深层思维方式层面已经达成一致性。另外，线性发展观就是认为一个社会会沿着一条必然的发展道路达到发展的最高点的学说，这种学说把发展的最高点设置成了历史的终极目的，因而也已经与历史目的论达成了一致性。所以下面我们主要结合这里研究的发展主义主题，从作为进步主义理论支撑的历史目的论的视角，就马克思主义与进步主义的关系展开进一步的讨论。

一　进步主义的理论支撑：历史目的论和理性主义

进步主义观念以历史哲学中的历史目的论思想为理论支撑，历史目的论是一种把历史视为某种先定目的的实现过程的理论。进步主义观念就是历史目的论思想的逻辑结果。

在西方思想史上，最早明确阐明历史目的论思想的是中世纪基督教史学。西方史学尽管是建立在古希腊人基础上，但在古希腊时期没有形成明确的历史意识。希腊人有历史学，也有哲学，但没有历史哲学，只有自然哲学，关于其中原因，格鲁内尔解释道，"认为同存在相比，变化是低下的，这才是希腊人缺少历史哲学的主要原因，因为历史无非是人类的变化，舍此它什么也不是。"[①] 希腊人把历史过程视作自然过程，历史并不通往任何目的，只是周而复始的循环。柏拉图虽然承认创世说，但依然坚持循环观念。真正自基督教开始，历史才成为可以理解和解释的，进步的观念亦来自基督教的线性史观和人类向天国迈进的看法。"由于圣奥古斯丁，西方世界开始相信，整个历史是可以解释的。"[②] 基督教神学家奥古斯丁在《上帝之城》中提出，人类历史是一个有始有终的过程，从上帝创世开始，以上帝解救

---

① ［英］格鲁内尔：《历史哲学——批判的论文》，隗仁莲译，广西师范大学出版社2003年版，第155页。

② 同上书，第162页。

选民升入天堂结束，人类始终是朝向这一目的行进的。这是一个只经历一次的直线进步的过程，这一过程要经历六个阶段：婴儿期、少年期、青年期、壮年期、衰老期、高龄期。历史前进的动力来自上帝的旨意，最终导致世俗之城的毁灭和上帝之城的胜利。全部历史的有目的的趋向是上帝之城战胜世俗之城，历史将在前者战胜后者的最后胜利中告终。在德国古典哲学的顶峰黑格尔那里，传统历史哲学中的历史目的论思想再次得以显著的张扬。黑格尔认为，绝对精神是人类历史发展的本源，历史不过是"在时间里外化了的精神"，世界历史就是四个历史民族按照绝对精神的完满性依次更替的过程，即东方民族、希腊民族、罗马民族和日耳曼民族，"世界历史无非是'自由'意识的进展"[①]。世界历史发展的根本动力是理性，"'观念'真是各民族和世界的领袖，而'精神'……无论过去和现在都是世界各大事变的推动者。"[②] 但理性出于"狡计"自己并不亲自出面，利用"人类的热情"的巧妙安排实现自己的目的，"第一是那个'观念'，第二是人类的热情，这两者交织成为世界历史的经纬线。"[③]

传统历史目的论中推动历史向着既定目标前进的主体力量都是一种非人化的存在。在《上帝之城》的论说中，历史始终都是由上帝的旨意决定的。人类由于自己的原罪注定要遭受各种磨难，唯一的救赎之路是上帝的拯救，历史就是上帝的选民灵魂得救的过程，这一过程是在上帝之城与世俗之城的善恶争斗中展开的，最后随着天国的降临，历史将宣告结束。这样，人类便成为执行上帝意志的工具。这是历史的天意论。在黑格尔的《历史哲学》中，理性是最高的历史主宰者，人类同样也只是理性逻辑运衍的工具，不管是平常人还是大人物，平常人只能追随在大人物的周围，而大人物也只是世界精神的实现工具。这是历史的理性论。由此可以看出，不管是把历史看作上帝的旨意安排，还是把历史看作精神的展开过程，其实质都是把一种超

---

① ［德］黑格尔：《历史哲学》，王造时译，上海书店出版社1999年版，第19页。

② 同上书，第8页。

③ 同上书，第24页。

自然的超历史的力量，一种外在于人、先于人而存在的永恒原则当成历史的本源。

传统历史目的论的理论功能都是主要聚焦于"解释世界"。历史就是过去事情的集合，过去了很多年的事情能够被后人知晓了解，主要在于历史学家对历史事件的叙述记载，囿于各种局限性，历史学家不能将所有发生的事情都记载下来，只能按照某种标准进行选择，这实际上就已经蕴含了对历史意义和价值的寻求，表达了历史学家对历史事件的认识，将"历史本体论"转化为"历史认识论"，进入了对历史的解释。历史离不开解释，历史就是被解释的历史，就是要通过历史解释呈现历史的意义和价值。历史目的论强调以历史目的为依据来解释历史的进程，把握历史的意义，只要能有效地解释历史，历史目的便获得了理论合法性。历史的意义不仅源于"过去"，而且源于历史学家所处的"现在"，是基于现在而对过去进行解释，赋予其意义和价值，历史学家不仅解释社会何以由过去发展到现在，还要按照同样的逻辑判断社会由现在向将来的发展，进一步揭示未来的基本走向。① 对于历史意义的寻求和未来走向的关注，是历史哲学绕不开的话题，"历史意义的问题，将永远不会从历史哲学中消失"②。

在对历史意义与价值的寻求中，更重要的看法在于对人类未来走向的关注。关于未来走向的观点大致有四种：第一种认为社会发展（无论是过去还是将来）就是一些偶然事件的堆积，所有对未来的预测和判断都是徒劳的；第二种认为历史是循环演进的，在一个循环周期内是上升向前发展的，到了某一顶点则进入了下一循环周期；第三种认为历史是倒退的，人类美好的黄金时代在过去，随着物理时间的向前，人类将越来越堕落，最后走向毁灭；第四种认为人类会不断向前发展，相对于过去会越来越进步。后两种观点属于历史哲学中历史

---

① 关于历史的意义与价值的来源，学界有两种看法：一种认为其来源于历史自身，客观的历史自身就具有一种意义和价值；另一种认为其来源于历史学家的主观赋予。这两种看法古今中外历史学家都有代表。

② ［英］格鲁内尔：《历史哲学——批判的论文》，隗仁莲译，广西师范大学出版社2003年版，第15页。

目的论的思想范畴，而在信奉历史目的论的思想家中，更多的人坚持历史的进步论。一般来讲，历史哲学可以分为思辨/实质的历史哲学和分析/批评的历史哲学，思辨的历史哲学试图把历史过程本身作为整体来把握进而阐明其意义，分析的历史哲学致力于弄清历史学家自身研究的性质，思辨的历史哲学一般都持历史进步论的立场。思辨的历史哲学又可以进一步分为可臻完善论的历史哲学和千禧年的历史哲学，前者主张历史缓进演变的渐变论，后者主张通过剧烈变革演变的突变论。就这样，通过探寻历史意义进而明确历史目的的历史目的论哲学就构成了进步主义观念的理论基础。"'进步'观念假定历史是有目的的，假定它是人类朝向一个确定而可欲之方向"行进的过程。①

对于中世纪基督教的历史哲学来说，历史的主题就是上帝之城与世俗之城的斗争，历史的过程是被上帝预先决定的，就是要实现至善的天国，历史每向前一步都呈现为一种进步，但这种进步是有上限的，因为随着天国的实现，上帝创造的世界将不复存在，"历史的戏剧"也将告结束。历史就是一种"神正论"。这只是宗教的"末世学"，而不是今人所谓的"进步"观念。② 随着近代科学的兴起，神正论的历史哲学被新的进步论所取代，与中世纪的神正论相对照，新的进步论更愿意相信人类的能力而不是神的能力。严格意义上的"进步观念"是从近代才开始的，③ 这种进步观念的奠基者是培根和笛卡尔。对于奠基于理性之上的关于知识的进展和增长的信念，在启蒙运动时期更加昌盛，如英国史学家艾瑞克·霍布斯鲍姆说，"启蒙运动的捍卫者坚信，人类历史是上升的，而不是下降的，也不是水平式波

① 梁治平：《关于"进步"观念的几点思考》，《中国社会科学季刊（香港）》1994 年第 8 期，第 190 页。

② 同上书，第 188 页。

③ 伯瑞在《进步的观念》一书中提出，进步观念的萌生与展现 16 世纪之后才出现的。（参见［英］约翰·伯瑞《进步的观念》，范祥涛译，上海三联书店 2005 年版，第 4 页）而从词源的角度看，进步主义产生于 19 世纪末 20 世纪初。（转引自赵辉兵《试论进步主义的历史演进》，《哈尔滨工业大学学报》（社会科学版）2007 年第 5 期，第 67 页）

浪起伏的。他们能够观察到人类的科学知识和对自然的技术控制日益增进。他们相信人类社会和个人发展都同样能够运用理性而臻于至善，而且这样的发展注定会由历史完成。"① 理性主义者看到了人类理性的巨大力量，以此取代了上帝的权威，理性被当成是推动社会进步的决定性力量。理性主义进步观念成为人类认识史上第一个严格意义上的进步观念。这种理性主义进步观念在近代兴起不是偶然的，它是为了适应资产阶级的利益原则，为了适应工业革命时代的生产力发展的要求而出现的。这种理性主义进步观念与传统的历史目的论的奇妙结合就是黑格尔哲学。

二　马克思主义对传统的历史目的论和抽象理性主义的批判

进步主义信念是以传统的历史目的论和理性主义为理论基础的，判断一种思想是否属于"进步主义"思想，就可以对其与它们的关系的分析入手。而关于马克思主义与传统历史目的论和理性主义的关系，学界有不少人认为马克思主义是属于这一发展脉络的思想。卡尔·洛维特说，"从以赛亚到马克思、从奥古斯丁到黑格尔、从约阿希姆到谢林，基督教西方的历史意识是由末世论的主题规定的"②。格鲁内尔在《历史哲学——批判的论文》中更是把马克思（连同黑格尔）作为千禧年的历史哲学的最大代表来讨论的，黑格尔历史哲学中的历史目的是"理性"统治下所有人的全面"自由"，马克思历史哲学的历史目的是人类"共产主义"的大同世界。③ 在他们看来，马克思思想就是黑格尔思想的简单延续。我们认为，这样处理马克思与黑格尔思想的关系就把复杂的问题简单化了，不能再在传统历史目的论和传统理性主义的发展脉络中考察马克思的思想。

---

① ［英］艾瑞克·霍布斯鲍姆：《革命的年代：1789—1848》，王章辉等译，江苏人民出版社 1999 年版，第 314 页。

② ［德］卡尔·洛维特：《世界历史与救赎历史——历史哲学的神学前提》，李秋零、田薇译，生活·读书·新知三联书店 2002 年版，第 24 页。

③ 参见［英］格鲁内尔《历史哲学——批判的论文》，隗仁莲译，广西师范大学出版社 2003 年版，第五章。

1. 马克思对传统历史目的论的批判

马克思对思辨历史哲学中的历史目的论持强烈批判态度，他在《德意志意识形态》中指出，"历史不外是各个世代的依次交替。……然而，事情被思辨地扭曲成这样：好像后期历史是前期历史的目的，例如，好像美洲的发现的根本目的就是要促使法国大革命的爆发。于是历史便具有了自己特殊的目的并成为某个与'其他人物'（像'自我意识'、'批判'、'唯一者'等等）'并列的人物'。其实，前期历史的'使命'、'目的'、'萌芽'、'观念'等词所表示的东西，终究不过是从后期历史中得出的抽象，不过是从前期历史对后期历史发生的积极影响中得出的抽象。"[①] 马克思在这里很清楚地指出，历史就是前后相继的各个世代的依次交替，不能把后期历史视作前期历史的目的，前期历史的"目的"只不过是从后期历史中得出的抽象。

马克思批判历史目的论中的主体的抽象化非人化。在传统历史目的论中推动历史前进的主体力量是一种非人化的存在，不论是天意还是理性。对于宗教的上帝，马克思从人的解放的角度批判说，"对宗教的批判最后归结为人是人的最高本质这样一个学说，从而也归结为这样的绝对命令：必须推翻那些使人成为被侮辱、被奴役、被遗弃和被蔑视的东西的一切关系。"[②] 必须把人从受屈辱、被奴役、被遗弃和被蔑视的状态下解放出来。对于思辨的理性，马克思批判说，"在思辨终止的地方，在现实生活面前，正是描述人们实践活动和实际发展过程的真正的实证科学开始的地方。"[③] 就历史活动的主体，马克思恩格斯在《神圣家族》中继续说道，"历史什么事情也没有做，它'并不拥有任何无穷尽的丰富性'，它并'没有在任何战斗中作战'！创造这一切、拥有这一切并为这一切而斗争的，不是'历史'，而正是人，现实的、活生生的人。'历史'并不是把人当作达到自己目的的工具来利用的某种特殊的人格。历史不过是追求着自己目的的人的

---

① 《马克思恩格斯选集》第 1 卷，人民出版社 1995 年版，第 88 页。

② 同上书，第 9—10 页。

③ 同上书，第 73 页。

活动而已。"① 历史就是现实的人的活动过程，现实的人是历史活动的主体，现实的人要实现的是自己的目的，而不是人之外的其他存在者（上帝或理性）的目的。马克思在《哲学的贫困》中批判蒲鲁东，"11 世纪的人们是怎样的，18 世纪的人们是怎样的，他们各自的需要、他们的生产力、生产方式以及生产中所使用的原料是怎样的；最后，由这一切生存条件所产生的人与人之间的关系是怎样的。难道探讨这一切问题不就是研究每个世纪中人们的现实的、世俗的历史，不就是把这些人既当成他们本身的历史剧的剧作者又当成剧中人物吗？但是，只要你们把人们当成他们本身历史的剧中的人物和剧作者，你们就是迂回曲折地回到真正的出发点，因为你们抛弃了最初作为出发点的永恒的原理。"② 进一步地，马克思批判历史目的论的解释世界的理论功能。在"作为包含着新世界观的天才萌芽的第一个文件"《关于费尔巴哈的提纲》的最后一条中，马克思特别强调，"哲学家们只是用不同的方式解释世界，问题在于改变世界。"③ 学界关于这句话的阐释可谓汗牛充栋，都强调了马克思立足于实践观点对于改变未来世界的看法，这句话可以看作是马克思思想的精髓，当然也可以视为马克思与传统历史目的论思想的决裂。基于学界已有的大量论述，这里不再赘述。

2. 马克思对抽象理性主义的批判

作为进步主义信念的理论基础，抽象理性主义是不能与历史目的论截然分开的，这里之所以对抽象理性主义单独阐述，是因为真正触及社会发展问题的是近代理性主义哲学，其与我们探讨的"发展主义"的主题更加接近；同时这样也更便于分析马克思与黑格尔哲学的关系，因为把思辨历史哲学的历史目的论与抽象理性主义这两方面结合在一起的典型就是黑格尔哲学。马克思对黑格尔的批判就是从这一

---

① 《马克思恩格斯全集》第 2 卷，人民出版社 1957 年版，第 118—119 页。列宁也在《哲学笔记》中摘记了这段话。（参见《列宁全集》第 55 卷，人民出版社 1990 年版，第 19 页）

② 《马克思恩格斯选集》第 1 卷，人民出版社 1995 年版，第 146 页。

③ 同上书，第 57 页。

角度进行的，"思辨哲学，特别是黑格尔哲学认为：一切问题，要能够给以回答，就必须把它们从正常的人类理智的形式变为思辨理性的形式，并把现实的问题变为思辨问题"①。

　　抽象理性主义能成为进步主义的理论基础，在于理性主义的特点：理性至上和世界至善。理性主义从抽象的理性原则出发，认定人对自然具有先天优越性，是自然的主宰，只要发现并运用理性，社会就会向合理化方向不断发展，人类最终达到至善至美的终极境界。学界一些人把马克思划入进步主义阵营，就是认定马克思还是沿袭了这种抽象理性主义的思想路向。这种理解方式的错误在于，还停留在近代理性主义哲学的视野内来理解马克思，没有看到马克思对现代哲学的革命意义，这是存在问题的，这里我们仅以马克思与黑格尔哲学的关系进行分析。

　　毫无疑问，马克思与黑格尔哲学存在继承关系，"我公开承认我是这位大思想家的学生"②，马克思从黑格尔身上学习到了很多东西，尤其是黑格尔辩证法的思想对马克思有很大启迪，但马克思对黑格尔绝不是简单的学习和继承，那样的话马克思就不成其为马克思了，马克思还对黑格尔持一种强烈的批判态度，即使是在辩证法方面。关于马克思对黑格尔的哲学革命，国内学者孙正聿阐释得非常深刻：在马克思看来，黑格尔的理性是一种抽象的理性，要求代之以一种现实的理性，具体的理性。在《哲学的贫困》中，马克思批评说，李嘉图把人变成了帽子，黑格尔又把帽子变成了观念，就是在批评黑格尔理性的抽象性。

　　关于历史发展的主体，在黑格尔那里是理性，但他不是没有看到人，相反他在《历史哲学》《小逻辑》等著作中不止一次地高扬人的作用、人类的热情，但在他那里仍然保持着人的抽象性、观念性，是理性衍生的附属："人的本质，人，在黑格尔看来 = 自我意识"③。而

①　《马克思恩格斯全集》第 2 卷，人民出版社 1957 年版，第 115 页。
②　《马克思恩格斯选集》第 2 卷，人民出版社 1995 年版，第 112 页。
③　《马克思恩格斯文集》第 1 卷，人民出版社 2009 年版，第 207 页。

马克思确立自己思想（唯物史观）的基础则是"现实的人"，"它从现实的前提出发，它一刻也不离开这种前提。它的前提是人，但不是处在某种虚幻的离群索居和固定不变状态中的人，而是处在现实的、可以通过经验观察到的、在一定条件下进行的发展过程中的人。"①这种现实的人与观念的关系，应该回到人们的现实生活过程，"人们按照自己的物质生产率建立相应的社会关系，正是这些人又按照自己的社会关系创造了相应的原理、观念和范畴"②。

　　关于历史发展的目的，在黑格尔看来，理性统治着世界，统治着世界历史，历史就是自由意识的进步，他在《精神现象学》《法哲学原理》《历史哲学》等著作中都有所论及这种思想。"真理就是它自己的完成过程，……而且只当它实现了并达到了它的终点它才是现实的。"③"自在自为的国家就是伦理性的整体，是自由的现实化；而自由之成为现实乃是理性的绝对目的。国家是在地上的精神，这种精神在世界上有意识地使自身成为实在"④，"要知道国家乃是'自由'的实现，也就是绝对的最后的目的的实现，而且它是为它自己而存在的"⑤。现实生活中，普鲁士王国君主立宪制就是最好最完善的国家形式。在这一点上，马克思的确也为未来社会勾画了一幅"共产主义"的美好蓝图，但马克思强调，"共产主义对我们来说不是应当确立的状况，不是现实应当与之相适应的理想。我们所称为共产主义的是那种消灭现存状况的现实的运动。"⑥"新思潮的优点就恰恰在于我们不想教条式地预料未来，而只是希望在批判旧世界中发现新世界。"⑦ 因而不能把共产主义理解为一种既定不变的社会状态，而且

---

　　① 《马克思恩格斯选集》第 1 卷，人民出版社 1995 年版，第 73 页。

　　② 同上书，第 142 页。

　　③ ［德］黑格尔：《精神现象学》，贺麟、王玖兴译，商务印书馆 1979 年版，第 11 页。

　　④ ［德］黑格尔：《法哲学原理》，范扬、张企泰译，商务印书馆 1961 年版，第 258 页。

　　⑤ ［德］黑格尔：《历史哲学》，王造时译，上海书店出版社 1999 年版，第 41 页。

　　⑥ 《马克思恩格斯选集》第 1 卷，人民出版社 1995 年版，第 87 页。

　　⑦ 《马克思恩格斯全集》第 1 卷，人民出版社 1956 年版，第 416 页。

马克思、恩格斯也没有对共产主义进行过多的细节描绘，他们还批评空想社会主义，"它越是制定得详尽周密，就越是要陷入纯粹的幻想"①。

关于历史发展过程，理性主义发展观把历史发展看作一种既定的模式。黑格尔认为世界历史就是绝对精神日益充盈的过程，绝对精神日益完满，世界历史日益进步。执行精神使命的是人类的热情，人类的劳动。人类劳动一方面是人与自然分裂的结果，另一方面也是对这种分裂结果的克服，劳动建立起人与自然的联系，进一步建立起人与人的普遍联系，从而成为个人和国家联系的中介，构成历史进步的阶梯。马克思看到了黑格尔对劳动作用的肯定，但他同时批评黑格尔，"他把劳动看作人的本质，看作人的自我确证的本质；他只看到劳动的积极的方面，而没有看到它的消极的方面。劳动是人在外化范围内或者作为外化的人的自为的生成。黑格尔唯一知道并承认的劳动是抽象的精神的劳动。"② 在现实的人类生活过程中，劳动不仅具有积极作用，也具有消极作用。在资本主义生产条件下，人的"劳动作为一种与他相异的东西不依赖于他而在他之外存在，并成为同他对立的独立力量；意味着他给予对象的生命是作为敌对的和相异的东西同他相对立"③。在马克思主义经典作家看来，人类历史不断进步的过程是通过一部分人对另一部分人的压迫、通过人类对自然的巧取豪夺而实现的。恩格斯就讲道："历史可以说是所有女神中最残酷的一个，她不仅在战争中，而且在'和平'的经济发展时期中，都是在堆积如山的尸体上驰驱它的凯旋车。"④

三　马克思的进步观

人是一种不满足的存在物，具有浓厚的理想性向度，对未来充满

---

① 《马克思恩格斯选集》第 3 卷，人民出版社 1995 年版，第 724 页。
② 《马克思恩格斯全集》第 42 卷，人民出版社 1979 年版，第 163 页。
③ 《马克思恩格斯选集》第 1 卷，人民出版社 1995 年版，第 41—42 页。
④ 《马克思恩格斯选集》第 4 卷，人民出版社 1995 年版，第 725 页。

希望。一个人无论"现在"处于什么样的境遇，总希望未来会比现在好：现在处于逆境中的人会希望早日走出逆境，现在处于顺境中的人希望明天会更好。人不仅希望未来会更好，而且相信自己有能力在未来更好。如果失去了对未来的理想性追求，人将与动物无异。同样，一个社会也是这样，"一个已经失去自信自身有能力在未来社会中取得进步的社会，也会很快就不再关注自身在过去中取得的进步"①。另外，如前所述，"进步"的观念在社会历史领域里毕竟只是近代的事情，而且作为一种近代文明的结果，这一观念在现代遭遇了种种非难，但正如格鲁内尔所言，"进步的观念并非已成明日黄花。它不可能过时，因为它构成近代文明的一部分，只能与这种文明共存亡。"② 人注定苦于过去历史的羁绊，所以"无论是坚持人类一直在接近那永远达不到目标的人，还是认为人类正在稳步接近终将达到的目标的人，都是坚持进步的观念。"③

1. 学界对马克思"进步主义批判"的反批评

既然"进步"的观念是近代的产物，那么作为生活在近代的人，马克思分有进步观念也无可厚非，甚至与"进步主义"扯上瓜葛，剪不断理还乱，也无怪乎后人对马克思的评说众说纷纭。埃蒂安·巴利巴尔引用罗伯特·尼斯比特在《进步观念史》中的话，"很少有如此荒诞的假定，认为西方马克思主义者如今希望将马克思从 19 世纪的演进主义和进步主义传统中抽取出来"④，因为（用康吉翰姆的话来讲），进化论就是 19 世纪杰出的"科学意识形态"：科研计划和社会及理论虚构之间交流的场所。从这个意义上来讲，19 世纪的人不

① ［英］卡尔：《历史是什么?》，陈恒译，商务印书馆 2008 年版，第 237 页。

② ［英］格鲁内尔：《历史哲学——批判的论文》，隗仁莲译，广西师范大学出版社 2003 年版，第 111 页。

③ 同上书，第 113 页。

④ ［法］埃蒂安·巴利巴尔：《马克思的哲学》，王吉会译，中国人民大学出版社 2007 年版，第 120 页。

可能不是进化论者，除非再次提出一个替代科学的理论。① 而另有一些西方马克思主义者在对马克思主义与进步主义的关系问题上则显得有些羞涩，"犹抱琵琶半遮面"。萨米尔·阿明明确地讲到，进步主义作为"社会达尔文主义不仅是不可接受的，而且缺乏科学依据"②。但至于马克思主义，"既是启蒙运动哲学的继续，又是与这一哲学的决裂，它构成了这个矛盾运动的一部分。……马克思主义遇到了局限——很难超越的局限：它继承了某些进化论观点，使它不能撕下资产阶级进化论的欧洲中心论面纱——而马克思主义本来是反进化论的。"③ 尽管如此，学界还是有很多人对于把马克思主义划入进步主义这一观点表示反对意见。

沃勒斯坦批评了一些西方的马克思主义历史学家，他们自诩坚持马克思主义的观点，也把马克思主义视为进步主义的流派。他说这样他们就与辉格派的历史观一样，把现代时期认为"与人类自由的进步同义"，这样就"陷入了迷雾"，"这种观点在理论上距无政府主义仅有一步之遥"④。在瓦尔特·本雅明看来，历史唯物主义与进步主义毫不沾边，认为历史唯物主义所要表明的不过是一种"实现"，那种将通过物质的进步来达到满足进而说明社会的做法是十分可笑的，这种"社会主义者看到的只是'儿孙后辈的美好未来'，人人都'像天使一般'，人人'看上去都很富有'，人人都活得'好像很自由'。但是全无天使、财富以及自由的踪影。它们纯粹是影像。"⑤ 阿甘本则表示，"真正的历史唯物主义不是沿着无限的直线时间去追求连续进

---

① ［法］埃蒂安·巴利巴尔：《马克思的哲学》，王吉会译，中国人民大学出版社2007年版，第132—133页。

② ［埃及］萨米尔·阿明：《资本主义的危机》，彭姝祎、贾瑞坤译，社会科学文献出版社2003年版，第87页。

③ ［埃及］萨米尔·阿明：《自由主义病毒/欧洲中心论批判》，王麟进等译，社会科学文献出版社2007年版，第183页。

④ 参见［美］伊曼纽尔·沃勒斯坦《现代世界体系》第2卷，吕丹等译，高等教育出版社1998年版，第129页。

⑤ ［德］瓦尔特·本雅明：《本雅明文选》，陈永国、马海良译，中国社会科学出版社1999年版，第208页。

步的空洞的海市蜃楼，而是准备在任何时刻使时间停止。"①　迈克·罗威也指出，"无论如何，辩证的、又是非进化主义地对历史的理解，同时考虑进步与退步，是能在马克思著作中找到支持的（如他晚年论俄国的文章）。确实，这种理解是与整个 20 世纪发展的历史唯物主义主导版本不一致的。"②

2. 马克思奠基于生产力发展基础上的进步观

我们认为，马克思作为 19 世纪的思想家，确实保有进步观念，但不能把马克思划入"进步主义"阵营，因为进步主义的理论基础是历史目的论和抽象理性主义，而马克思不是历史目的论者，同时也冲破了抽象理性主义的藩篱，把以往的"抽象的理性"转变为一种"具体的理性"，创立了唯物史观。

如果不把马克思的进步观视为"进步主义"的分支，如何解释"从后思索法"和"五种社会基本形态"说呢？"从后思索法"的确是马克思学术研究的重要方法，他也讲过"人体解剖对于猴体解剖是一把钥匙"的话语，但不能孤立地来理解这句话，应放在整个语境中，马克思是在《〈政治经济学批判〉导言》中说这番话的，"人体解剖对于猴体解剖是一把钥匙。反过来说，低等动物身上表露的高等动物的征兆，只有在高等动物本身已被认识之后才能理解。因此，资产阶级经济为古代经济等等提供了钥匙。但是，决不是像那些抹杀一切历史差别、把一切社会形式都看成资产阶级社会形式的经济学家所理解的那样。人们认识了地租，就能理解代役租、什一税等等。但是不应当把它们等同起来。"③　马克思已经在这里特别强调，不能抹杀一切历史差别，把一切社会形式等同起来。对马克思进行"进步主义"诘难的更大证据来自"五种社会形态说"。一些学者已经做出论证，说马克思从来没有说过什么"五种社会基本形态"，更没有断定

---

① 转引自汪行福《超越进步主义的意识形态——论历史唯物主义的灾难学视角及其意义》，《复旦学报》（社会科学版）2012 年第 2 期，第 55 页。

② 同上。

③ 《马克思恩格斯选集》第 2 卷，人民出版社 1995 年版，第 23 页。

这是什么普遍规律，这种说法之所以流行，主要是列宁特别是斯大林改造后的结果，以后成为庸俗历史唯物主义的口头禅。我们认为这种论证表面看来的确能够为马克思开脱，马克思没有说过"五种社会基本形态"的话，但马克思也确实说过，"大体说来，亚细亚的、古代的、封建的和现代资产阶级的生产方式可以看作是经济的社会形态演进的几个时代。"①（关于如何理解这句话，我们已经在第二章里涉及过。）这样看来，这种"开脱"并不彻底。马克思是主张社会进步的，但在马克思那里，社会并非一定严格沿着上述五种基本形态向前发展进步，一句"大体说来"已经从文字上表明，马克思并无意将他的结论作为世界发展的唯一图式。他明确指出，在《资本论》中关于资本主义起源的历史概述仅限于西欧，如果有人一定要把这种概述"变成一般发展道路的历史哲学理论"，那就"会给我过多的荣誉，同时也会给我过多的侮辱"。② 马克思晚年在讨论俄国社会发展问题的时候，还讲到了人类社会五种社会形态更替之外的可能性，如果俄国在适当的时候发生革命，就有可能不经过资本主义的卡夫丁峡谷，直接过渡到更高类型的公有制社会。

马克思不否认社会的向善的趋势，承认历史是向着理想状态发展的进步，这一点是与理性主义者黑格尔一样的，必须从连续性中看待他们的关系。但在历史进步的主体、进步的实现过程等方面的理解是不一样的。"在进步法则方面，马克思和恩格斯却大大地背离了黑格尔。黑格尔认为，进步是世界精神在辩证运动中的自我展开，而马克思恩格斯却在经济的层面上以革命的阶级斗争的形式发现了进步。"③ 关于劳动，黑格尔只把劳动作为一种对象化活动，看到了劳动的积极方面，视其为一切财富和一切文化的源泉。而这种观点在马克思看来则回避了劳动产品在不属于工人支配的情况下无法造福工人的事实，

---

① 《马克思恩格斯选集》第 2 卷，人民出版社 1995 年版，第 33 页。

② 《马克思恩格斯选集》第 3 卷，人民出版社 1995 年版，第 342 页。

③ ［德］彼德·欧皮茨：《进步：一个概念的兴衰》，史世伟、徐萍译，《中国社会科学季刊（香港）》1994 年第 8 期。

它只看到了人在支配自然方面取得的进步，而没有看到因此产生的社会的退步。因为不占有生产资料，工人生产得越多，他自己得到的就越少，从生产资料占有基础上的经济产品占有结果的事实出发，马克思一方面强调了社会的不平等性、退步性，另一方面指出这些创造物质财富却无权占有物质财富的、为数众多的一无所有的工人（无产阶级）又构成了社会走出这种不平等性、推动历史走向进步的主体力量。由于生产力发展与生产关系之间的矛盾关系，无产阶级与资产阶级之间的阶级斗争的必要性不可避免，这种必要性不是外部强加于无产阶级身上的，而是资本自己培养了"自己的掘墓人"，是无产阶级自己解放的过程。这样，马克思批评了进步主义的理论基础抽象理性主义，而把奠基于物质利益经济关系之上的阶级斗争视为社会发展的动力和主要内容。在埃蒂安·巴利巴尔看来，马克思"在进步观的社会历史中占有重要地位"，"正是他提出了'底层人民'在历史的发展中起着积极的作用，他们在推动自身进步的同时，也推动着历史向前发展。如果进步观包含着的不只是一种希望（一种预先确定性），那么这种理论对他来说是必不可少的，抛开它不谈，人们将无法理解20世纪的历史"。①

马克思主张生产方式具有普遍意义，生产力决定生产关系、经济基础决定上层建筑，是适应一切社会的普遍规律。马克思彻底批判了唯心史观，创立了唯物史观，马克思的唯物主义所唯之"物"，不是抽象的、与人无关的自然界或物质世界，而是"现实的人和现实的人类"及其所面对的世界。马克思从现实的、从事物质生产劳动的人出发，阐释了唯物史观的基本立场和观点。历史是一代一代现实的、活生生的人创造的，人们创造自己的历史，是在从过去直接承继下来的条件下进行的。"每一代都利用以前各代遗留下来的材料、资金和生产力；由于这个缘故，每一代一方面在完全改变了的环境下继续从事

---

① ［法］埃蒂安·巴利巴尔：《马克思的哲学》，王吉会译，中国人民大学出版社2007年版，第122页。

所继承的活动，另一方面又通过完全改变了的活动来变更旧的环境。"① 马克思强调物质生力的作用，因为要消除无产阶级所处的"异化"状态，只有"具备了两个实际前提之后才会消灭"，"而这两个条件都是以生产力的巨大增长和高度发展为前提的"。如果没有生产力的这种发展，"那就只会有贫穷、极端贫困的普遍化；而在极端贫困的情况下，必须重新开始争夺必需品的斗争，全部陈腐污浊的东西又要死灰复燃"②。

　　马克思强调物质生产力在社会发展中的决定作用，但这种决定论不是机械的，而是辩证的。马克思主义是一直强调经济基础，但并没有因此走上唯经济决定论。在人们的基本物质需求得到满足的情况下，马克思重视精神性活动胜过物质性活动，他曾这样说道，"如果音乐很好，听者也懂音乐，那么消费音乐就比消费香槟酒高尚。"③马克思晚年在《人类学笔记》中还探讨了生产关系之外的血亲关系、家庭关系在社会发展中的作用。伯恩施坦就认为马克思和恩格斯在关于非经济因素（如意识）的论述上过于保守，他说："马克思和恩格斯起初承认的非经济因素在社会发展中的协助作用以及它们对生产关系的反作用，比在他们后期著作中所承认的要小得多。"④ 这一点的确是事实，恩格斯后来解释说，这是因为他们为了反驳论敌的唯心史观，阐释新创立的唯物史观，而不得不强调被他们否认的主要原则。但绝不能"说经济因素是唯一决定性的因素"，马克思和恩格斯"从来没有肯定过比这更多的东西"，如果有人加以歪曲，那"就是把这个命题变成毫无内容的、抽象的、荒诞无稽的空话"⑤。关于这一方面，有些相关内容在第一章里已经有所阐述，这里亦不再赘述。

---

① 《马克思恩格斯选集》第 1 卷，人民出版社 1995 年版，第 88 页。

② 同上书，第 86 页。

③ 《马克思恩格斯全集》第 26 卷第 1 分册，人民出版社 1972 年版，第 312 页。

④ ［德］伯恩施坦：《社会主义的前提和社会民主党的任务》，殷叙彝译，生活·读书·新知三联书店 1965 年版，第 53 页。

⑤ 《马克思恩格斯选集》第 4 卷，人民出版社 1995 年版，第 695—696 页。

　　3. 马克思的进步观与战后发展主义的关联

　　进步主义是发展主义意识形态的一个基本特征，而马克思的进步观不能被划入进步主义的阵营，因而从逻辑上讲，马克思不属于发展主义的亚种。但因为马克思强调经济基础对社会发展的决定作用，而发展主义把经济增长视为社会进步的先决条件，所以，马克思与发展主义又扯上了理不清的关系。关于马克思的进步观与战后发展理论的关联，埃蒂安·巴利巴尔有一个较为明确的说法。他在阐述了马克思主义进步观的基本特征之后，着重分析了马克思主义的进步主义的三大成就。首先是德国社会民主的思想，尽管存在着内部分歧（认识论方面和政治方面），但这种分歧更加衬托出了它们本质上的相同之处；其次是苏联社会主义和"真正社会主义"的思想，也是阿尔都塞所谓的"第二国际身后的报复"；最后是社会主义发展的思想，该思想形成于第三世界内部，非殖民化后，通过外界实施于第三世界。这里的"第三大成就"与我们的论题相关。埃蒂安·巴利巴尔继续分析到，在这一点上，重要的是存在着一种马克思主义发展观的变体和一种非马克思主义发展观的变体。但是二者之间的界限并不确定：确切地说，这是知识和政治的一种持久竞争。"马克思主义的解决方案"体现了既有真实成分又有想象成分的挑战，如果没有这些，关于第三世界国家的理论就不会表现为社会发展的替代理论。当货币自由主义及其对立面，即人道主义干预完全占统治地位之时，这一点就很明显了。[①] 我们这里把巴利巴尔的观点分析得再透彻一些。所谓"一种非马克思主义发展观的变体"就是指现代化理论，"马克思主义发展观的变体"就是以马克思主义为理论基础的反现代化理论思潮，特别是依附理论和世界体系论；"二者之间的关系界限并不确定"，原因在于它们都对经济增长因素特别关注。现代化理论的主要代表罗斯托也是在这个意义上讲他的增长阶段论与马克思主义之间的共同性，后来的学者也是基于此把马克思主义作为发展主义的亚种看待的。例如，

---

　　① ［法］埃蒂安·巴利巴尔：《马克思的哲学》，王吉会译，中国人民大学出版社2007 年版，第 125 页。

在德里克看来，"问题不在于把资本主义与社会主义相对照，而在于作为两者共同遗产的发展主义。马克思主义从来就是一种发展主义的意识形态，它非常明确地对进步作出声明和承诺"①。埃德加·莫林和安娜·布里吉特·凯恩也认为，在当代，"对于发展、进步、未来的现代信仰构成了西方民主资本主义意识形态和共产主义意识形态的共同基础"。在它们那里，"时间成为一种上升的运动。进步和人类历史的进程被等同起来"②。这里我们必须明确，"承认经济增长对社会发展的作用"本身并不是个错误的观点，马克思的思想不是错误，同样发展主义在这点上也不是错误，发展主义"承认经济增长"是有合理性的。当然，这样并不能抹杀马克思的发展理论与发展主义理论的界限，必须澄清马克思视域下的经济增长与社会进步的关系，才能厘清马克思的发展理论与发展主义理论之间的界限。我们认为，马克思主义理论的确承诺了社会进步，也承诺了经济增长对社会进步的作用，但并没有划入发展主义的轨道。马克思主义与增长阶段论的不同，不仅在于承认阶级斗争的作用，即使在经济增长因素的看法上也不尽相同。关于经济增长与社会进步之间的非线性关系，前文本章第一节中已经做了论述，这里不再赘述。我们这里只是分析一下经济增长的合理性及其限度。

第一，经济增长的人性合理性。

发展主义主要是强调经济增长对社会进步的先决条件，经济增长即意味着物质财富的增多，是肯定物质条件的重要性，这是有其人性的合理性的。物质条件之所以重要，是因为它是人的生存和全面发展的基本条件，没有这一条件人们是无法"创造历史"的。

从人性基础上看，人首先是一个自然性的存在，因而满足其物质生活资料的需要应是其第一需要，这就必然要优先发展经济。"为了

---

① ［美］德里克：《马克思主义在西方的新发展》，陈喜贵编译，《马克思主义与现实》2004 年第 5 期，第 89 页。

② ［法］埃德加·莫林、安娜·布里吉特·凯恩：《地球　祖国》，马胜利译，生活·读书·新知三联书店 1997 年版，第 74 页。

保证人类有一个良好的生活和工作环境，为了在地球上创造那些对改善生活质量所必要的条件"，经济的发展是必要的。① 如果没有经济的发展，人类将处于缺衣少食的境地，贫穷将有损人类身心健康，人类的发展也无从谈起。"在所有损害健康的因素中，贫穷因为其处于压倒一切的地位而显得突出。事实上，世界卫生组织称贫穷为世界头号杀手。"② 马克思认为，物质生活资料的生产是其他生产得以进行的基础和前提，"任何一个民族，如果停止劳动，不用说一年，就是几个星期，也要灭亡，这是每一个小孩都知道的"③。没有物质财富做基础，人类的其他社会活动，如政治、科学、道德、艺术、宗教等，就失去了起码的保证。马克思和恩格斯把人的解放和人的全面发展作为社会发展的目标，但他们并没有因为强调人的全面发展而否认经济增长的重要性，而是把社会发展与经济增长统一起来，他们认为，丰富的物质财富是进入共产主义的前提条件之一。他们创立的唯物史观就体现了这一观点，充分肯定了物质生活资料对于人类生存的首要性，进而肯定了经济生活在人类生活中的首要性。

经济增长对人类有好处，是毫无疑问的事。问题在于这种经济增长在何种程度上的条件限制，这还要回到人的本性上说。人类本性具有两重性，一方面，人是自然性存在物，他来源于自然，最后又归于自然，是自然界的一个组成部分，受自然规律的支配。这种自然性决定了人是一种有限性的存在。另一方面，人又是一种超自然性的存在物，正是凭借这种超自然性，人类才可能克服自然性的有限性。这种克服，即人的超自然性首先体现为社会性，人类不能单纯以个体的形式存在，个体必须融入社会之中去，只有成为社会人，才能克服个体的有限性。"躲进小楼成一统"不过是诗人的理想，人的本质在于"社会关系的总和"。当然，仅凭社会性还不足以完全体现人的超自

---

① 万以诚、万岍选编：《新文明的路标》，吉林人民出版社 2000 年版，第 4 页。

② 世界资源研究所等：《世界资源报告》（1998—1999），中国环境科学出版社 1999 年版，第 5 页。

③ 《马克思恩格斯选集》第 4 卷，人民出版社 1995 年版，第 580 页。

然性，像蚂蚁、蜜蜂等动物也都具有较为严密的组织，但因为动物的这种"社会性"只能克服自然性意义上的个体有限性，而不能克服精神性层面的个体有限性，这正是动物逊色于人的真正所在，也是人的超自然性的另一点表现。因而，人的超自然性还体现为精神性，人类具有自我意识，能够意识到自己在做什么，从而使自身活动自觉化，这种自觉化就意味着人类具有自由选择的能力，人类的活动才因此而富有意义。这样，人类本性就具有三个维度：自然性、社会性、精神性。这三种本性并不是并列的，其重要性是依次递减的，因为首先要保证自身的肉身存在，才能谈及其他。

发展主义也是基于人类本性的考察，其指导下的发展也是为了人类。但在发展主义那里，人类本性却产生了巨大分裂和尖锐矛盾，致使人性中自然性部分得以弘扬和伸张，而人性中另外两个部分却受到削弱和压抑。这样，人类本性的丰富性内涵就被单一化为自然性一个维度——尽管是最重要的维度，其他两个维度都被简约掉了。这种状况不止出现在战后的发展观中，还可以上溯到近代。文艺复兴反对"一切为了神"的神道主义，主张"一切为了人"的人道主义。但这种人道主义所理解的人，就是以人的感性，即以人的自然性为中心的人。它否定禁欲主义，倡导现实幸福，但这种现实幸福只是人的感性幸福，它把对俗世享乐的感性追求甚至强化到唯一合理的目标。爱拉斯谟就认为，人应当顺应它的自然本性生活，只有这样才能得到幸福，"人生的目的首先在于寻欢作乐"。到了法国唯物主义那里，那些唯物主义哲学家们为了坚持世界的物质统一性，竟打出了"人是机器"的口号，这就把人完全还原为自然物，把人类的三个本性完全简约为自然性一个本性。古典经济学关于"经济人"的假设，也主要着眼于人类的自然性方面考察社会的进步和发展。战后，以发展经济学为代表的发展主义理论还是从人类的自然性单一方面进行探讨的，这是以对人性的扭曲和肢解为前提的。古典经济学和发展经济学都只局限于"经济人"的单一人性假设，只在经济学范围内来探讨发展。这种发展理论指导下的发展模式必然导致人的异化和单向度，因而探讨发展问题必须超越经济学的范围来进行。

第二，经济增长的历史合理性。

每个国家和社会在制定宏观发展战略的时候，都会呈现一种"全面"视野，然而，在落实这种发展战略的时候，必然要有所侧重，必然要先从某一个方面入手谋求发展。前世界银行行长约瑟夫·斯蒂格利茨指出，"虽然一个国家有很多方面迫切需要发展，但是任何发展战略都应该先确定发展的轻重缓急。优先权的关键是要有次序的意识，即有些事情必须优先解决。"① 政治问题、道德问题、宗教问题、经济问题等，都可以而且事实上也都曾作为优先解决的问题。

在社会发展过程中，任何一方面都不能偏废，但各自的作用是不同的。其中，经济发展是整个社会发展的基础和主导因素，其他方面的发展依赖于经济的发展，经济发展能够获得发展的优先权是有其合理性的。因此，经济的发展程度往往被当作衡量一个国家社会发展程度的标志。社会的发展，是以物质生活资料的增长为基础的社会生活的全面进步。任何社会的发展都不能不是以经济增长为物质基础并在经济增长的推动下实现的。"经济领域在发展和现代化方面居于首要地位，经济问题的解决，对于现代社会及其政治体制的存活与发展、保障现代化的延续、持续增长，以及任何制度领域的持续发展（无论是政治的、经济的还是社会组织的领域），都具有头等重要的意义。"②

经济学家强调经济增长，人文学家看重人文价值，两者初看起来似乎存在着矛盾，但正如哈比森和迈尔斯指出的，"在经济学家与人文学家之间不应当存在冲突……人类自身的发展仍然可以视为终极目的，但是经济进步也可以是达到这种目的的主要手段之一"③。衡量经济增长的主要指标 GDP 也不像批判者所批判的那样是一无是处，

① ［美］约瑟夫·斯蒂格利茨：《走向一新的发展范式》，王燕燕编译，《经济社会体制比较》2005 年第 1 期，第 5 页。

② ［以色列］艾森斯塔德：《现代化：抗拒与变迁》，陈育国、张旅平译，中国人民大学出版社 1988 年版，第 57—58 页。

③ ［美］德尼·古莱：《发展伦理学》，高铦等译，社会科学文献出版社 2003 年版，第 44 页。

也是有着一定的合理性的。"当前对 GDP 明显不合逻辑的曲解并不能证明对 GDP 本身的批评是正确的。事实上，GDP 值得占据其目前的高位；它是一种精巧的创造，在过去的半个多世纪里，许多好的思想在它的基础上发挥了作用，作为一种指标它是有用的，是准确的。"①

把经济发展摆在人类活动领域的优先位置，本没有什么不对，这也是发展主义最初的出发点。问题在于，如果这种"优先"位置排挤了发展的其他要素乃至独占发展的全部空间，这种状况就值得警惕和反思了，而这就是发展主义理论范式的实际践行。发展主义理论恰恰是把经济活动领域的优先性变成了唯一性，把另外政治、文化等领域都简约掉了。这种状况也可以上溯到近代。在资本主义原始积累时期，人们从事经济活动，一方面是为了满足物质生活资料的需要；另一方面，人们还试图通过经济活动积累财富来获得上帝的认可，力争成为上帝的选民，因为在新教伦理看来，上帝的非选民是注定要受到诅咒的。"你须为上帝而辛劳致富，但不可为肉体、罪孽而如此。"这样，人们从事的经济活动又能够满足人们全部的意义需要，"形而上"与"形而下"结为一体。后来，随着资本主义社会的发展，新教伦理的影响力日益弱化。人们的经济活动就只能满足其物质生活资料的需要以及现实的意义需要。第二次世界大战以后，以发展经济学为代表的发展主义理论也认为，经济发展能够解决人们生活的全部问题，这样就把经济活动领域扩展成为人类生活的全部领域，进一步地，个人在社会发展中就只能得到片面的、畸形的发展，与快速的经济增长相伴随的是贫富悬殊、消费畸形、腐败滋生、犯罪增加等一系列社会问题；人生的全部意义就都浓缩于现实的生活意义，而这种生活意义又被淹没于经济活动之中，即淹没于对物的极端追求之中，人性的丰富性内容被消融在物性的纯粹释放里，人对自我的认识和关怀服从于逐物的需要。

---

① 转引自〔美〕罗伯特·艾尔斯《转折点——增长范式的终结》，戴星翼、黄文芳译，上海译文出版社 2001 年版，第 179 页。

第三节　马克思视域下的工业化及技术决定论

发展主义信念把经济增长作为社会进步的前提，而相比于传统的农业产业，依靠科学技术走工业化道路更能有效地实现经济增长的目的。因而发展主义倡导一种普遍主义发展方式，尤其强调采用高新科学技术走工业化道路，无论是已经完成现代化的发达国家进行过的实际历程，还是为实现现代化而努力的发展中国家的各种发展规划，几乎都诉诸此种道路；而各种针对发展主义范式的批判也把矛头对准工业化道路和科学技术功能（特别是技术决定论）。而在战后的发展主义理论中，尤其是以反现代化理论面貌出现的依附理论及世界体系论①，至少部分地打着马克思主义的旗号，而在具体发展道路选择上它们也与现代化理论一样，因而也都同样遭到了各种后现代主义性质的批评。所以，在上述各种批判中有一些涉及马克思就不足为怪了，他们就认为马克思就是特别强调科学技术以及工业化道路，所以要想理清马克思主义与发展主义的关系，马克思的工业化理论以及马克思主义与技术决定论的关系就是一个绕不开的话题。那么马克思是否如那些发展主义批判者所认定的那样，认为依靠科学技术的工业化道路可以促进经济增长进而推动社会进步呢？我们认为，关于马克思对工业化和科学技术的看法需要认真仔细地考察，不能简单地做出是或者否的判断，对问题的考察当然也包括对工业化和科学技术引起的后果。接下来我们将逐一展开讨论。

---

①　这里指的是主流的发展理论家，其实有一些发展学家已经意识到仅靠工业化已经不能实现发展中国家发展的愿望，例如依附理论家的代表阿明就在为海因·马雷《南非：变革的局限性——过渡的政治经济学》一书所作的前言中说，"在过去，两极化的基础是在工业化和非工业化国家之间的明显界限。……未来的两极化将不再基于这种区分了。新的中心将是这样一些国家：它们通过所支配的金融力量和信息系统，控制全球工业体系，在全球性资源利用的决策上占统治地位并对技术和大规模杀伤性武器进行了垄断。"（参见［南非］海因·马雷《南非：变革的局限性——过渡的政治经济学》，葛佶、屠尔康译，社会科学文献出版社2003年版，前言第3页）

一　马克思对工业化的辩证态度

以机器化大生产为主要特征的现代工业，相对于传统农业而言，能够极大地促进生产力的发展，工业化是社会的一个新现象，任何有识之士都必须对此予以足够重视，否则就会被历史无情地拍打在沙滩上。像马克思这样的思想家如果无视工业化及其各种结果，就是说不过去的事情。这些思想家之间的区别不在于他们是否看到了工业化这种新的社会现象，而在于他们对这种新现象的看法，包括看法的角度。马克思是从人的发展和解放的视角来看待工业化及其后果的。

关于工业化，马克思在《1844 年经济学哲学手稿》中说，"工业的历史和工业的已经产生的对象性的存在，是一本打开了的关于人的本质力量的书，是感性地摆在我们面前的人的心理学；对这种心理学人们至今还没有从它同人的本质的联系上，而总是仅仅从外表的效用方面来理解"[1]。马克思这里一方面从人的发展视角对工业化予以高度肯定，"是一本打开了的关于人的本质力量的书，是感性地摆在我们面前的人的心理学"；另一方面也批评了对工业"仅仅从外表的效用方面来理解"，"仅仅从外表的效用方面来理解"就是仅仅从工业与经济增长的联系中来理解，而没有从更深层面"从它同人的本质的联系上"理解。事实上，关于工业、工业化、工业革命，有很多种理解方式，这些方式之间也并非总是一致。哈特维尔认为，工业革命的本质特征在于，"这一时期无论国民总产出或人均产出的增长率，都持续提高了，而且增长的速率与以往相比是革命性的"，汤因比则认为工业革命的"本质"在于，"以竞争取代了中世纪的各种规章条例"。关于两者的关系，沃勒斯坦认为，汤因比强调的是摆脱中世纪的束缚（社会革命），哈特维尔强调的是产出增长率（经济革命），其实两者并不矛盾。但是，由于近年来的各种因素，迫切需要对增长率问题作出解释，结果强调工业化与经济增长的关系反而成了人们关

---

[1]　《马克思恩格斯全集》第 42 卷，人民出版社 1979 年版，第 127 页。

注的焦点。① 可以讲，无论是从经济革命还是从社会革命的视角，几乎绝大多数人都对工业化持肯定态度，而从与经济增长关系（经济革命）的角度看，就更是如此，只有极少数例外（如斯努克斯，见本章第一节）。

之所以对工业化会产生多种理解方式，除了思想家自身的阶级立场、研究方法等不同之外，还有一个重要的方面在于现代工业自身区别于传统农业产业的特点。② （1）工业是建筑在科学的劳动组织基础上的，生产不是按照习俗而是以获取最大利益为目的的；（2）由于科学组织劳动，所以需要大量开发资源；（3）工业生产要求在工厂和城镇集结工人，这就出现了一种新的现象：工人的大量存在；（4）工人的大量集结决定了无产者与资本家之间潜在或公开的矛盾对立；（5）财富大量增加，生产过剩的危机也日益增多，结果是在物质富裕的情况下出现了贫困；（6）与劳动组织工业化和科学化相联系的经济制度，其特点是自由贸易。③ 关于这些特点，当时的思想家们都看到了（否则就不会被列入思想家），只不过他们关注的侧重点有所不同而已。比较典型的当属孔德，他认为前三个特点是决定性的。工业就是科学的劳动组织，然后才有财富的不断增加和工厂里工人的集结。第四个特点工人和资本家的对立是次要的，这种对立是因为工业社会组织得不好而造成的，可以通过改革加以纠正；同样，危机也是很表面的现象。孔德认为，人类历史的演进经历了三个阶段：神学时期是军事类型的社会，形而上学阶段是法律类型的社会，实证阶段是工业类型的社会。工业社会是人类社会组织的普遍形式，工业

---

① 参见［美］伊曼纽尔·沃勒斯坦《现代世界体系》第 3 卷，孙立田等译，高等教育出版社 2000 年版，第 2 页。

② 当然，这里指的是以机器大生产为特征的现代工业，不是一般笼统意义上的更为本体的工业。后者是在人与动物相区别的意义上讲的。马克思就讲道："全部人的活动迄今都是劳动，也就是工业。"（参见《马克思恩格斯全集》第 42 卷，人民出版社 1979 年版，第 127 页）

③ ［法］雷蒙·阿隆：《社会学主要思潮》，葛智强等译，华夏出版社 2000 年版，第 53—54 页。

社会的体制和思想取代了旧的社会体制和思想，实业家取代了军人的地位。这一时期的社会活动不再是人与人之间的斗争，而是人与自然之间的斗争，战争将成为过去。孔德的思想也进一步促成了近代的进步主义思想路线的确立。

马克思看问题则更为全面和深刻，他不像社会学家孔德那样强调前三个特点，也不像经济学家李嘉图那样强调自由贸易。马克思分析现代工业特点的全面性体现在：不仅肯定了工业化对人类社会发展的进步作用，而且也看到了工业化带来的对人的发展的负面性；马克思分析现代工业特点的深刻性体现在：同是对工业化进行肯定，他不是仅仅从经济增长和社会变革的方面论述，而是将分析视角定位在"人的发展"方面。马克思不是孤立地谈论工业化的，他是结合资产阶级一起来论述的。在这一点上，彼德·欧皮茨的指责是没有道理的，他提出，马克思没有对工业生产方式进行本体论批判，批判的只是资本主义制度下的工业生产方式。① 因为"工业的兴起"和"资产阶级的兴起"是 19 世纪历史编纂学和社会科学留给我们用以解释现代世界的两个概念，这两个概念如同指示方向的北极星，这两个指示方向之星关系十分密切不可分割，是连在一起的，其实只不过是一回事。② 甚至可以讲，离开资产阶级来谈论工业化是不可能的。

马克思和恩格斯对资产阶级完成工业革命促进社会生产力发展的作用，在《共产党宣言》中予以高扬，"资产阶级在它的不到一百年的阶级统治中所创造的生产力，比过去一切世代创造的全部生产力还要多"③。不仅工业化的生产力的发展，而且建基于其上的普遍交往也随之扩大，"资产阶级，由于开拓了世界市场，使一切国家的生产和消费都成为世界性的了。使反动派大为惋惜的是，资产阶级挖掉了工业脚下的民族基础。古老的民族工业被消灭了，并且每天都还在被

①　参见［德］彼德·欧皮茨《进步：一个概念的兴衰》，史世伟、徐萍译，《中国社会科学季刊（香港）》1994 年第 8 期。

②　［美］伊曼纽尔·沃勒斯坦：《现代世界体系》第 3 卷，孙立田等译，高等教育出版社 2000 年版，第 1 页。

③　《马克思恩格斯选集》第 1 卷，人民出版社 1995 年版，第 277 页。

消灭。它们被新的工业排挤掉了，新的工业的建立已经成为一切文明民族的生命攸关的问题；这些工业所加工的，已经不是本地的原料，而是来自极其遥远的地区的原料；它们的产品不仅供本国消费，而且同时供世界各地消费。旧的、靠本国产品来满足的需要，被新的、要靠极其遥远的国家和地带的产品来满足的需要所代替了。过去那种地方的和民族的自给自足和闭关自守状态，被各民族的各方面的互相往来和各方面的互相依赖所代替了。"① "只有当交往成为世界交往并且以大工业为基础的时候，只有当一切民族都卷入竞争斗争的时候，保持已创造出来的生产力才有了保障。"② 在马克思看来，资产阶级依靠工业化不仅极大地发展了生产力，而且极大地促进了交往的扩大。这种看法要比一般意义上仅与经济增长相联系的肯定态度深刻得多。

马克思不仅看到了工业化的正面积极作用，而且还看到了另一方面，对人的发展的负面性，这主要是马克思聚焦于现代工业的第四个、第五个特点得出的结论，他就是以这两个特征为基础创建资本主义理论并对资本主义做出历史性的解释的。这种人的发展的负面性主要体现在两个方面，一是人与自然的关系方面，一是人与人的关系方面。在人与自然的关系方面，由于工业化的生产方式极大地促进了生产的发展，为了维持生产过程的继续，必须投入大量的生产要素（原料、能源、设备等），而这些都只能来源于自然界，这无疑加重了自然界的负担，造成了人与自然之间关系的紧张和恶化。资本主义的工业化生产严重破坏了人与自然界之前的和谐关系。"资本主义生产使它汇集在各大中心的城市人口越来越占优势，这样一来，它一方面聚集着社会的历史动力，另一方面又破坏着人和土地之间的物质变换，也就是使人以衣食形式消费掉的土地的组成部分不能回到土地，从而破坏土地持久肥力的永恒的自然条件。这样，它同时就破坏城市工人的身体健康和农村工人的精神生活。一个国家，例如北美合众国，越

---

① 《马克思恩格斯选集》第 1 卷，人民出版社 1995 年版，第 276 页。

② 同上书，第 108 页。

是以大工业作为自己发展的起点，这个破坏过程就越迅速。"① 由于
自然界是人的"无机的身体"，所以最后这种破坏过程的迅速必然导
致人类自身关系紧张的迅速。在人与人的关系方面，马克思立足于无
产阶级的立场来分析工业化对人的负面性，"对对象的占有竟如此表
现为异化，以致工人生产的对象越多，他能够占有的对象就越少，而
且越受自己的产品即资本的统治。"② 无产阶级由于没有生产资料，
便没有劳动产品的所有权，无产阶级创造的社会财富越来越多，而自
己却越来越贫困。尽管工业化促进了经济增长，但却没有使社会成员
共同分享工业化带来的成果，随着工业革命的进行，财富悬殊不断拉
大。于是，"整个社会日益分裂为两大敌对的阵营，分裂为两大相互
直接对立的阶级：资产阶级和无产阶级。"③ 工业革命带来了双重结
果：社会财富大量增加和社会的两极分化同时并存，于是，在资本主
义条件下，生产过剩的经济危机不可避免。而这一危机恰恰是由大工
业带来的巨大生产力造成的，是资本主义生产方式的必然结果。"正
如从前手工工场及在其影响下改进的手工业，曾经跟封建的行会桎梏
发生冲突一样，大工业发展到更高阶段时，就跟资本主义生产方式所
用以限制它的狭隘范围发生冲突了。新的生产力已经大大超越了资产
阶级的生产力使用方式。"④

马克思主义经典作家并没有停留于此，得出社会发展的悲观结论
（这也是他区别于其他思想家，如韦伯的重要方面）。沿着这条思路，
他看到了走出危机的希望，而这种希望恰恰亦是由大工业带来的，即
要想彻底解决这一危机，必须建立一个全新的社会制度。"大工业及
其所引起的生产无限扩大的可能性，使人们能够建立这样一种社会制
度，在这种社会制度下，一切生活必需品都将生产得很多，使每一个
社会成员都能够完全自由地发展和发挥他的全部力量和才能。由此可

---

① 《马克思恩格斯全集》第 23 卷，人民出版社 1972 年版，第 552—553 页。

② 《马克思恩格斯选集》第 1 卷，人民出版社 1995 年版，第 41 页。

③ 同上书，第 273 页。

④ 《马克思恩格斯文集》第 3 卷，人民出版社 2009 年版，第 548 页。

见，在现今社会中造成一切贫困和商业危机的大工业的那种特性，在另一种社会组织中正是消灭这种贫困和这些灾难性的波动的因素。"①"在新的社会制度下，生产资料的资本主义私有占有制和生产的无政府状态将被打破，将不再单纯考察经济增长，而是按照确定的计划满足社会全体成员的需要，大工业使建立一个全新的社会组织成为绝对必要的，在这个新的社会组织里，工业生产将不是由相互竞争的单个的厂主来领导，而是由整个社会按照确定的计划和所有人的需要来领导。"② 马克思也没有停留于此，仅仅给出一种希望的憧憬（这是他区别于空想社会主义思想家的地方），而是看到了希望实现的物质力量——无产阶级，诉诸无产阶级的阶级斗争进行社会革命，"随着工业革命的发展，随着挤掉手工劳动的新机器的不断发明，大工业把工资压得越来越低，把它压到上面说过的最低额，因而无产阶级的处境也就越来越不堪忍受了。这样，一方面由于无产阶级不满情绪的增长，另一方面由于他们力量的壮大，工业革命便孕育着一个由无产阶级进行的社会革命。"③ 由无产阶级斗争推进的共产主义，将彻底解决经济危机和社会危机，实现人的解放和发展，共产主义"作为完成了的自然主义，等于人道主义，而作为完成了的人道主义，等于自然主义，它是人和自然界之间、人和人之间的矛盾的真正解决，是存在和本质、对象化和自我确证、自由和必然、个体和类之间的斗争的真正解决"④。

　　经由以上的分析，我们可以看出，与那些认为工业化可以带动经济增长进而引起社会进步的发展主义者不同，马克思并不是单纯地认可工业化的积极正面作用，他还特别强调了资本主义条件下的工业化对人的消极负面影响。因而从这个向度看，也不能把马克思视为发展主义者。

①　《马克思恩格斯选集》第 1 卷，人民出版社 1995 年版，第 237 页。

②　同上。

③　同上书，第 235—236 页。

④　《马克思恩格斯全集》第 42 卷，人民出版社 1979 年版，第 120 页。

二　马克思对科学技术的辩证态度

发展主义倡导的普遍主义道路，除了号召发展中国家走工业化道路之外，还主张发展中国家采用科学技术，特别是高新科学技术，来谋求发展的目的。工业化的兴起与科学技术的采用两者也是分不开的，发展主义范式批判也经常把两者放在一起加以批判，针对马克思的发展主义批判也不例外，另外由于科学技术对于工业化的越来越突出的作用，加之技术在某种程度上可以被认为是科学的物化形态，[①]而且马克思的历史唯物主义特别强调从技术的维度来规定生产力和生产关系，以至于学界有些人把马克思认定为技术决定论者。要考察马克思是否属于发展主义范式的分支，就要说明马克思在发展中国家使用科学技术问题上的看法。由于马克思所生活的时代，这个问题还不是一个现实的问题，我们只能从马克思对科学技术的态度上对这一问题做些合理的推论。这里就先来探讨马克思对科学技术的态度问题。

1. 科学技术对整个社会系统的决定作用

马克思和恩格斯创立的历史唯物主义的最基本的原理就是生产力决定生产关系，进而决定上层建筑，正是生产力构成了经济发展、社会变革的根本决定力量。而在整个生产力系统中，科学技术则是一种决定性的要素，可以说，科学技术的发展对整个社会系统具有一种决定性的作用。关于科学的应用，马克思说，"自然科学却通过工业日益在实践上进入人的生活，改造人的生活，并为人的解放作准备，尽管它不得不直接地完成非人化。工业是自然界同人之间，因而也是自然科学同人之间的现实的历史关系。"[②] 关于技术的应用，马克思说"随着 15 世纪中叶以后欧洲以外的世界的发现，资产阶级得到了一个更广大得多的通商区域，从而也得到了发展自己工业的新刺激；在一

① 在学界，大部分人都认为技术是科学的物化形态，但也有很少部分人认为不是这样，甚至持相反观点，典型的人物如海德格尔，他把现代技术的本质显现称为"座架"，认为是现代技术促进了科学的发展和进步。

② 《马克思恩格斯全集》第 42 卷，人民出版社 1979 年版，第 128 页。

些最重要的生产部门中，手工业被已经具有工厂性质的工场手工业所排挤，工场手工业又被大工业所排挤，而这种大工业是由于前一世纪的各种发明，特别是由于蒸汽机的发明才可能建立的。"① 关于科学技术与劳动生产力的关联，马克思说，"劳动生产力是随着科学和技术的不断进步而不断发展的"②，"随着大工业的发展，现实财富的创造较少地取决于在劳动时间和已耗费的劳动量，较多地取决于在劳动时间内所运用的动因的力量，而这种动因自身——它们的巨大效率——又和生产它们所花费的直接劳动时间不成比例，相反地却取决于一般的科学水平和技术进步，或者说取决于科学在生产上的应用"③。恩格斯在《卡尔·马克思的葬仪》中评论马克思的科学技术观时说，"在马克思看来，科学是一种在历史上起推动作用的、革命的力量。任何一门理论科学中的每一个新发现，即使它的实际应用甚至还无法预见，都使马克思感到衷心喜悦，但是当有了立即会对工业、对一般历史发展产生革命影响的发现的时候，他的喜悦就完全不同的。"④ 科学技术尽管不是全部生产力，但却构成了生产力中重要的部分。邓小平同志还特别提出，在当代背景下科学技术已经成为第一生产力。他说，"马克思说过，科学技术是生产力，事实证明这话讲得对。依我看，科学技术是第一生产力。"⑤⑥ 因而，承认科学技术的发展对社会发展进步具有重要推动作用与以生产力决定生产关系，进而决定上层建筑为基本原理的"唯物史观"具有深刻的一致性。

2. 科学技术作用的发挥要受到其他条件的制约

科学技术的发展能够促进生产力水平的提高，进而推动整个社会系统向前不断发展。但科学技术本身是不自主的，其作用的发挥要受

① 《马克思恩格斯选集》第 3 卷，人民出版社 1995 年版，第 335 页。

② 《马克思恩格斯全集》第 23 卷，人民出版社 1972 年版，第 664 页。

③ 《马克思恩格斯全集》第 46 卷（下册），人民出版社 1980 年版，第 217 页。

④ 《马克思恩格斯全集》第 19 卷，人民出版社 1963 年版，第 375 页。

⑤ 邓小平：《邓小平文选》第 3 卷，人民出版社 1994 年版，第 274 页。

⑥ 哈贝马斯认为，在当代社会，科学技术不仅是第一生产力，而且还作为一种新型的意识形态而存在。

到很多因素的制约。首先，生产力内部因素对科学技术作用的制约。生产力是一个很复杂的系统，有很多构成要素，科学技术只是其中的一种要素，尽管是非常重要的因素，所以不能把科学技术等同于生产力。马克思明确指出，"劳动生产力是由多种情况决定的，其中包括：工人的平均熟练程度，科学的发展水平和它在工艺上应用的程度，生产过程的社会结合，生产资料的规模和效能，以及自然条件。"① "生产力的这种发展，归根到底总是来源于发挥着作用的劳动的社会性质，来源于社会内部的分工，来源于智力劳动特别是自然科学的发展。"② 恩格斯也将技术发明列为"生产要素"中的一种"精神要素"，即除了劳动和资本之外的"第三要素"。在这里，经典作家明确指出，科学技术只是劳动生产力的一个组成部分，而不是全部。科学技术要想充分发挥出生产力的作用，必须要有生产力中其他因素的配合。

其次，生产力外部因素对科学技术作用的制约。除了劳动和资本生产力内部因素之外，生产力外部还有社会制度等很多因素也制约着科学技术作用的发挥。在马克思看来，科学技术要想发挥出生产力的作用，必须要有其他因素，特别是生产方式的配合。"只有资本主义生产方式才第一次使自然科学为直接的生产过程服务……只有在这种生产方式下，才第一次产生了只有用科学方法才能解决的实际问题。"③ "只有资本主义生产方式才第一次把物质生产过程变成科学在生产中的应用——变成运用于实践的科学。"④ 马克思认为，科学技术的创新必然受到社会制度、价值观念的影响和制约，科学技术的发展、应用必须置于一定的社会经济的前提之下。"18 世纪，数学、力学、化学领域的发现和进步，无论在法国、瑞典、德国，几乎都达到了和英国同样的程度。发明也是如此，例如在法国就和在英国差不

---

① 《马克思恩格斯全集》第 23 卷，人民出版社 1972 年版，第 53 页。
② 《马克思恩格斯全集》第 25 卷，人民出版社 1974 年版，第 97 页。
③ 《马克思恩格斯全集》第 47 卷，人民出版社 1979 年版，第 570 页。
④ 同上书，第 576 页。

多。然而，在当时它们的资本主义应用却只发生在英国，因为在那里，经济关系才发展到使资本可能利用科学进步的程度。"①

3. 关于科学技术的异化及其原因

在马克思看来，科学技术并不是在所有时候都能够为人类带来福祉与祥和的。"我们看到，机器具有减少人类劳动和使劳动更有成效的神奇力量，然而却引起了饥饿和过度的疲劳。……甚至科学的纯洁光辉仿佛也只能在愚昧无知的黑暗背景下闪耀。……现代工业和科学为一方与现代贫困和衰退为另一方的这种对抗，我们时代的生产力与社会关系之间的这种对抗，是显而易见的、不可避免的和毋庸置疑的事实。"② 在马克思看来，科学技术异化状态是存在的，但造成这种异化的主要责任者不是科学技术本身，而是其资本主义应用，因为科学技术作用的发挥要受制于社会制度等其他因素。他说，"一个毫无疑问的事实是：机器本身对于把工人从生活资料中'游离'出来是没有责任的……矛盾和对抗不是从机器本身产生的，而是从机器的资本主义应用产生的!"③ 而"只有工人阶级能够……把科学从统治的工具变为人民的力量，……只有在劳动共和国里面，科学才能起它的真正的作用。"④ 社会制度等因素之所以能够制约科学技术的发展，原因在于科学技术的绝对不自主性（科学技术只具有相对的自主性）。在马克思看来，技术毕竟是一种人的活动，是在社会中生活的人为了实现某些目的而制造的，技术本身是不自主的。马克思以实物形式的技术为例，说明了技术的这种特性。"自然界没有创造出任何机器，没有创造出机车、铁路、电报、走锭精纺机等等。它们是人类劳动的产物，是变成了人类意志驾驭自然的器官或人类在自然界活动的器官的自然物质。它们是人类的手创造出来的人类头脑的器官，是物化的知识力量。"⑤ 因而技术的发展必然要受到从事技术的人的制

① 《马克思恩格斯全集》第 47 卷，人民出版社 1979 年版，第 598 页。

② 《马克思恩格斯选集》第 1 卷，人民出版社 1995 年版，第 775 页。

③ 《马克思恩格斯全集》第 46 卷（下册），人民出版社 1980 年版，第 113 页。

④ 《马克思恩格斯全集》第 17 卷，人民出版社 1963 年版，第 600 页。

⑤ 《马克思恩格斯全集》第 46 卷（下册），人民出版社 1980 年版，第 219 页。

约，要受到社会主导价值观念的制约。

经由以上的分析，我们有理由做出推断：马克思不会在落后的发展中国家采用科学技术能否实现国家发展的问题上持有明确的态度，原因在于科学技术发挥作用的复杂性：除了科学技术本身之外，还要有其他很多因素的配合，包括社会制度、价值观念，乃至经济关系发展状况等因素。所以说，在马克思与发展主义的关系问题上，马克思与那些认为技术进步带动经济增长进而引起社会进步的发展主义者不同，因此从马克思对待科学技术态度的视角看，也不能把马克思视为发展主义者。

三　马克思主义与可持续发展

对马克思的发展主义批判，不仅针对他的工业化和技术决定论思想，而且连同这些思想的逻辑后果，即这种理论导致了发展的不可持续性。马克思的理论是否与可持续发展不兼容呢？接下来我们将就此方面问题展开讨论。

"可持续发展"的概念是 1981 年美国科学家布朗创办的世界观察研究所出版的《建设一个可持续发展的社会》一书中首次提出的。作为一种发展战略，则可推溯至 1987 年联合国环境与发展委员会发表的《我们共同的未来》："可持续发展是这样的发展，既满足人类目前的需要和追求，又不对未来的需要和追求造成危害。"这是被广泛引用的最流行、最"经典"的定义，得到了全球范围的广泛而普遍认同，已经成为全世界的主旋律。现在各个行业、各个部门几乎都在提"可持续发展"，大有泛滥之势。但究其原初含义主要有三个方面：自然的可持续、经济的可持续和社会的可持续。我们就从这三个方面内涵讨论马克思主义与可持续发展的关系。

在经济的可持续性方面和社会的可持续性方面，马克思针对资本主义的生产方式和社会制度，进行了经济批判、制度批判、伦理批判、异化劳动批判、意识形态批判，提出了资本主义经济危机、劳动价值论、剩余价值论、阶级斗争理论等许多理论，认为资本主义生产方式之下的经济发展和社会发展都不具有持续性，资本主义条件下生产资料的私人占有制和生产的无政府状态，必然导致经济危机和社会危机，这是不可避免的。解决资本主义经济危机和社会危机的根本途径就是进行社会主义革命，在社会主义条件下就可以保持经济发展和社会发展的可持续性。在这方面，关于马克思的思想内涵，学界没有人怀疑，不存在分歧；存在分歧的是关于马克思思想的评价，因为并不是所有人都认可。这些内容都是熟知，自可不必详述。

对马克思的发展主义批判针对的并不是可持续发展的经济和社会方面，而主要是自然的可持续性方面。在那些批判者看来，马克思的经济危机理论和社会危机理论并不正确，经济发展的确是不可持续的，但原因并不在于马克思所揭示的资产阶级与无产阶级之间即人与人的矛盾，而在于生产的连续性与资源和能源的有限性，即人与自然的矛盾。而后一方面恰恰是马克思没有关注的，因为马克思过分重视工业化和科学技术对生产力发展的作用，很少谈论生态问题。此外，还可以从马克思的一个非常重要的思想"劳动价值论"得出同样的结论。马克思的"劳动价值论"把商品的价值归结为生产商品所耗费的"社会必要劳动时间"，这实际上就是把商品的价值完全归结为劳动的价值。这样，生产商品所耗费的自然资源的价值就被排除在商品的交换价值之外，自然资源被作为无价值的东西而不予考虑。这种理论是建立在自然资源无限供给、没有任何制约性基础上的。因此说，马克思没有"自然批判"。相对地，恩格斯倒是有很多"自然批判"的思想。恩格斯在《英国工人阶级状况》《反杜林论》和《自然辩证法》中有很多关于"生态问题和环境问题"的论述，其中有很多话语经常被后人引用，比如恩格斯反复告诫我们的话，"我们不要过分陶醉于我们对自然界的胜利"，"我们统治自然界，决不像征服者统治异族人那样，决不是像站在自然界以外的人似的"①。

20世纪70年代之后在西方兴起的生态马克思主义流派中的一些

---

① 《马克思恩格斯选集》第4卷，人民出版社1995年版，第383—384页。

人就是主要从人与自然关系的角度对资本主义社会进行批判①，他们宣称这样做，一方面是秉承着马克思对资本主义的批判精神和批判方法，另一方面又补充了马克思批判内容的不足，因为马克思没有"自然批判"。在阿格尔看来，在马克思的思想中，只有关于资本主义经济危机的理论，没有资本主义生态危机的理论，而且马克思的经济危机理论在当代也已经过时，"历史的变化已使原本马克思主义关于只属于工业资本主义生产领域的危机理论失去效用"②。詹姆斯·奥康纳也在《自然的理由》中说道，"马克思的观点中的确不包含把自然界不仅指认为生产力，而且指认为终极目的的所谓生态社会的思想"③。学者克拉克更直接说道，"马克思的自然图景远非生态学的"④。格伦德曼甚至明确指出，"马克思不是生态学家"⑤。

　　我们认为，从可持续发展角度对马克思进行的发展主义批判是不能成立的。第一，马克思的经济危机理论没有过时。第二次世界大战之后特别是 20 世纪 70 年代以来，资本主义经济总体来说一直很好，平稳向前而且有时快速发展，但终究逃不过马克思的理论范围，从1998 年的金融危机一直到 2008 年的金融危机，其影响直到现在还没有消除，甚至有人讲已经超过了 1929 年的大危机，特别是 2011 年"占领华尔街"运动，千余名示威者在美国首都华盛顿游行，很快成为席卷全美的群众性运动。很多妄言马克思理论过时的人不得不把目

----

①　生态马克思主义与一般生态主义的分歧，主要表现在对造成现代社会环境恶化、生态危机的根源问题上的看法不同：生态马克思主义把矛头指向资本主义制度，认为资本主义性质的生产方式内含着生态矛盾；一般生态主义则认为适用于一切生产方式的"等级制度的权力关系"以及人类对自然的统治意识是引起环境退化、生态危机的根源。

②　［加拿大］本·阿格尔：《西方马克思主义概论》，慎之译，中国人民大学出版社1991 年版，第 486 页。

③　［美］詹姆斯·奥康纳：《自然的理由》，唐正东、臧佩洪译，南京大学出版社2003 年版，第 4 页。

④　［美］J. 克拉克：《马克思关于"自然是人发无机的身体"之命题》，黄炎平译，《哲学译丛》1998 年第 4 期，第 62 页。

⑤　转引自周志山《生态学马克思主义与马克思生态哲学的构建》，东北师范大学出版社 2009 年版，第 86 页。

光重新放在他的经济危机理论上，试图在其中找出拯救危机的方法。

第二，关于马克思对大工业和科学技术的态度，马克思并非在绝对进步的意义上来理解大工业和科学技术的作用的，相反地，他对此总是持一种辩证的理解。关于大工业的破坏作用，他说道，"大工业和按大工业方式经营的大农业一起发生作用，如果说它们原来的区别在于，前者更多地滥用和破坏劳动力，即人类的自然力，而后者更直接地滥用和破坏土地的自然力。"① 关于科学技术的负面作用，他说道，"在我们这个时代，每一种事物好像都包含有自己的反面。我们看到，机器具有减少人类劳动和使劳动更有成效的神奇力量，然而却引起了饥饿和过度的疲劳。财富的新源泉，由于某种奇怪的、不可思议的魔力而变成贫困的源泉。技术的胜利，似乎是以道德的败坏为代价换来的。……现代工业和科学为一方与现代贫困和衰颓为另一方的这种对抗，我们时代的生产力与社会关系之间的这种对抗，是显而易见的、不可避免的和无庸争辩的事实。"② 这一点我们刚刚讨论过。

第三，关于马克思对劳动价值论及财富源泉的看法，马克思并没有单纯肯定劳动的价值而否认自然的价值，而是将两者结合在一起共同视为财富的源泉。他之所以强调劳动的价值，是因为他着眼于人的角度即工人和资本家的关系，是工人利用自然创造了物质财富。在《资本论》中，马克思将劳动与自然界一起视为一切财富的源泉。他说道，"劳动并不是它所生产的使用价值即物质财富的唯一源泉。正像威廉配第所说，劳动是财富之父，土地是财富之母。"③ 他还讲道，"资本主义生产发展了社会产生过程的技术和结合，只是由于它同时破坏了一切财富的源泉——土地和工人。"④ 在《哥达纲领批判》中，马克思还指出，"劳动不是一切财富的源泉。自然界同劳动一样也是使用价值（而物质财富就是由使用价值构成的！）的源泉，劳动本身

---

① 《马克思恩格斯全集》第25卷，人民出版社1972年版，第971页。
② 《马克思恩格斯选集》第1卷，人民出版社1995年版，第775页。
③ 《马克思恩格斯选集》第2卷，人民出版社1995年版，第121页。
④ 《马克思恩格斯全集》第23卷，人民出版社1972年版，第553页。

不过是一种自然力即人的劳动力的表现。"① 马克思把劳动作为财富生产的必要条件，而不是充分条件；劳动不是人类物质财富和使用价值的唯一来源，劳动和自然共同构成了人类财富和使用价值的基础。

第四，认为马克思没有"自然批判"而恩格斯有"自然批判"的思想，植根于马恩对立的立场②，这种立场从根本上讲是错误的（关于这一观点前文中已经有所阐述）。因为这一点是从可持续发展方面对马克思进行发展主义批判最为严厉的方面，我们这里稍微多加些笔墨阐述。我们认为，马克思、恩格斯的思想总体上是一致的，在"自然批判"这一点上也是如此，马恩对立的立场和观点无论在历史性还是现实性方面都是极不严肃的。③ 和恩格斯一样，马克思也有很多大工业造成的"自然生态"问题的阐述。在谈到生产废料的减少时，马克思说，"废料的减少，部分地要取决于所使用的机器的质量"；"人们使用经过改良的机器，能够把这种本来几乎毫无价值的材料，制成有多种用途的纺织品"；"在生产过程中究竟有多大一部分原料变为废料，这要取决于所使用的机器和工具的质量"；"机器的改良，使那些在原有形式上本来不能利用的物质，获得一种在新的生产中可以利用的形式"。④ 马克思在谈到"生产排泄物的利用"问

---

① 《马克思恩格斯选集》第 3 卷，人民出版社 1995 年版，第 298 页。

② 在这个问题上，甚至还有学者制造马克思自身的对立，如唐纳德·C. 李认为，"'马克思主义和资本主义对自然都是贪婪的、强暴的和破坏性的'，除非二者用马克思早期著作中所见到的那种人道主义来加以补正"。（参见［美］J. 克拉克《马克思关于"自然是人发无机的身体"之命题》，黄炎平译，《哲学译丛》1998 年第 4 期，第 55 页。）李原本是站在为马克思辩护的立场上承认马克思早期著作中具有生态学思想的，但是这样一来则产生了双重结果，一方面批判了资本主义的贪婪本性，另一方面也制造了早期马克思与成熟时期马克思的对立。我们认为这种观点也是站不住脚的，前文中论述"马克思与技术决定论关系"时已经论及过。

③ 学者叶险明认为，应当把马克思和恩格斯有关"自然生态"方面的思想视为一个有机的整体，马克思和恩格斯的思想在其发展过程中具有互补性，这是正确、全面考察马克思或恩格斯思想发展所必须把握的一条主要逻辑线索，当然这并不意味着马克思恩格斯的思想及其发展没有自己相对独立的特点。（参见叶险明《马克思的工业文明力量及其现代意义（上）》，《马克思主义研究》2004 年第 2 期。）

④ 《马克思恩格斯全集》第 25 卷，人民出版社 1974 年版，第 117、118、119 页。

题时认为，应用科学技术是减少工业和生活废物的最有效手段，"科学的进步，特别是化学的进步，发现了那些废物的有用性质"①，"化学的每一个进步不仅增加有用物质的数量和已知物质的用途，从而随着资本的增长扩大投资领域。同时，它还教人们把生产过程和消费过程中的废料投回到再生产过程的循环中去，从而无需预先支出资本，就能创造新的资本材料。"② 不仅如此，而且马克思和恩格斯对自然生态问题产生的原因和解决的方案也是深层一致的。关于自然生态问题产生的原因，马克思说，"只有在资本主义制度下自然界才不过是人的对象，不过是有用物；它不再被认为是自为的力量"③，"资本主义农业的任何进步，都不仅是掠夺劳动者技巧的进步，同时也是破坏土地肥力持久源泉的进步"。④ 关于解决自然生态的方案，恩格斯提出，要真正解决人与自然之间的矛盾、协调人与自然的关系，"需要对我们的直到目前为止的生产方式，以及同这种生产方式一起对我们的现今的整个社会制度实行完全的变革"⑤。

在评价"从生态视角进行的针对马克思主义的发展主义批判"问题上，有两个方面，除了上面所论的"马克思确实具有生态学思想"之外，还要分析那些批判者提出的解决路径的浪漫和虚妄性质。他们指责马克思所谓的"生态自然观"，只是站在人类中心主义的立场上，自然之所以出现问题，是因为人类对自然的不合理的使用。"马克思因人类未能把自然作为工具来合理地使用而猛烈地抨击人同自然的异化，这种抨击是建立在他对于人同自然的更深的异化的认可之上的"⑥。他们主张从纯粹的"生态中心主义立场出发"，"把自然理解为一个整体，一个寓多样性于一身的统一体，在其中，每一存在的发

---

① 《马克思恩格斯全集》第 25 卷，人民出版社 1974 年版，第 117、118、119 页。

② 《马克思恩格斯选集》第 2 卷，人民出版社 1995 年版，第 243 页。

③ 《马克思恩格斯全集》第 46 卷（上），人民出版社 1979 年版，第 393 页。

④ 《马克思恩格斯全集》第 23 卷，人民出版社 1972 年版，第 552 页。

⑤ 《马克思恩格斯选集》第 4 卷，人民出版社 1995 年版，第 385 页。

⑥ ［美］J. 克拉克：《马克思关于"自然是人发无机的身体"之命题》，黄炎平译，《哲学译丛》1998 年第 4 期，第 55 页。

展都是更大的发展系统之不可分割的部分，每一存在都是价值的展示"，"人类理应把自身视为更大的有机整体之部分"。① 我们认为，如果真的建立起这样的世界图景的话（这是一种纯粹后现代的图景），那么人在自然界中的位置就变得与动物无异，只是大千世界中一个普通的物种，还真看不出这样的世界对人类的意义。因为从价值论意义上讲，人类中心主义是无法超越的②，人类不是为了保护自然而保护自然，而是为了更好的生活而保护自然。回到远古洪荒世界既不现实也不可能。

如果有人讲我们这样的观点是出于意识形态因素的考虑为马克思辩护，那么另外一些生态马克思主义者的观点就很能说明问题了。前文已经说过，生态马克思主义学派内部在秉承马克思思想的批判精神和批判方法时是一致的，而在对待马克思是否具有生态思想时是存在着巨大的分歧的。约翰·克拉克、本·阿格尔、詹姆斯·奥康纳等人尽管表述不一，但基本都认为马克思理论中存在着生态学方面的"理论空场"；而另一些生态马克思主义者如霍华德·帕森斯、约翰·福斯特、岩佐茂等人则认为马克思具有浓厚的生态学思想，马克思的人类解放学说不仅是关于人类自身解放的社会学说，而且是关于解放自然的生态学说。霍华德·帕森斯的《马克思、恩格斯论生态》一书被克拉克认为是"当前全面捍卫马克思著作的生态学特征的最有力的尝试"③；日本著名的马克思主义生态学家岩佐茂在《环境的思想——环境保护与马克思主义的结合处》中，把环境保护与马克思主义紧密结合起来，阐述了马克思主义与生态学原则的深层一致性；约

---

① ［美］J. 克拉克：《马克思关于"自然是人发无机的身体"之命题》，黄炎平译，《哲学译丛》1998 年第 4 期，第 58、62 页。

② 学界关于人类中心主义的论述有很多，有强人类中心主义与弱人类中心主义、成熟的人类中心主义与不成熟的人类中心主义、积极的人类中心主义和消极的人类中心主义等很多分类法。归根结底，人类还是站在自身的立场上来评判人与自然的关系，所以还是更多的人"为人类中心主义辩护"。

③ ［美］J. 克拉克：《马克思关于"自然是人发无机的身体"之命题》，黄炎平译，《哲学译丛》1998 年第 4 期，第 53 页。

翰·福斯特在《马克思的生态学：唯物主义与自然》中，重新解读了马克思从早期到晚期的经典著作，系统全面地阐述了马克思主义的生态观。这些人得出的"马克思具有生态学思想"的观点完全是出于科学性的考量。因此完全可以说，"马克思具有生态学思想"是不容置疑的事。

　　第五，我们认为尽管马克思生活的时代还没有出现全球生态危机、人类发展方式危机，也还没有出现"可持续发展"的语词，但不能抹杀马克思拥有解释这些主题借以深入批判资本主义思想资源的能力。单就今天意义上的可持续发展的内容而言，马克思不仅论及了代内公平的问题（这有很多论述），而且还论及了代际公平的问题。他说，"从一个较高级的经济社会形态的角度来看，个别人对地体的私有权，和一个人对另一个人的私有权一样，是完全荒谬的。甚至整个社会，一个民族，以致一切同时存在的社会加在一起，都不是土地的所有者。他们只是土地的占有者，土地的利用者，并且他们必须像好家长那样，把土地改良后传给后代。"①

　　综上我们可以看出，无论就经济的可持续、社会的可持续，还是自然的可持续方面，马克思都有非常丰富的阐述，那种把马克思的思想说成是与可持续发展思想不相融的说法是站不住脚的。因此从这个视角看，也不能把马克思归入发展主义的行列。

---

① 《马克思恩格斯选集》第 2 卷，人民出版社 1995 年版，第 574—575 页。

第四章

当代中国发展哲学论纲

我们在绪论中已经明确：发展哲学是对发展理论构建的前提进行批判性讨论，亦即构成发展理论的一个有机部分，但不能替代发展理论本身。所以，我们在这里探讨的并不是中国的发展理论是怎么样的①，而是要阐明建构发展理论的立场和方法。国内外的学界、政界对中国的发展一直莫衷一是，褒者有之，贬者亦有之，试图要在理论层面上概括阐明非常困难，得出的各种结论也各异其趣，很难获得一致性。我们认为，无论学者们建构起来的发展理论如何不同，总要面对当代中国发展中两个最大的问题——人与人关系中的公平问题和人与自然关系中的生态问题（狭义的生态概念），因而必须坚守马克思主义的两个最基本的立场和方法：社会主义和人的发展，舍此则不能就中国发展现实做出令人满意的解答。当然，这两者是紧密联系在一起、不可分离的。

第一节　社会主义：理想性与现实性的张力

无论人们对社会主义看法如何，"社会主义"都将成为解读当代中国发展不可或缺的关键词。"社会主义"作为资本主义的对立物，从早期莫尔的乌托邦，到后来的圣西门、傅立叶、欧文的空想社会主义，再到马克思、恩格斯的科学社会主义，已经有 500 年的历史了。

① 事实上在改革之初就有学者提出，不能盲目地套用别国的发展理论，要建构中国自己的发展理论，但直到现在中国自己的发展理论仍未成熟，还在"摸着石头过河"，不成熟的原因非常复杂，因为发展理论一方面要对以往的发展实践进行有效解释，另一方面又要对未来的发展实践进行有效指导。当然也有一些学者有过一些说法，比如阿瑞吉提出的"有限市场经济"理论、孙立平提出的"权力加市场的转型理论"。

马克思主义作为科学社会主义思想进入并影响中国也已经近一个世纪，特别是中国共产党的诞生、新中国成立直至改革开放 30 年后的今天，都是直接在社会主义旗帜下的最重大的历史事件，这些事件都是在对社会主义的理解中进行和发展的。但马克思所生活的年代，社会主义依然只是作为一种思想而存在，依然保持着对未来的一种浓厚的理想性；对于中国而言，这种理想随着新中国成立而变成现实。社会主义作为一种理想是美好的事物，但现实中的社会主义并非处处尽善尽美，尽如人意。特别是自 20 世纪 90 年代以来，苏东社会主义国家剧变，社会主义事业跌到低谷，"历史终结论""文明冲突论"一时甚嚣尘上。尽管如此，还是有很多人认为"进入社会主义，还是退回野蛮社会"① 依然是一个选择。所以，当代中国的发展哲学首要阐明的就是社会主义的理想性与现实性的张力问题。

一　中国道路的确立：西方中心论的突破

在 20 世纪的最后 20 年中，发生了两件具有世界历史意义的事件："苏联作为世界两大军事霸主之一的解体，以及东亚地区作为世界经济力量中心之一的崛起。"② 这两件事对社会主义的命运生死攸关：第一件事，社会主义苏联的解体意味着冷战的结束，给社会主义事业带来了沉重打击；第二件事，社会主义中国经济力量的崛起则意味着社会主义的勃勃生机。历史开了一个巨大的玩笑，世界上两个最大的社会主义国家命运却迥然不同。对于中国而言，"中国特色社会主义道路"使国家避免重蹈苏东覆辙，取得了辉煌的发展胜利，这种胜利毫无疑问是社会主义的胜利，是马克思主义的胜利。

1. 转型社会下的当代中国

中国特色社会主义道路是社会主义中国主动谋求发展的道路，对

---

① ［英］特里·伊格尔顿：《马克思为什么是对的》，李杨等译，新星出版社 2011 年版，第 233 页。

② 乔万尼·阿里吉、滨下武志、马克·赛尔登：《东亚的复兴——以 500 年、150 年和 50 年为视角》，马援译，社会科学文献出版社 2006 年版，第 1 页。

于"中国特色社会主义道路"的理解，就必须把它放置在整个战后"发展学"的视域中，即在与战后的现代化理论及其反对者依附理论和世界体系论相对比的意义上。正如前文所述，以反马克思主义为旨归的现代化理论并没有能够使广大发展中国家真正走上发展之路，因为它试图在资本主义体系框架内谋求发展，而按照资本主义固有的发展逻辑，这些国家根本不可能走上发展之路，而战后的实践也在事实上证明，这些国家中没有一个国家能够达到发达国家的水平。而作为现代化理论反叛的依附理论和世界体系论，尽管以马克思主义的面貌出现，但更多地停留在理论层面上对资本主义的超越，特别是依附理论所研究的与其说是探讨不发达国家怎样实现发展，还不如说是探讨这些国家不发达的原因。传统社会主义曲解了社会主义的本质内涵，是一条僵化封闭的老路，在这条道路上社会主义没有前途；苏东剧变后整个投入资本主义怀抱，是一条改旗易帜的邪路，这条道路根本背离了社会主义，同样也没有前途。只有体现了马克思主义真正本真精神的中国特色社会主义才使国家走上真正发展之路。

特别地，与前苏东国家的对比是理解中国特色社会主义道路的必要视角。20世纪90年代冷战结束以来，世界历史出现了许多令人瞩目的变化，苏东社会主义国家剧变，其他社会主义国家也纷纷转向市场经济，不同程度地面临着改革的任务，这些国家都处于转型过程中。[①] 按

---

①　学者孙立平把"转型理论"看作是发展社会学的第三分支。他认为传统的发展社会学有两个学术传统：一是以发达国家现代化为研究对象的现代化理论；二是以拉丁美洲、非洲和东亚模式为研究对象的发展理论。而目前正在发生的包括中国、苏联、东欧等社会主义国家的转型是与上述两种社会变迁截然不同的社会变迁过程。据此他提出，发展社会学应该形成现代化理论、发展理论、转型理论三足鼎立的发展理论格局。这里要特别指出，孙老师说的第一种"现代化理论"并不是发展学视域中的、以发展中国家为研究对象的现代化理论；他所说的第二种"发展理论"则包含我们所说的现代化理论。不过，他把社会主义国家的转型视为一种独特类型，是很有积极意义的。当然，他这种说法对原来发展理论研究的挑战还在于：苏联属于第一世界，其发展是不在狭义"发展理论"研究范畴内的，但现在的俄罗斯已经不再属于发达国家，的确应该纳入"发展理论"研究范畴；原东中欧等社会主义国家原来在理论上属于"发展理论"研究对象，但实际上几乎没有纳入研究视野。现在倒有一批学者关于这些转型国家形成了一些研究成果，如伊亚尔、撒列尼等人在《没有资本家的资本主义形成》一书中力图通过对中欧四国转型过程的研究，形成一种他们自己所称的"新古典社会学理论"。

照学者孙立平的理解，可以将"社会转型"的概念界定为20世纪最后20年开始的社会主义国家和原社会主义国家发生的变革过程，特别是与市场转轨相伴随的社会转变过程。中国也与苏联、东欧社会主义国家一样，经历的是与其他发展中国家不一样的另外一种完全不同的文明，中国也属于转型社会一员。但与前苏东国家相比，中国的社会转型过程又有很大不同，最突出的表现在政体和意识形态的连续性上，在改革开放30年后的今天，居于支配地位的仍然是原来的政体和意识形态，而前苏东已经完全倒向了资本主义。但是，中国对于这种作为意识形态的"社会主义"的理解也不同于转型之前，这种不同主要体现在"社会主义初级阶段理论"方面。

"中国处于社会主义初级阶段"是当代中国所处的最大的实际，当代中国发展理论建构必须立足于这一发展实际。因为发展理论的最终指向是活生生的发展实践，任何脱离发展实践的发展理论都注定是没有前途的，"理论是灰色的，生活之树常青"。对于"初级阶段理论"的意蕴，笔者非常欣赏王南湜教授所做的深入解读。① 马克思主义经典作家讲过，作为超越资本主义社会的共产主义社会，被划分为两个发展阶段，一是初级共产主义阶段，即通常所说的社会主义阶段；二是高级共产主义阶段，即通常所说的共产主义阶段。当年邓小平提出的"社会主义初级阶段论"即意味着，我国已经是社会主义社会，我国的社会主义社会还处于初级阶段。从五大社会形态演进的视角看，这种说法进一步意味着，"我国正处于共产主义社会的初级阶段（社会主义）的初级阶段"，这就从深层次上揭示了中国特色社会主义的社会性质与社会发展程度的统一，从根本上化解了社会主义理想性与现实性的矛盾。邓小平理论主要就是处理对"什么是社会主

---

① 王南湜：《社会主义：从理想性到现实性》，《马克思主义与现实》2009年第6期，第138—148页。

义"的认识问题。"传统社会主义"①正是没有处理好上述矛盾，最后沦为与空想社会主义一样的乌托邦命运。而与空想社会主义不一样的是，这种传统社会主义打着马克思科学社会主义的旗号，而传统社会主义的多舛命运也连累了马克思的科学社会主义。后来的事实证明，传统的社会主义国家如果不能正视本国现实，则难逃滑铁卢遭遇。而邓小平凭着对马克思主义、社会主义的强烈信仰提出的"初级阶段论"则成功带领中国走出了传统社会主义的低谷，重新走上社会主义的康庄大道。这里特别要提出的是，邓小平提出"初级阶段论"是在苏联解体之前，这更印证了邓小平的卓越智慧。在苏联解体之后，邓小平在谈到这一问题时说，"资本主义代替封建主义的几百年间，发生过多少次王朝复辟？所以，从一定意义上说，某种暂时复辟也是难以完全避免的规律性现象。一些国家出现严重曲折，社会主义好像被削弱了，但人民经受锻炼，从中吸收教训，将促使社会主义向着更加健康的方向发展。因此，不要惊慌失措，不要认为马克思主义就消失了，没用了，失败了。哪有这回事！"②

邓小平理论开启了中国特色社会主义道路，这条道路突破了西方中心论的藩篱。早在改革开放之初，1982 年 9 月 1 日，邓小平在党的十二大开幕词中就指出："我们的现代化建设，必须从中国的实际出发。无论是革命还是建设，都要注意学习和借鉴外国经验。但是，照抄照搬别国经验、别国模式，从来不能得到成功。这方面我们有过不少教训。把马克思主义普遍原理同我国的具体实际结合起来，走自己的道路，建设有中国特色的社会主义，这就是我们总结长期历史经验得出的基本结论。"③ 胡锦涛在十八大报告中也强调说，在改革开放三十多年一以贯之的接力探索中，我们坚定不移高举中国特色社会主

---

①　"传统社会主义"不是指马克思恩格斯之前的空想社会主义，也不是指马克思恩格斯本人的科学社会主义，而是指俄国十月革命以来的社会主义国家中人们一般所理解的或为官方所确立的正统社会主义。（参见衣俊卿《历史与乌托邦》，黑龙江教育出版社 1995 年版，第 64 页。）

②　邓小平：《邓小平文选》第 3 卷，人民出版社 1993 年版，第 383 页。

③　同上书，第 2—3 页。

义伟大旗帜，既不走封闭僵化的老路，也不走改旗易帜的邪路。中国特色社会主义道路引起了世界广泛的关注，"中国道路"① 也引来了国内外学界和政界广泛的热议：中国的发展走的是与西方不一样的道路，而且这条道路使中国取得了其他发展中国家少见的成就。就此很多观察家和分析家表示看不懂，因为无论按照西方还是以前传统社会主义的政治经济学分析都不能给予有效的解释，这是把看似矛盾甚至根本冲突的种种要素搭配在一个制度框架中。在他们看来，西方模式代表了人类最高理想，中国要做的只能是全面复制西方模式。我们认为，这些人之所以看不懂，是因为他们还戴着西方中心论的有色眼镜，按照西方的模式看图索骥，而中国道路已经在真正马克思主义的指引下冲破了西方的标准解释框架（马克思在理论上已经突破了西方中心论的藩篱）。于是，他们中有人极力否认中国模式的存在，提出"根本不存在所谓的'中国模式'"，"现在提'中国模式'为时过早，至多可称为'中国经验'"；有人虽然承认"中国模式"的存在，但极力否认其存在的价值，认为中国的发展是不可持续的"中国崩溃论"，或干脆宣称"中国威胁论"。美国约翰·霍普金斯大学的学者孟捷慕在《华盛顿邮报》上发表文章，写道："美国人必须从美国的国家利益的角度去看待中国模式，这不仅事关美国的安全和昌盛，而且事关美国的使命能不能够成功。……如果中国模式成功了，那美国所代表的理念和价值就面临破产和失败。"②

时至今日，关于"中国模式"是否存在已经根本不是问题，"中国崩溃论"的叫嚣也随着中国发展呈现的良好态势而日渐式微，相反"中国威胁论"的声音倒是经常出现。究其原因，在于"中国道路"

① 在揭示中国发展问题上，"中国道路"与"中国模式""北京共识"具有差不多同等的意义。"中国模式"是在更加稍早的"北京共识"基础上形成的，而"北京共识"是在与"华盛顿共识"相对的意义上被提出来的，故而"中国模式"一方面固然可以标明中国发展的社会主义性质；另一方面因"模式"一般用来指谓某种事物的标准形式。所以，中国学界更愿意使用具有中性化意味的"中国道路"语词。

② 转引自孙忠良《后危机时代的中国模式的世界意义》，《科学社会主义》2012 年第1 期，第125 页。

解构了西方中心论的话语体系，威胁到了西方国家的利益，这才是根本。西方发达国家的发达过程就是伴随着战争、殖民、以邻为壑，它们也害怕崛起后的中国对它们构成威胁。前白宫经济顾问委员会委员福布斯说："中国是西方最大的希望，也是西方最大的恐惧。没有人料到中国崛起会如此之快。现在人人都试图搞清楚他们将要面对的是什么样的中国。"① 其实，如同"中国崩溃论"是对中国道路的误读一样，"中国威胁论"也是对中国道路的一种误读。第一，中国的发展道路是一种和平崛起之路。从世界历史的角度来看，中国崛起的最大特点就是和平，对外没有发动战争，对内保持了安定团结。邓小平就提出说，"我们搞的是有中国特色的社会主义，是不断发展社会生产力的社会主义，是主张和平的社会主义。"② 胡锦涛在十八大报告中也强调，和平发展是中国特色社会主义的必然选择。第二，那些"中国威胁论"的宣扬者害怕中国的另一个层面，是害怕中国道路对其他发展中国家形成示范作用。正如一位西方观察家所言，"从越南到叙利亚，从缅甸到委内瑞拉，以及横跨整个非洲大陆，发展中国家的领导者正赞扬并模仿一个可能被之称为的中国模式。"③ 我们认为，中国道路对其他发展中国家的示范作用，亦即中国道路的世界意义，主要体现在发展哲学层面，而不是在发展理论层面。在发展理论层面，中国没有照搬其他发达国家的发展经验，其他发展中国家也不能照搬中国的发展经验。"释先王之成法，而法其所以为法。"在发展哲学层面，中国道路具有示范意义。中国道路就是把马克思主义基本原理与中国具体国情相结合形成的中国特色社会主义，中国道路的示范意义就是打破西方发展的唯一模式，要适合本国特点的发展模式。江泽民曾指出，"各国人民根据各自国情，选择符合本国实际情况的社会制度和发展模式，制定行之有效的法律和政策，是合情合理的，

① 《〈纽约时报〉：中国与西方的矛盾有加剧的趋势》，《环球时报》2010 年 1 月 29 日。

② 邓小平：《邓小平文选》第 3 卷，人民出版社 1993 年版，第 328 页。

③ 转引自孙忠良《后危机时代的中国模式的世界意义》，《科学社会主义》2012 年第 1 期，第 124 页。

应该受到尊重。……历史经验特别是近百年的历史经验一再告诫人们，强求一种模式的后果是严重的。"① 现代化理论家布莱克也说，"没有两个社会以同一种方式实现现代化——没有两个社会拥有相同的资源和技术、相同的传统制度遗产、处在发展的相同阶段以及具有同样的领导体制模式代化政策。"② 其他发展中国家不能照搬中国发展模式，中国也不会向外输出自己的发展模式，中国社会科学院于2011 年发布的《世界社会主义黄皮书》就特别强调了这一点。

2. 中国中心论的消解

近年来，随着中国综合国力特别是经济力量的崛起，中国在国际舞台上占据越来越重要的地位。2005 年哈佛大学珀金斯教授在清华大学的一次演讲中曾讲过这样一句话：现在世界上几乎所有重大的事情都发生在中国，而他所在的坎布里奇（哈佛所在地）仿佛已经成为一个边远的小镇。基于此种事实，于是有人认为"'中国在历史上的世界经济中的中心地位和角色'必将再现于未来世界的发展进程"③。在展开正式理论分析之前，我们先看一下这一论点最有力的证据——中国的 GDP 总量在 2010 年超过日本，跃居世界第二位。但是这里讲的是 GDP 总量，由于我们庞大的 13 亿人口，人均 GDP 只位列世界中下水平。更加能够说明问题的是，历史上我们在 1840 年GDP 总量就是世界第一，但并非说明国力强盛。中国的领导人也没有因为中国取得的成就而陶醉，他们认识到中国还存在许多复杂的问题。接下来我们进行理论层面的分析，因为做出上述判断的依据主要是安德烈·岗德·弗兰克的反欧洲中心主义的理论视角。实际上，这种对中国国际经济地位乃至整个国际地位的认识，很早就有了，其理论依据恰恰是弗兰克理论的针对对象——欧洲中心主义中的两支劲旅：韦伯和沃勒斯坦。我们这里对上述判断的理论依据逐一进行考

---

① 江泽民：《江泽民文选》第 1 卷，人民出版社 2006 年版，第 331 页。

② ［美］布莱克：《现代化的动力》，景跃进、张静译，浙江人民出版社 1989 年版，第 87 页。

③ 吴苑华：《以中国为中心的新世界体系是历史的必然》，《中国社会科学报》2012年 4 月 23 日。

察，也就是说，按照韦伯、沃勒斯坦和弗兰克的理论，中国能否重新成为世界体系的中心。

第一，基于韦伯理论的考察。韦伯在《新教伦理与资本主义精神》中基于一种西方中心论的视角，从宗教与资本主义发展的关系方面分析了为什么资本主义首先在西方兴起。他认为，资本主义精神为欧洲社会所特有，这与宗教改革中兴起的新教息息相关。改革后的宗教否定了教会在上帝和教徒之间的中介作用，提出了"命定说"，认为一个人在出生以前其命运就已经被判定了，人们后天的美德或者罪孽起不了丝毫的作用，这就使人们抛弃了赎罪的幻想。尽管改变不了命运，但上帝在人们还在世时就给了一个征兆：谁积累的财富多，谁就越有可能成为上帝的选民，而只有成为上帝的选民，死后才能进入天堂。于是人们为了证明自己就是上帝的选民，就去努力地积累财富。尽管积累财富只是人们有可能进入天堂的手段，并非直接目的，但在这个过程中资本主义得到了发展，此时工具理性和价值理性同时得到张扬。可是这种情况后来发生了变化，因为无论人们后天如何努力，依旧改变不了上帝当初的安排，于是人们同样还是追求财富，但财富则由当初的手段变成了目的本身。这时价值理性越来越黯淡，而工具理性越来越膨胀，人自身则越来越没有地位，人为物所役使。出于对西方社会的终极关怀，韦伯感到悲观而又无奈："没有人知道将来谁在这铁笼里生活；没人知道在这惊人的大发展的终点会不会又有新的先知出现，没人知道会不会有一个老观念和旧理想的伟大再生。"① 在这里，韦伯希望借助一种古老思想的再生来拯救西方社会，但他没有指明哪一种思想能够担当此任。也许正因为韦伯自己没有明确，就给一些中国人提供了解释的机会。他们认为，韦伯所提出的"古老思想"就是中国古代的思想，因为韦伯的思想直接构成了后来存在主义的思想渊源，而存在主义大师海德格尔在晚年也是对中国古代道家思想情有独钟。但我们这里必须明确这一事实：韦伯自己并没

---

① ［德］马克斯·韦伯：《新教伦理与资本主义精神》，于晓、陈维纲等译，生活·读书·新知三联书店 1987 年版，第 143 页。

有宣称哪一种思想能够拯救西方，说这种思想就是指的中国古代思想，这完全是一部分中国人自己的一厢情愿而已。

第二，基于沃勒斯坦理论的考察。沃勒斯坦的世界体系理论是发展理论研究中非常重要的理论流派。沃勒斯坦在《世界体系论》中认为，人类历史虽然包含各个不同的部落、种族、民族和民族国家的历史，但这些历史不是孤立地发展的，而是相互联系着发展和演变的，总是形成一定的"世界性体系"。16世纪以前，"世界性体系"主要表现为一些"世界性帝国"，如罗马帝国、中华帝国等，这些体系都已经灭亡了。当代世界体系只有一个，即源于16世纪并一直持续到今天的资本主义世界经济体系。资本主义世界体系由核心地区、半边陲地区和边陲地区三个组成部分构成。三个不同的组成区域承担着三种不同的经济角色：核心区利用边陲区提供的原材料和廉价劳动力，生产工业品向边陲区销售，并控制着世界体系中的金融和贸易市场的运转；边陲区除了向核心区提供原材料和廉价劳动力以外，还提供销售市场；半边陲区介于两者之间：对核心区充当边陲区的角色，对边陲区充当核心区的角色。在这个资本主义世界体系崩溃以前，世界体系的结构是不会改变的，但是一个国家或地区在世界体系中的地位却是可以改变的。17世纪占据核心地位的国家是荷兰，18、19世纪的核心国家是英国，20世纪的核心国家是美国，直到现在。尽管美国现在还居于核心地位，但毕竟也要像荷兰和英国等国家一样退出核心，而且美国目前就处于衰退之中，特别是2008年起源于美国迅速蔓延全球的金融危机，更是大大打击了美国的地位。美国退出世界体系中的核心地位是确定的，但美国之后是哪个国家居于这一地位是不确定的，于是又给一些中国人留下了想象的空间，这些人认为美国之后居于核心地位的国家是中国。我们这里同样必须明确的是：沃勒斯坦本人并没有指明，能够取代美国占据核心地位的国家一定是中国。那些人作出的"中国答案"仅仅是一种猜测而已。

第三，基于弗兰克理论的分析。弗兰克基于一种反欧洲中心论的独特视角，提出了新的世界体系论。在《白银资本》和《世界体系：500年还是5000年?》中，他把之前的许多人都归入欧洲中心论而加以批判，尤其是韦伯和沃勒斯坦。他认为世界体系不是 500 年历史的欧洲资本主义体系，而是 5000 年历史的人类历史体系。沃勒斯坦的世界体系论以整个世界经济的这一欧洲部分——甚至不是主要部分——为中心来确定世界体系，是不合理的。无论从哪个方面来看，世界体系都早于资本主义世界体系，而资本主义世界体系仅仅是世界体系的一个新变种。在古代，中国就曾成为世界体系的中心，航海大发现直到 18 世纪末工业革命之前，都是亚洲时代。那时的欧洲实际上只是世界经济一个次要的边缘的部分。亚洲经济在很长的时间里都比欧洲经济更为繁荣。只是由于偶然的事件，欧洲才有可能在 19 世纪成为全球经济新的中心。人类社会可能需要世界体系，但是不需要资本主义世界体系。只要资本主义世界体系继续存在着，那么依附性积累和不发达现象就都将继续存在下去，而这是违背人类社会共同进步和平等发展的意愿和要求的。在弗兰克看来，欧洲占据全球的中心地位只是暂时的现象，并不会一直下去，中心地位一定是要发生转移的。于是又有一些"好事者"沿着以前的思路，认为下一步的中心地位将是重新回归中国，而且就在不远的时光，"21 世纪将是中国的世纪"。但我们同样必须明确，弗兰克本人尽管非常激烈地批判欧洲中心主义，但他没有从欧洲中心主义走向亚洲中心主义，更没有提中国中心主义。尽管有些人因为弗兰克过多地讲中国古代的中心地位而批判欧洲的中心地位，就认为他想用中国中心论取代欧洲中心论，有一些中国人也这样认为，但弗兰克本人在《白银资本》的中文版序言中针对这一情况特别警告中国读者："我绝不是像西方某些人所指责的那样简单地用中国中心论来取代欧洲中心论。如果中国读者是基于这种想法而接受我的这部著作，那会使我大失所望。"[1]

　　我们这里分析的目的是想说明，无论是根据具有欧洲中心论思想的韦伯和沃勒斯坦，还是根据强烈反对欧洲中心论的弗兰克的理论，都不能得出"'中国在历史上的世界经济中的中心地位和角色'必将

---

[1]　［德］贡德·弗兰克：《白银资本：重视经济全球化中的东方》，刘北成译，中央编译出版社 2001 年版，中文版前言第 26 页。

再现于未来世界的发展进程"的结论，这一结论是不严肃的。韦伯和沃勒斯坦都只是讲到了一种发展趋势，而没有明确讲哪一个国家会怎样，基本没有涉及中国的情况；弗兰克则明确表示，不想用中国中心论取代欧洲中心论。"我们的著作和论文特意以人类为中心，而且可能的话也是以生态为中心的。这方面它们大大不同于西方、中国以及其他各地大多数得到承认的研究、教学与理论，后者都是本地的，地方化的，时期短暂的，而且往往是特意这样做的。"①

二　社会主义核心价值观的双重意蕴②

尽管学界和政界对于社会主义核心价值观的讨论非常热烈，但是仍然存在很大的分歧。究其原因，除了讨论者所持有的不同立场之外，还有所讨论问题的不同论域的原因。根据本书的研究主题，我们认为，在发展哲学的视域中，可以在双重意蕴上来探讨社会主义核心价值观：一是在国家层面上，与西方国家价值观相对的意义上的意识形态的斗争；二是在个人层面上，对公民道德行为规范的引领。③

1. 对西方国家意识形态的斗争

社会主义核心价值观是中国特色社会主义道路在意识形态层面的逻辑表达，是社会主义意识形态的本质体现。相对地，西方价值观则

---

① ［德］冈德·弗兰克、［美］巴里·吉尔斯主编：《世界体系：500 年还是 5000 年?》，郝名玮译，社会科学文献出版社 2004 年版，中文版序第 1 页。

② 十八大报告从国家、社会、公民三个层面分别概括了社会主义核心价值观，"倡导富强、民主、文明、和谐，倡导自由、平等、公正、法治，倡导爱国、敬业、诚信、友善，积极培育社会主义核心价值观"。这一目涉及国家和公民个人两层面，下一目结合"公平性"阐述社会层面。

③ 国内相关的讨论中有一些涉及不对称的两个层面，比如徐景安与司马南的对话。面对徐景安的责问，司马南辩解说，他所谈论的价值观就是属于政治价值层面，基本与个人道德价值层面无关。而徐则诘问说，价值观一定涉及法律、制度、道德层面，也就既与政治有关，也与道德有关（见网页 http://www.l99.com/EditText_view.action? textId = 506307）。还有学者也谈到价值观的这些方面，但更强调国家政治层面，如"我们今天构建核心价值观的宗旨不仅仅是挽救传统道德滑坡的预势或者是应对道德观念转变对原有主流核心价值观的冲击。而是要着眼于未来，即着眼于'后社会主义初期阶段'的中国社会未来"。（参见陈树林《构建核心价值观的若干思考》，《光明日报》2012 年 3 月 24 日。）

是西方发展模式在意识形态层面的逻辑表达。在一些学者和政治家看来，西方价值观就意味着普世价值，把"普世价值"观作为一种西方政治社会思潮。于是国内就有一批人在阐述社会主义核心价值观的时候就把社会主义核心价值观与普世价值对立起来，视普世价值为洪水猛兽，甚至否定普世价值的存在。我们这里主要就两者的对立展开简要分析。

这些人特别警惕社会主义意识形态的安全。前车之鉴并不遥远，要知道苏联解体的主要原因不是军事失利，而是意识形态放松的结果，放弃了马克思主义的主导地位，去追求以"普世价值"面貌出现的西方价值观，致使最大最早的社会主义国家垮台。所以国内的一些人担心西方用同样的方式来对我们进行和平演变，这并非杞人忧天。西方一直把价值观视为和平演变的有力工具，尼克松在《真正的和平》中就写道："我们有两种强花色，即在经济力量和思想力量方面"，"我们应当充分运用作为西方文明基本特点的精神和文化价值观的影响"。① 实际上不仅是在冷战时期，美国等西方国家一有机会就会不遗余力地向外宣传输出他们的价值观。冷战已经结束二十多年后的 2015 年 4 月 11 日，在中美洲巴拿马城召开的美洲峰会上，美国总统奥巴马在与古巴领导人劳尔·卡斯特罗进行会晤，两国实现了历史性互动。但是这并不能说明美国对古巴的西化战略发生改变，改变的只是实施战略的方式、方法而已。奥巴马在最初的讲话中说道："我不奢望我所宣布的政策能在一夜之间带来古巴的转型。但我相信，通过接触政策，我们可以更有效地捍卫我们追求的价值观。"②

在谈到中国模式的时候，一些西方学者就认为，尽管中国模式取得了成功，但这是暂时的，从根本上看，中国模式不仅不能成为西方模式的替代物，而且作为一种过渡的发展模式，最终会通过经济成

---

① ［美］尼克松：《真正的和平》，载辛灿编《西方政界要人谈和平演变》，张光远译，新华出版社 1989 年版，第 29、31 页。

② 参见王友明《美古融冰"门罗主义"幽灵仍存》，《环球时报》2015 年 4 月 13 日第 15 版。

长、法律改革、民主化和宪政主义一连串的价值附加，改变其价值中
立的特点，回归西方模式怀抱中。① 再如，在谈到中国崛起可能形成
对西方的威胁时，就是那个在苏联解体过程中承担非常重要角色的英
国首相撒切尔夫人，颇为自信地安慰西方人说："中国不可能成为一
个大国，因为中国没有可以输出的普世价值观。" 正因为有此前鉴，
所以一提到普世价值，很自然地就联想到西方价值观，把两者等同。

把西方价值观与普世价值相等同，把普世价值观仅仅视为西方社
会的产物，实际是西方中心论的一种观点。而在国内外史学界，西方
中心论已被普遍认为是一种不科学的世界历史观。这些西方人把自己
的价值观视为普世价值，一方面体现了"上帝选民"天然的优越感；
另一方面也是故意而为，硬要把一种特殊上升到普遍。反观国内也持
同样观点的人，一方面说明身受西方中心论思维方式的强大束缚，要
冲破西方中心论的难度之大；另一方面也说明，他们尽管以马克思主
义的名义说话，但并没有真正理解马克思的思想，正如我们在前文已
经阐述过的，马克思那里就已经突破了西方中心论的藩篱。

西方国家把具有西方特殊特征的西方价值观披上普世价值观的外
衣而向外输出，是怀有不可告人的目的。美国向发展中国家输出"自
由、民主和人权"，不是为了使这些国家走上康庄大道，而是为了削
弱这些国家的主导能力，加强美国垄断资本控制这些国家的能力。阿
明评论说，"美国的规划与民主全球扩展无关（即使是美国形式的民
主）。不存在使伊拉克或那个地区的某个国家民主化，而纯粹是要抢
夺它们的财富（例如伊拉克石油）。美国占领科威特已有12年了：它
在那里促进任何民主政体了吗？美国占科威特唯一的法律措施是进一
步削弱言论自由，甚至干脆禁止对美国的任何批评！"② 西方敌对势
力打着"普世价值"的旗号，把他们那一套全盘西化的主张和要求

---

① 赵穗生：《中国模式探索：能否取代西方的现代化模式?》，《绿叶》2009 年第3 期，
第39 页。

② ［埃及］萨米尔·阿明：《自由主义病毒/欧洲中心论批判》，王麟进等译，社会科
学文献出版社 2007 年版，第 53 页。

塞给我们，企图作为否定中国特色社会主义道路的一种手段。这一点，我们必须有清醒的意识。

把西方价值观视为普世价值观是一种错误，而由反对西方价值观出发否认普世价值的存在同样也是一种错误。普世价值观是存在的，普世价值是指富强、民主、自由、法治等所有人类共有的价值理念。马克思也认为，"自由确实是人的本质，因此就连自由的反对者在反对自由的现实的同时也实现着自由"；"没有一个人反对自由，如果有的话，最多也只是反对别人的自由。可见，各种自由向来就是存在的，不过有时表现为特殊的特权，有时表现为普遍的权利而已"。①"民主和人权不再只是西方的创造，它们现已赢得近乎普遍性的声誉和正当性。任何一个政权都已不能轻易地公开践踏人权，而且几乎没有一个国家可以无视关于民主人权的法律和国际制裁。但与此同时，对于人权、民主和其他许多概念的确切含义，仍有许多由文化决定的不同理解。"② 西方对于自由、民主、人权的理解只是众多理解之一，绝非唯一，而且现在看来也并非最好。弗朗西斯·福山曾经宣称西式自由民主已经成为"人类意识形态进步的终点""人类统治的最后形式"，但在反思金融危机后不得不承认，"西方自由民主可能并非人类历史进化的终点""历史似乎没有终结"，美国制度并不是世界上最好的制度，美国没有什么可以教中国的。③

西方价值观并不等同于普世价值，同样，社会主义核心价值观也并不排斥普世价值。不仅如此，而且我们要在争夺国际话语权、国内主导权的高度上来阐释社会主义核心价值观的普世色彩。早在 20 世纪 80 年代中期，邓小平在会见坦桑尼亚副总统姆维尼时就说过，"现在我们干的是中国几千年来从未干过的事，这场改革不仅影响中国，而且会影响世界。"④ 这种影响不仅表现在经济层面（我们经济总量

---

① 《马克思恩格斯全集》第 1 卷，人民出版社 1995 年版，第 167 页。

② ［美］霍华德·威亚尔达主编：《非西方发展理论——地区模式与全球趋势》，董正华等译，北京大学出版社 2006 年版，第 158 页。

③ ［美］福山：《美式民主教不了中国》，《环球时报》2011 年 1 月 19 日。

④ 邓小平：《邓小平文选》第 3 卷，人民出版社 1993 年版，第 118 页。

已经跃居世界第二位了，其影响自不待言），而且会表现在文化和价值观层面。在价值观层面，我们的影响也已经表现出来。英国剑桥大学政治与国际问题高级研究员斯蒂芬·哈尔珀就说，"全球化让世界变小。中国让西方——其价值观、原则和标准——变小。"① 党的十八大报告就把国家层面的社会主义核心价值观描述为"富强、民主、文明、和谐"，就是一种普世价值的追求，当然是一种根本不同于西方价值观的普世价值，一种中国特色的普世价值。2013 年 12 月中共中央办公厅印发的《关于培育和践行社会主义核心价值观的意见》指出，培育和践行社会主义核心价值观，是推进中国特色社会主义伟大事业、实现中华民族伟大复兴中国梦的战略任务。

2. 对国内公民道德建设的引领

社会主义核心价值观的另一意蕴就是要在国内引领公民道德建设，党的十八大报告也特别强调了公民个人层面的社会主义核心价值观。这一层面非常重要，因为国家层面和社会层面说到底要落实到公民的个人层面，马克思说，"社会结构和国家总是从一定的个人的生活过程中产生的。"② 新加坡资政李光耀也进一步说，"不论采取什么制度，起决定作用的是实行这个制度的人的素质。"③ 新时期以来，在推进改革开放和现代化建设的过程中，全民族文明素质明显提高，但也出现了价值取向扭曲、社会责任感缺乏等问题。于是有人提出，近年来人们的道德水平明显滑坡，而这是由市场经济造成的。还有学者说，美国在 20 世纪初也出现过一个类似我国现在的道德滑坡阶段，所以随着我国市场经济的深入发展，在一些领域和一些地方难以避免出现价值观迷失的消极现象。言下之意，我国再过一段时间，市场经济再进一步充分发展后，这种消极现象就会消失不见。我们认为这种观点是偏颇的。

的确，这些年来的公民道德建设出现了一些问题，特别是老人倒

① 斯蒂芬·哈尔珀：《中国让西方变小》，《参考消息》2011 年 12 月 26 日。
② 《马克思恩格斯选集》第 1 卷，人民出版社 1995 年版，第 71 页。
③ 转引自田芝健等《现代化的核心是人的现代化》，《光明日报》2013 年 1 月 28 日。

地不敢扶的现象，经由"彭宇案件"①和"小悦悦事件"，折射出了存在的问题。但原因不在于市场经济。如果说市场经济必然导致人们道德水准下滑，而我们又如此坚定奉行市场经济，那岂不是说人们道德水平滑坡是必然无可挽回的吗？这种说法欠妥当。我们认为，近些年人们的道德水平下滑现象是存在的，正因为如此，培育和践行社会主义核心价值观才更加必要和紧迫，但其原因不能完全归于市场经济。如果说美国的市场经济曾经出现过一个道德滑坡阶段，所以我国的市场经济也一定会出现一个类似的道德滑坡阶段，这恰恰是说明我国的发展道路与发达国家的发展道路是一致的，这就是我们前文一直在分析批判的现代化理论所倡导的、"西方中心"下的发展道路同一论。而我们要走的恰恰是不同于西方的中国特色社会主义道路。近些年一直存在着一个比较通畅的解释：如果在一些事情上想与西方一致，就说要与世界接轨；如果在另一些事情上不想与西方一致，则说要坚持中国特色。这是一种两全解释，而这种两全解释恰恰反映了一种逻辑混乱。我们必须明确，在哪些事情上能接轨，哪些事情上要坚持特色，而不能含糊。在发展道路上就必须坚持中国特色社会主义道路。

诚如邓小平说："我们要建设的社会主义国家，不但要有高度的物质文明，而且要有高度的精神文明。"②两手抓，两手都要硬。然而我们当前的现代化建设却呈现一种不平衡性：精神文明建设滞后于物质文明建设。时任总理温家宝在 2011 年 4 月 14 日同新聘任的国务院参事和中央文史研究馆馆员座谈时明确指出："当前文化建设特别是道德文化建设，同经济发展相比仍然是一条短腿。"倒地老人"扶

---

① 2006 年的"彭宇案"以及 2015 年被再审的"呼格案"还涉及一个人性假定的问题。对于"彭宇案"，法院的逻辑是，"如果不是彭宇撞的老太太，他完全不用送她去医院"。对于"呼格案"，公安局的逻辑是，如果报案人不同时也是做案人，"眼前这两个男的怎么会知道女厕内有女尸？"从人性假定上看，这两起案件都基于人性恶的假定，也就是说，这就基本否定了人们会无理由地做好事的心理意图。显然，这样的人性假定并不能跟上社会主义核心价值观的建设预期。

② 邓小平：《邓小平文选》第 2 卷，人民出版社 1994 年版，第 367 页。

还是不扶"的热烈讨论，折射出人们对道德良知的珍视与焦灼。一个国家，如果没有国民素质的提高和道德的力量，绝不可能成为一个真正强大的国家、一个受人尊敬的国家。

我们再回到搀扶倒地老人的事情。2006 年的"彭宇案"一度成为国人关注的焦点，其影响远远超出案件本身，甚至成为社会"道德滑坡"的标志性事件。① 2013 年 12 月，一位"北京大妈"倒地，抓住了身边的意大利小伙，让对方赔了 1800 元。一时间人们由于"扶起老人反被讹"的习惯性思维定势，更愿意相信外国人，而不愿意相信中国大妈，于是大妈遭到了一边倒的指责。后来视频还原了事实真相：意大利小伙确实撞了中国大妈。这件事说明：第一，并不是每一个倒地老人都是故意讹诈；第二，市场经济的发展但并不能自发地产生高水平的道德素质，因为意大利的市场经济已经有五百多年的发展史了。所以，倡导社会主义核心价值观，引领公民道德建设犹为必要。

我们倡导的社会核心价值观以马克思主义为指导，以马克思主义为指导的社会主义精神文明则是社会主义社会区别于其他社会制度的重要特征。邓小平说："没有这种精神文明，没有共产主义思想，没有共产主义道德，怎么能建设社会主义？"② 2014 年马年春晚小品《扶不扶》的台词说得好，"这人倒了咱不扶，这人心不就倒了吗？人心要是倒了，咱想扶都扶不起来了。"我们只有以马克思主义的道德论为基础，认真培育和践行社会主义核心价值观，才能切实引领公民道德建设，不断积累释放社会文明和谐的"正能量"，实现中华民族伟大复兴中国梦的战略任务。

三　社会主义的公平性追求

"公平性"一直作为社会主义追求的一个主要目标。在改革开放

---

① 但后来本已趋于沉寂的彭宇事件却出现了耐人寻味的新进展：南京市委常委、市政法委书记刘志伟在接受《瞭望》新闻周刊记者专访时称，彭宇承认与当事人发生碰撞，以前舆论和公众认知的"彭宇案"并非事实真相。

② 邓小平：《邓小平文选》第 2 卷，人民出版社 1994 年版，第 367 页。

之前，就是由于对公平性的追求而导致了"一大二公"的绝对平均主义（当然中国古代"不患寡而患不均"的传统思想也起了一定的作用），进而严重影响了社会生产力的发展。改革开放之后，"效率优先兼顾公平"的口号打破了平均主义，解放了社会生产力，迅速积累了巨大财富的同时，也拉大了基尼系数。2013 年 1 月 18 日，中国国家统计局一次性公布了自 2003 年以来十年的全国基尼系数。国家统计局局长马建堂介绍称，中国全国居民收入的基尼系数，2003 年是 0.479，2004 年是 0.473，2005 年是 0.485，2006 年是 0.487，2007 年是 0.484，2008 年是 0.491。然后逐步回落，2009 年是 0.490，2010 年是 0.481，2011 年是 0.477，2012 年是 0.474。[①]"公平性"问题已经成为社会公众最为关注的问题之一。这种"关注"可以分为两个层面：在国家层面，担心中国陷入"中等收入陷阱"；在社会层面，如何实现社会公平来保证发展的人民性。

1. 中等收入陷阱：超越纯经济学的理解

"中等收入陷阱"的问题已经成为当前的一个热点问题，很多学者就"中等收入陷阱"的概念及其与当代中国的关联等问题提出了很多有意义的看法。其中一些学者认为，"中等收入陷阱"是一个值得商榷的概念，甚至说"中等收入陷阱"是一个伪问题[②]，等等。笔者认为，不仅"中等收入陷阱"这个概念能够成立，而且这一概念要超越纯粹经济学，纳入"发展学"的框架中理解。

（1）"中等收入陷阱"之辩

有学者认为，"中等收入"的外延过于宽泛，按照世界银行的分类，人均国民收入高于 1006 美元低于 12275 美元的国家为中等收入国家，如果存在着"陷阱"的话，是刚超过 1000 美元的国家容易落入陷阱还是已经超过 10000 美元的国家容易落入陷阱，因为上限和下

---

① 见网页 http：//www.js.xinhuanet.com/2014-01/20/c_119045665.htm。

② 参见刘福垣《中等收入陷阱是一个伪问题》，《南风窗》2011 年第 16 期；徐康宁《"中等收入陷阱"：一个值得商榷的概念?》，《中国社会科学报》2012 年 3 月 26 日，《浙江日报》2012 年 3 月 30 日。在这个问题上，学者孙立平的观点值得关注，他认为"中等收入陷阱"是存在的，但当前中国面临的问题不是"中等收入陷阱"，而是"转型的陷阱"。

限相差 10 倍以上。另外,这一概念在内涵逻辑上也不够严谨,经济增长是否落入陷阱,与是否处于中等收入水平没有必然联系,并不是所有国家(也不是多数国家)在经历中等收入发展阶段时会落入增长"陷阱"。事实上,多数国家在经历中等收入发展阶段后并没有落入所谓的"陷阱",现在属于欧盟的大部分国家并没有经历这一陷阱。我们认为,这样的论述有偷换概念的嫌疑,值得进一步商榷。

第一,关于"中等收入陷阱"的指涉对象。上述论者把世界上所有国家全部纳入研究对象,这是不严谨的,实际上,"中等收入陷阱"的指涉对象是新兴的市场国家,或者广义上的发展中国家,"现在属于欧盟的大部分国家"是不能纳入这一范畴的,这些国家大多属于先发展起来的发达国家。这些国家之外,也只有日本、韩国等少数几个国家没有经历"中等收入陷阱",没有跨越陷阱的恰恰是多数国家。而上述论者以欧盟,特别是以韩国为例来说明这一概念的不严谨,恰恰其本身是不严谨的。

第二,关于"中等收入陷阱"的比较对象。"中等收入陷阱"的比较对象不是内部而是外部,这一论题要说明的,不是说在这一范围内哪些国家容易落入陷阱,不是在这一范围内各部分进行比较;而是把"中等收入"与之前的"低收入"和之后的"高收入"进行比较,来说明当低收入国家跃升为中等收入国家后,经济进一步增长更容易受到原有发展模式的制约而陷入停滞徘徊期,这是一种外部比较。

第三,关于"中等收入陷阱"的适用范围。"中等收入陷阱"的命题本身就不具有普遍必然性,它也不试图去谋求这种普遍必然性。恰恰相反,如果这一命题具有普遍必然性,则意味着所有国家一旦进入中等收入阶段就必然陷入陷阱,那我们对于跨越陷阱的路径寻求就没有意义了。所以上述论者以"中等收入陷阱"的论题构不成普遍原理为由而加以批判就显然是射空了把子。

(2)"中等收入陷阱"的发展学理解

"中等收入陷阱"是一个发展经济学的术语,发展经济学作为战后刚兴起的一个学科,是发展学与经济学的交叉学科,所以关于这一命题,理应在发展学领域和经济学领域都展开相应的讨论。然而,事实上综观国内对于这一命题的讨论，基本上仍然囿于经济学领域，经济学领域之外鲜有论者参与，这就造成一个结果：大家大都是在经济学的层面上讨论，只把"中等收入陷阱"问题视为一个经济学命题，只在经济学的层面谋求问题的解决，遮蔽了其发展政治学、发展社会学、发展哲学等其他发展学学科的视角。我们这里绝没有否认对于这一问题的经济学探讨的积极意义，只是强调单从纯粹经济学视角考察的狭隘性，不能只是就经济论经济，经济问题的圆满解决往往伴随着政治的和社会的等其他方面。

发展政治学的代表人物亨廷顿就提出，在发展中国家随着经济增长而来的不一定是政治的稳定，还可能是政治衰朽、政治动荡和政权更迭，而这种政治混乱反过来又抑制了刚刚获得起步的经济增长。他这里是从政治的层面论经济，尽管是从政治学层面来考察，没有对收入作出明确的区分和限定，也没有使用"陷阱"词语，但这里可以清晰地看到，发展中国家的经济增长并非一直向前，很有可能陷入停滞徘徊期。而发展社会学则从分配对经济和社会的影响来看待收入问题，发展社会学的一个命题就提出，"一个'两头小、中间大'的橄榄型社会是合理的社会分配结构"，它看重的不是"人均占有"，而是每个人的实际占有，人均收入1000美元与每个人收入1000美元是两个不同的概念，如果快速的经济增长和严重的两级分化同时出现，那么对大部分人生活福利的提高不会有多少积极意义，在这样一个畸形的社会里，快速的经济增长不可能一直持续下去。

"中等收入陷阱"的问题并不仅仅是一个经济问题，也不可能只在经济学的范畴内得到合理圆满的解决，必须把它纳入发展学的范畴。不能只从发展经济学的视角，也要从发展政治学、发展社会学乃至发展哲学等其他发展学学科的视角来审视和考察，否则是不全面的。

（3）"中等收入陷阱"对当代中国的警示

"中等收入陷阱"并不具有普遍必然性，但却是可能的。一些拉美国家，如智利、墨西哥等国，就算是现在已经步入发展正途（如一些学者所言的），也改变不了它们曾经经历过"陷阱"的事实。就是这一事实告诫后来的发展中国家，要充分正视"陷阱"的存在。"陷阱"的存在是可能的，而韩国等一些国家的成功则预示着，跨越"陷阱"也是可能的，尽管这种"跨越"同样不具有必然性。

中国经过改革开放三十多年的发展，现在人均国民生产总值超过了 6000 美元①，已经进入了中等收入国家的行列。对于"中等收入陷阱"的问题，中国当前无须草木皆兵，认为中国一定会陷入陷阱中；但也不能高枕无忧，认为中国一定会跨越陷阱。拉美和东亚一些曾经经历过"陷阱"的国家以及韩国等成功跨越"陷阱"的国家给我们提供了一些经验教训。我们必须要根据自己的经济社会发展实际，同时借鉴这些国家的经验教训，谋求跨越"中等收入陷阱"的现实路径。要把"中等收入陷阱"的问题纳入发展学的框架中，深入贯彻落实科学发展观，除了要加快经济发展方式转变、促进经济结构优化升级等传统经济学视域中的路径选择之外，还要特别重视深化收入分配制度改革以形成合理的社会分配结构等社会学视域中的路径选择。

2. 发展成果的人民性：公平与效率的辩证法

"公平性"不仅是发展哲学研究领域中最重要语词之一，也是社会主义制度优越性体现的一个最重要方面。改革开放以来的中国特色社会主义事业犹要以"公平性"为追求目标之一，不如此不能体现出社会主义的吸引力。"我们既不能照搬西方资本主义国家的做法，也不能照搬其他社会主义国家的做法，更不能丢掉我们制度的优越性。"② "社会主义最大的优越性就是共同富裕，这是体现社会主义本质的一个东西。"③ 社会主义社会的本质是解放生产力，发展生产力，消灭剥削，消除两极分化，最终达到共同富裕。"共同富裕"，就是

---

① 据国家统计局《2012 年国民经济和社会发展统计公报》，2012 年中国国内生产总值（GDP）为 519322 亿元，年末全国大陆总人口为 135404 万人，据此，2012 年中国人均 GDP 为 38354 元，截至 2012 年年末，人民币兑美元汇率中间价为 6.2855 美元，这就意味着 2012 年我国人均 GDP 达到了 6100 美元。

② 邓小平:《邓小平文选》第 3 卷，人民出版社 1993 年版，第 256 页。

③ 同上书，第 364 页。

由人民共享发展成果。

改革开放之后，我们在"贫穷不是社会主义"的口号下锐意进取，摘掉了贫困的帽子，创造了 GDP 世界第二的经济总量，人们的生活水平得到了极大的提高，但整个中国社会也随之出现了复杂的多元利益格局，社会公平问题也进一步显现，人们的贫富差距越来越大，一些群体产生了相对剥夺感，连续多年 0.47 以上的基尼系数就表明我国的收入分配还存在很大的改进余地。这个问题归根到底是对马克思主义经济理论、社会公平理论，对在社会主义时期实行按劳分配制度没有足够的重视。而如果忽视这个问题，就可能导致已有的成果丧失，而且国家也可能陷入混乱的泥潭。党中央适时地强调缩小收入分配差距，把努力解决社会公平问题放在重要的位置，这个着重点至关重要。十六大以来，党中央提出科学发展观，强调"以人为本"，其最终落脚点还是要不断满足人民群众的经济、政治和文化权益，一切发展成果由人民共享，让发展的成果惠及全体人民。特别是十八大报告更明确地提出，"让发展成果更多更公平惠及全体人民"（着重号为笔者所加），由此体现出了我们党的事业与人民事业的高度一致性，也体现出我们党直视和解决发展中的问题的勇气和决心。

当然，现时代的中国对"公平性"的寻求，绝不是要回到传统社会主义阶段的那种牺牲效率的绝对平均主义，而是要保持公平与效率的合理张力，努力促成公平与效率之间的辩证法。把握好公平与效率的关系是认识和处理人与人关系的关键，而人与人关系的和谐又是构建社会主义和谐社会的最深厚基础。人与人的心态关系甚至比人与地的生态关系更重要。① 社会主义市场经济就是力图实现社会主义的"公平"与市场经济的"效率"的结合。离开了社会公平，就谈不上社会主义，自然也就谈不上社会主义市场经济。面对无力处理金融危机的自由市场经济，美国财政部长讲了一句话，"法律赋予政府的权

---

① 费孝通：《孔林片思》，《读书》1992 年第 9 期，第 3—7 页。

力，我们已经基本用尽，但是不起作用。"① 邓小平在晚年的一次谈话中就提醒我们说，"少数人获得那么多财富，大多数人没有，这样发展下去总有一天会出问题。分配不公，会导致两极分化，到一定时候问题就会出来。这个问题一定要解决。"② 所以，面对发展成果的分配问题，党中央提出，社会主义市场经济条件之下"初次分配和再分配都要兼顾效率和公平，再分配更加注重公平"。

当代中国的社会公平问题已经不仅仅表现在收入分配领域，在权利、就业、环境等领域也都有较为明显的表现，比如由官二代、富二代带来的阶层固化的问题就引起了许多人的诟病（这种阶层固化的社会结构已经开始了再生产，将引发阶层之间的对立情绪），因为这降低了人们社会地位的流动（社会底层向上流动）的可能性，而人们社会地位的流动是一个社会保持鲜活生命力借以保持稳定的有效保证。社会地位流动可能性的降低甚至比收入差距的扩大给社会带来的危害更大，因为如果仅仅是后者，还给人们保留着希望。而在公共民生投入方面，这些年尽管进行了很大改善，但还存在很多问题。中央党校吴忠民教授在《中国经济周刊》上发表的一篇文章称，中国在社会保障、公共教育、公共卫生三项基本民生方面的投入，分别只占到当年国民生产总值的3%、2.9%和2%。这个比重接近世界倒数第一位，只是略强过柬埔寨、津巴布韦等世界上最贫穷的国家。③ 很显然，这种财政支出结构是非常不合理的。必须下决心加大社会支出，解决经济发展和社会发展"一腿长、一腿短"的问题。为此，十八大报告宣称，"公平正义是中国特色社会主义的内在要求。要在全体人民共同奋斗、经济社会发展的基础上，加紧建设对保障社会公平正义具有重大作用的制度，逐步建立以权利公平、机会公平、规则公平为主要内容的社会公平保障体系，努力营造公平的社会环境，保障人

---

① 转引自孙立平《转型陷阱：中国面临的制约》，《南方都市报》2012 年 1 月 1 日。

② 中共中央文献研究室编：《邓小平年谱 1975—1997（下）》，中央文献出版社2004 年版，第 1363 页。

③ 王红茹：《专家建议：每年 3000 亿建立初级社会公平保障体系》，《中国经济周刊》2006 年第 30 期，第 22 页。

民平等参与、平等发展权利。"①

第二节　发展的人学向度：发展主义的超越

当代中国的发展哲学建构，必须建基于当代中国真实的发展实践之上。中国在改革开放之后取得了举世瞩目的伟大成就，但在发展过程中也存在着一些严重的问题。毋庸讳言，我们当代中国存在着发展主义，这是政界和学界几乎公认的不争之事实。关于中国当代的社会发展中的发展主义问题，已经有很多的论著，有些直接冠以"发展主义"的名义②，有些虽然没有采用发展主义的术语，但谈论的也是相关问题。国情专家胡鞍钢指出，中国在改革开放的前 25 年里就是"以物为本"，③ 而这种"以物为本"就是发展主义的最明显的特征。学者刘森林更是坦言：不仅当代中国，而且百年来的中国一直为发展主义理念所折服和浸染。在当代中国是否存在着发展主义的问题上，学界几乎没有分歧；学界的分歧在于对当代中国发展主义的评价，而评价的分歧更多的是对中国发展主义所呈现的正面效应和负面效应的看法不同所致。基于本书的研究主题，我们这里主要针对中国发展主义所呈现的负面效应就如何超越这种发展主义作一简单论述。发展主义的理论实质就是以物为中心、以物为本，故而发展主义的超越就要走向人的发展，强调发展的人学向度。

一　物的依赖性的扬弃

正如前文所述，不能把马克思主义视为发展主义的亚种，在马克

---

① 胡锦涛：《坚定不移沿着中国特色社会主义道路前进，为全面建成小康社会而奋斗——在中国共产党第十八次全国代表大会上的报告》，人民出版社 2012 年版，第 14—15 页。

② 高柏：《新发展主义与古典发展主义——中国模式与日本模式的比较分析》，《社会学研究》2006 年第 1 期，第 114—138 页。

③ 胡鞍钢：《从"以物为本"到"以人为本"是个战略转向》，《政工研究动态》2004 年第 7 期，第 16 页。

思主义的视界中，人既是出发点，又是理论归宿。马克思主义哲学中并不存在所谓的"人学的空场"，马克思主义哲学始终将现实的人的生存、发展和解放作为自己的理论主题。以人的自由发展为主线，马克思将人的发展分为三个阶段：人对人的依赖性，以物的依赖性为基础的人的独立性，自由人的联合体。第二阶段对第一阶段呈现进步性：已经摆脱了对个人的依附性进而挺立了自己的独立性，但这种独立性也是有代价的，即不再依附于人转而依附于物，因而还没有完全实现自由性，到了未来共产主义社会，"代替那存在着阶级和阶级对立的资产阶级旧社会的，将是这样一个联合体，在那里，每个人的自由发展是一切人的自由发展的条件。"① 所以当代中国的发展哲学必须要努力扬弃物的依赖性，强调人的发展。这里主要有两点：一是发展的目的，不是积累了多少物质财富及其衡量形式 GDP，而是要满足人们的真实需要，切实提高人们的生活质量。二是发展的手段，不是依靠资源能源的高投入来置换持续的"物"的经济增长，而是主要依靠"人"，依靠人力资源的开发来保持经济的增长。

1. 满足人们的真实需要：重申"人作为发展目的"

"人是目的"本是一个恒远的话题，在近现代虽然经历了康德的提醒也没能阻止其走向偏颇，即使在社会主义国家也未能幸免。苏联解体的一个非常重要的原因就在于没有把人视为发展的目的更多时候则是人被沦为手段。在斯大林囚犯营中丧生的俄罗斯诗人奥西普·曼德尔斯塔姆曾写道，衡量社会的尺度是人，但是在有些年代里，"人们说，他们没有时间考虑人，他们只是把人当作砖头或水泥来使用，是用来建筑的，而不是为了建筑的。"② 人是发展的目的，而人的目的则在于"作为人而成为人"（冯友兰语），就是要满足发展人的需要，保持人的尊严，创造必要的条件以实现人的价值和自由，这样人

---

① 《马克思恩格斯选集》第 4 卷，人民出版社 1995 年版，第 730—731 页。

② ［英］阿伦·布洛克：《西方人文主义传统》，生活·读书·新知三联书店 1997 年版，第 273 页。

才能够"作为一个完整的人，占有自己的全面的本质"①。在 2010 年
3 月召开的全国"两会"上，时任总理温家宝在政府工作报告中说：
"我们所做的一切都是要让人民生活得更加幸福、更有尊严，让社会
更加公正、更加和谐。"

人作为人，就要满足人的需要，但并非所有人的需要都是真实
的，马尔库塞就曾区分过"真实的需要"与"虚假的需要"，并对
"虚假的需要"进行了严肃的批评。我国当前社会这种"虚假的需
要"也是存在的，主要体现为象征性消费、炫耀性消费等一些畸形的
社会消费。这种畸形消费表现之一即在于崇尚洋货。一些中国大陆的
富人进到欧洲的奢侈品店里后，不问"哪个是这季的最新款？""这
个色彩是不是适合我？"而是不假思索地问，"哪款最贵？"② 中国人
何以如此热衷外国商品？主要是部分国人的消费观念存在问题，一方
面，认为外国的"月亮圆"，实际上并非所有外国商品质量都高，日
本、德国的汽车都曾多次出现招回事件；另一方面，部分国人在进行
炫耀性消费，以满足其炫耀性心理：一是要以此弥补自己其他方面的
不足（如文化层次不高等），二是要故意示人在这方面比别人强。说
到底，这种畸形消费折射出来的还是一种不自信。畸形消费的另一重
要表现就是"白色消费"。这里"白色消费"有双重含义：一是关于
丧事，近年来，在我国部分相对富裕地区，办丧事造阴宅已经到了非
常严重的地步；二是关于毒品，沈阳一个 25 岁女子竟花费万元庆祝
生日，用毒品招待朋友狂欢。

改革开放之前的中国社会，生产力水平总体较低，社会成员普遍
贫穷，不要说奢侈品，就连一些基本的生存需求都不能得到满足。随
着社会财富的增长，一些先富起来的人就想用这种异化的畸形消费来
获得别人的承认和尊重，以求过上"一种有尊严的生活"。这种消费
是建立在人的贪欲基础上的，满足的是"虚假的需要"而非"真实
的需要"。第一，地球的资源有限，"能够满足人类的需要，但不能

---

① 《马克思恩格斯全集》第 42 卷，人民出版社 1979 年版，第 123 页。
② 司晋丽：《中国奢侈品消费：风往哪吹？》，《人民政协报》2010 年 6 月 25 日。

满足人类的贪婪"。第二，"人类的贪婪是不能满足的"（亚里士多德语）。马克思也讲道，"已经得到满足的第一个需要本身、满足需要的活动和已经获得的为满足需要而用的工具又引起新的需要"①。不要说还处于发展中国家的我们，就是美国这样的发达国家也是如此，艾伦·杜宁在《多少算够——消费社会与地球的未来》中提到，一位纽约州伊萨卡的康奈尔大学的学生告诉《美国人口统计》杂志有关他的同龄人的志向时说："我们父母对于他们的生活方式是满意的，但它对我是不够的。"② 著名西方马克思主义的代表人物弗罗姆把"以物为中心"和"以消费为导向"作为发展主义的特征，发展主义之下的社会是一个"官僚主义的、以物为中心和以消费为导向的社会系统"，"一个以人为中心的社会与一个以物为中心的社会的区别倒与生存和占有这两种生存方式之间的区别相差无几"。③ 因此不去改变需要本身，就永远谈不上物质的丰富，物质相对困乏，公平分配终究难以实现。所以，要践行"以人为本"的发展理念，"社会主义的根本任务就是要消除物化"④，不是努力满足虚假的需要，而是要努力改变需要，克服异化的畸形消费，使人类最终建立起一种健康的生活方式。

2. 大力开发人力资源⑤：人怎样作为发展的手段

改革开放三十多年来，中国的发展取得了举世瞩目的成就，GDP总量跃升至世界第二位，但是我们如此高速的经济增长在很大程度上是依靠资源和能源的高消耗而取得的，多年来一直没有在根本上改变"高投入、高消耗、高排放，不协调、难循环、低效率"的粗放型增

---

① 《马克思恩格斯选集》第1卷，人民出版社1995年版，第79页。

② ［美］艾伦·杜宁：《多少算够——消费社会与地球的未来》，毕聿译，吉林人民出版社1997年版，第15页。

③ ［美］弗罗姆：《占有还是生存》，关山译，生活·读书·新知三联书店1989年版，第24、168页。

④ 房宁：《社会主义是一种和谐》，载中国社会科学院社会政法学部《科学发展　社会和谐》，社会科学文献出版社2007年版，第151页。

⑤ 尽管严格来说，"人力资本""人力资源""人才资源"的理论内涵存在着差别，但在很多学者那里，这三个语词是可以相互替代的，这里也是采用一般的用法。

长方式。我国各项主要产品的单位能耗不仅远高于国际先进水平，甚至高于印度等发展中国家。高消耗的发展模式，使我国本来紧张的资源形势趋向更加严峻。与资源能源高消耗紧紧相伴随的是废物、废气、废水的高排放以及由此产生的环境污染，环境问题已经成为中国未来发展所面临诸多问题中最具挑战性的问题之一。正是基于对高消耗高排放的粗放型发展模式的忧思，一直在环太平洋诸国从事比较现代化研究的香港科技大学教授丁学良说，在中国的局部地区、局部部门有着非常类似于拉美的令人担忧的现象。虽然目前还没有拉美那样普遍，但如果政府不给予高度的重视并通过良性的公共政策加以扭转，后果不堪设想。①

有很多发展理论家已经指出过人力资源对于社会发展的作用。佩鲁在《新发展观》中指出，"某些宣传极力说服我们相信：全部动员居民的劳动是增加社会产品最有效和最迅速的办法。如果这种办法有害于人的生活、有害于人的能力的话，那么，中心是人的发展就与这种办法水火不相容。在考虑规划时，我们所要遵循的准则必须是人力资源的充分发挥。"② 波特金、马列查和埃尔曼杰拉共同撰写的罗马俱乐部第七个报告《学无止境》突出了世界经济发展问题中的人的因素，认为主要是人的问题，是由人类妥善处理问题的能力远远落后于日益复杂现实造成的。人类要走出目前的困境必须改善和提高人的素质，使其充分理解他们所作所为的意义和后果，激发其潜在的创造能力和道德能力。而面对我们中国的现实国情，我们更应该把人力资源开发当作我国重要的发展路径。按照吴敬琏先生在《中国增长模式抉择》中论述的所谓"中国国情"，就是"人力资源丰富、自然资源紧缺、资本资源紧俏、生态环境脆弱"。按照 20 世纪五六十年代学者们提出的人力资本理论，人力资本包括了智力和体力两个主要方面。

第一，智力方面。智力作为人力资本的重要组成内容，在西方已经逐渐被社会认可，它们也在大力开发智力资本，并且取得了很好的

---

① 曲力秋：《中国能够绕开"拉美化"》，《中华工商时报》2005 年 3 月 15 日。

② ［法］佩鲁：《新发展观》，张宁、丰子义译，华夏出版社 1987 年版，第 151 页。

效果。相比之下，目前我国的智力资本开发水平却较低，表现为劳动者相对低下的文化素质和科技素质。我国是世界上人口最多的国家，但我国人口的文化素质和科技素质都相对低下，农村情况尤其严重，因为农村人口占总人口相当大的比重，占全国总人口的 70% 以上。这些"数量多质量低"的人口并不能构成中国经济和社会发展的人力资本存量，这严重影响了我国经济和社会发展质量的提高。尽管纵向来看，自改革开放以来，我国人力资源开发水平有了非常明显的提高，但横向来看，我国智力资源开发水平还比较低下，人口素质难以适应发展的需要。如果我国的人口素质得不到较快的提高，将成为我国社会发展的主要制约因素。

第二，体力方面。如果说，我国的智力资源开发水平相对落后的话，那么我国的体力资源无疑是世界上最丰富的。以前我们讲到这一点时总是说人口过多如何制约社会发展，其实把这些人口有序地组织起来用好完全可以为社会发展做出很好的贡献。艾伦·杜宁指出，"在高劳动密集和低环境影响之间有惊人的一致。例如，修理现成的产品比生产新产品使用了较多的人力和较少的自然资源；提高能源效率比促进能量生产使用了更多的人。且再循环计划比废物焚化炉或填埋使用了更多的人。"① 我们从资源和劳动力对于生产作用的比较来看，假设资源能源和劳动力是仅有的两种生产要素，并来考察这两种生产要素之间的关系。（工业运转需要很多条件，我们这里先假定其他条件恒定。）在以前，资源能源可以被看作是容易获得的，而劳动力却是缺乏的。因为在农业经济状态之下，土地上的劳动力与财富的数量基本上呈正相关关系，所以劳动力本就处于缺乏状态。这样，劳动力就成了财富增长的主要制约因素，劳动力紧张而资源能源丰富，所以主要的增长方式就是用资源能源"置换"劳动力。但是在经过了四五个世纪之后的今天，资源能源已经失去了先前的易获得性，相反我国却存在着一支相当庞大的劳动力大军，资源能源已经成为制约

① ［美］艾伦·杜宁：《多少算够——消费社会与地球的未来》，毕聿译，吉林人民出版社 1997 年版，第 78 页。

财富增长的瓶颈。资源能源紧张而劳动力丰富，因而，在当代应该努力寻求一条不同于以往的新的发展路径，即用劳动力去"置换"资源能源。我们国家拥有如此丰富的劳动力资源，即使在智力资本开发水平上还难以与发达国家相媲美，但在体力资源上完全可以发挥优势，这样就能变人口劣势为人口优势，以人力资源置换自然资源。

二　生态文明的人文关怀

当代中国由于仍然没有根本摆脱高消耗的经济增长方式，中国的生态环境付出了很大的代价，党的十八大把生态文明建设纳入中国特色社会主义事业五位一体总布局。习近平总书记特别指出："走向生态文明新时代，建设美丽中国，是实现中华民族伟大复兴的中国梦的重要内容。"[1] 建设生态文明的目的并不是为了生态而生态，而是为了人更好地发展。从发展哲学的视野看，要推进生态文明建设美丽中国，必须要处理好人与自然关系中的两个理论问题：生产力的内涵问题与工业生产方式的问题。

1. 生产力概念的内涵转换：人类生活的向度

传统的教科书、《辞海》《社会科学辞典》等经典著述把"生产力"内涵表述为："人们征服自然、改造自然的能力，表示人与自然的关系。"于是，人们为了提高生产力水平，就把人类自身置于自然的对立面，不断向自然开战。人类在取得累累硕果的同时，也使自然界的生态失去了平衡，产生了严重的环境问题，造成了发展的不可持续性。其实，人们"改造自然、征服自然"的目的，绝不是为了改造和征服自然而去改造和征服自然，而是为了提高自身的生活质量，为了人的自身能有更好的生活环境，能拥有幸福而美好的生活条件。社会主义生产的目的是满足人们不断增长的物质文化生活水平的需要，而不是为了加大改造自然的力量，建设美好的人类世界才是改造自然的根本意义。

---

① 《习近平致生态文明贵阳国际论坛 2013 年年会的贺信》，《人民日报》2013 年 7 月 21 日。

传统生产力概念之所以能在相当长的时间内占据主导地位，是有着很强的合理性基础的。人们只有向自然界索取，才能维持自身生存。为了维持生命，为了能够生活，人类必须生产，必须生产维持生命存在所需的物质生活资料。作为自然界长期进化和发展结果的人类，必须不断地同自然界进行必要的物质、能量和信息的交换，从自然界汲取各种营养成分。正是在这个意义上，马克思说，人们的物质生产劳动"首先是人和自然之间的过程，是人以自身的活动来中介、调整和控制人和自然之间的物质变换的过程。"① 同时，在原始文明和农业文明的社会阶段，人类的生产力水平是很低的，人类征服自然、改造自然的程度还不高。这种征服和改造尽管也对自然界造成改变和破坏，但这种改变和破坏还保持在自然界自身净化的能力范围之内。因此，在生产力比较低下的情况下，生产力水平的提高与人们生活质量的提高具有正相关系，即生产力水平愈高，带给人们产品和服务的数量也愈多，人们生活质量的水平也愈高。

但是传统生产力概念内涵进一步导致了"生产"和"生活"的对立，好像只有在"生产"之外才存在"生活"，这恰恰混淆了两者间的关系，"生产"不仅是为了"生活"，而且"生产"本身就是"生活"，是"生活"的一种形式。马克思在《资本论》中分析"劳动过程"时说："劳动过程……是制造使用价值的有目的的活动，是为了人类的需要而对自然物的占有，是人和自然之间的物质变换的一般条件，是人类生活的永恒的自然条件，因此，它不以人类生活的任何形式为转移，倒不如说，它是人类生活的一切社会形式所共有的。"② 按照这样的逻辑来理解生产力，可以将生产力的概念内涵理解为：生产力是人们提高自身生活质量的能力。采用这种界定方式，一方面可以理解为什么在古代、近代的历史阶段内，人们主要从人与自然关系的角度、从改造和征服自然的视角来理解生产力，因为那时人们主要就是靠改造和征服自然进行物质生产来提高自身的生活质

---

① 《马克思恩格斯选集》第 2 卷，人民出版社 1995 年版，第 177 页。

② 同上书，第 181 页。

量；而在当代的视野内，如果仍然把主要目标放在改造和征服自然以进行物质生产方面，就会引起生存环境的破坏进而对提高自身生活质量起破坏作用。另一方面，采用这种界定方式转换生产力的概念内涵，可以将挖掘生产力水平的方向引向人类自身，更好地建设生态文明，从而真正为"人类与自然的和解以及人类本身的和解开辟道路"①。

2. 工业生产方式的调适：可持续发展方式的选择

我们建设生态文明，是由于不可持续的发展方式致使自然环境遭到了严重破坏。在这种不可持续的发展方式之下，人类的实践活动对自然界的作用超过了自然界自身的调节和净化能力，致使自然界因不断遭受掠夺和破坏而逐渐变得不再适合人类生存，进而使得人类的继续生存成为严重的问题。建设生态文明，针对的是不可持续的发展方式，而不是工业文明。关于生态文明与工业文明的关系，中共中央政治局常委、国务院副总理张高丽讲道，"建设生态文明，不是要放弃工业文明，回到原始的生产生活方式，而是要以资源环境承载能力为基础，以自然规律为准则，以可持续发展、人与自然和谐为目标，建设生产发展、生活富裕、生态良好的文明社会。"② 生态文明与工业文明不是对立的。

作为一种发展模式，不可持续的发展模式既可以与传统的农业相结合，也能够与现代的工业相结合，然而又并不必然与哪一种产业形式相结合。如果现代工业必然伴随不可持续的发展模式，而在当今世界的广大发展中国家工业仍然是占主导的产业形式、发达国家中工业也占据相当比重的情况下，"可持续发展"就根本没有实现的可能性，"可持续发展"岂不是一句空洞的口号。对于广大落后的发展中国家而言，还处于由农业文明向工业文明的过渡期，它们将处于一种左右为难的境地：不搞现代化建设，自己的民族利益将受到根本性的

① 《马克思恩格斯全集》第 3 卷，人民出版社 2002 年版，第 449 页。

② 张高丽：《大力推进生态文明 努力建设美丽中国》，见网页 http://www.ccpph.com.cn/res/wzzk/jj_1/201312/t20131217_127678.html。

损害；搞现代化建设，这种现代化之路又有可能进一步增加整个人类文明趋于毁灭的危险，有悖于历史发展趋势。然而，正是在正视这种背景的情况下，联合国等一些国际组织还倡导可持续的发展战略①，可见，在工业的产业形式下，也可以实践可持续的发展模式。我们这样说，并不是想为工业文明开脱罪责，而只是想表明，工业文明并不是导致人类文明衰退、人类毁灭的罪魁祸首，不可持续的发展模式才是导致人类文明衰退乃至毁灭的真正元凶。不可持续的发展模式使得能源消耗过度、资源走向枯竭，掠夺和破坏了大自然，造成了发展的不可持续性。我们这样说，并不是说工业文明与不可持续的发展模式之间没有丝毫关系；恰恰相反，以机器化大工业为标志的近代工业文明大大加速了不可持续的发展模式的进程，起着巨大催化剂的负面影响。工业文明只是不可持续的发展模式的载体，不可持续的发展模式才是造成发展不可持续的真正责任者。因此，如果把全部罪名都归至工业文明名下，只能是一起冤假错案，抓住了"从犯"，逃掉了"真凶"。工业文明与能够导致人类衰退、人类毁灭的不可持续的发展模式并不是"必然性"地联系在一起的，工业文明既可与不可持续的发展模式相结合（如以往的发展实践呈现给世人的那样），也可与可持续的发展模式相结合，但是，"那种传统的、用消耗大量资源的工业发展模式，必须代之以资源节约型和保证环境质量都可长期承受的新型工业发展模式。可持续发展作为一种新型的发展模式，正被世界大多数国家所认同。"② 在这样的理论和现实的背景下，我们进行生态文明建设，就要沿着有中国特色的社会主义方向，坚定不移地实施可持续发展战略，采用新型发展模式，走一条工业文明与可持续发展相结合的发展道路。

---

① "可持续发展"作为 21 世纪的重点目标，是国际社会于 1992 年在联合国环境与发展大会上明确提出来的，在 2002 年可持续发展世界首脑会议上进一步强调了这种发展观。

② 中国国际问题研究所研究员王和兴针对 2002 年 9 月南非约翰内斯堡可持续发展世界首脑会议而撰写的论文《影响全球可持续发展的因素与问题》。

结 束 语

    本书试图对发展哲学进行马克思主义的审视和考察。这是一项相当庞杂的工程：这里的三个关键词，"发展"、"哲学"以及"马克思主义"概念的内涵和外延都非常复杂，可以讲，每个时代思想家对这三个概念的理解都不相同，而将这三个概念放在一起来考察，其难度可想而知。"发展"可以涉及各个学科，每个学科都能做出一定的理解，甚至每个人都可以对"发展"发表一些自己的看法，而不管你说了什么，又总有一种说不全的感觉；"哲学"则由于不同时代的哲学观呈现不同的内涵，这些内容之间并不一致，甚至分歧很大乃至完全相反（孙正聿老师就在《哲学通论》一书中列举了八种不同的哲学观）；至于"马克思主义"则可以因不同人的立场方法而呈现不同的面相，除马克思恩格斯经典马克思主义之外，还有第二国际的理解、第三国际的理解、西方马克思主义的理解，这些理解之间分歧也很大。所以，我们在正式进行考察之前，必须先对这些概念内涵进行合理界定。我们这里把"发展哲学"放在特定的场域中，即作为"发展学"与"哲学"的交叉学科来理解：一方面，作为"发展学"的分支，其要区别于发展经济学、发展政治学、发展社会学等"发展学"的其他分支学科，要呈现哲学特有的"反思"的思维方式（以思想作为反思的对象），以区别于其他学科的实证性；另一方面，作为"哲学"的分支学科，其要区别于经济哲学、政治哲学、社会哲学等"哲学"的其他分支学科，其研究对象要严格地限制在第二次世界大战之后的发展中国家的发展，以区别于其他学科的超历史性。所以，"发展哲学"就是要对战后形成的发展经济学等学科形成的发展思想（发展理论）得以建构的思想前提进行反思和批判，以揭示战后出现的每种发展理论的前提以及这些发展理论间演进的逻辑。还要特别强调的是，这里的发展理论，不是一般意义上关于"发展"的理论，严格地说，"发展理论"指的是战后发展中国家如何实现发展的理论。这样，第二次世界大战以前的关于发展的理论以及战后发达国家如何继续发展的理论就不再属于"发展理论"研究的范围，尽管发展理论研究也会涉及它们，但这是由于它们与"发展理论"相关联的意义讲的。进一步地，本书也不是一般意义地"揭示"和"反思"，而是基于马克思主义的立场观点方法去揭示战后兴起的各种发展理论。但在这样做的过程中就遇到一个不可回避的难题，因为战后资本主义和社会主义两大阵营"冷战"的特殊背景，发展中国家谋求发展的发展理论本身就与马克思主义紧密地联系在一起：（狭义）现代化理论就具有非常强烈的反马克思主义的性质，而后起的依附理论和世界体系论又具有鲜明的马克思主义色彩。所以本书研究把战后的发展理论主要划分为两类：现代化理论——具有反马克思主义性质和新马克思主义发展理论——包括依附理论和世界体系论，具有马克思主义的色彩。

本书第一章首先对现代化理论的前提进行马克思主义的批判考察。"现代化理论"具有非常强烈的意识形态色彩，这种意识形态性体现在两个层面。从研究性质上看，现代化理论直接地服务于以美国为首的资本主义阵营进行意识形态冷战的需要，为反对共产主义的斗争做贡献，而不是真心想帮助这些发展中国家实现发展的愿望；从研究方法上看，现代化理论坚持韦伯倡导的"价值中立"的"客观"分析方式，以反对马克思主义研究的政治立场和阶级属性。现代化理论把发展中国家的当前状态视为发达国家的以前状态，把发达国家的现在状态视为发展中国家未来的状态，以要求和倡导发展中国家走发达国家以前走过的道路，这里体现出来的是一种形而上学的静态历史观。现代化理论指导下的发展中国家的发展实践经过了短暂的繁荣之后，随即由于暴露出来很多的问题而遭致批判，这种批判分为两个层面：一是基于现代性的批判（马克思主义的批判属于此列，主要表现为依附理论和世界体系论）；二是基于后现代性的批判。后者又可以分为两个层面：一是发达国家批判，发达国家并非理想的榜样，发达国家自身也面临着很多难题；二是发展中国家批判，发展中国家自身也没什么不好，说它们不好是根据发达国家设定的标准。进一步地，这种后现代性批判又提出一种基于多元文化发展模式的建设维度，但这种建设维度也是不成功的。最后，本部分着重分析并解构了现代化理论视域中的马克思主义形象：把经济利益视为根本决定因素的经济决定论、把阶级斗争视为推动历史前进的决定性力量、把马克思主义与列宁主义对立起来。特别地，本书集中讨论了马克思与韦伯思想的对立与一致：在科学研究中"价值中立"是否可能的问题，马克思和韦伯的对立是真实的，现代化理论家的把握是正确的，马克思主张"非价值中立"，韦伯主张"价值中立"，但"价值中立"是站不住脚的；以及在社会发展中经济因素和文化因素的关系问题，马克思和韦伯的对立是不真实的，现代化理论家的看法是错误的，不能把马克思视为经济决定论者，也不能把韦伯视为文化决定论者，两人都是多元论者，不过马克思强调多元中的经济因素的最终决定作用，而韦伯强调多元中各因素的平等作用。

本书第二章主要对包括依附理论和世界体系论在内的新马克思主义发展理论的前提进行批判分析。现代化理论是以反马克思主义的面貌出现的，作为后起的发展理论从马克思主义寻求理论资源就可以理解了，无论是依附理论还是世界体系论，其主流都是以马克思主义的名义示人的，因而我们这里把主流的依附理论和世界体系论并称为"新马克思主义的发展理论"。这样说不意味着依附理论和世界体系论的所有流派都是符合马克思主义思想的，事实上，不论是依附理论和世界体系论之间的关系还是两种理论内部都十分复杂。从两种理论间的关系上看，不管是两种主流理论本身（包括一些术语的含义），还是两种理论的主要代表人物，都是有交叉重叠的，而且都自称是受马克思主义的影响的；从两种理论内部看，每种理论内部也是复杂的，都有马克思主义的派别，也有非马克思主义甚至反马克思主义的派别。即使是受马克思主义影响的新马克思主义发展理论家，也并非完全接受马克思的思想，依附理论主要代表阿明就对马克思主义进行修正，提出了"次决定论"基础上的历史唯物主义，而世界体系论的一个主要代表后期弗兰克则把马克思作为"欧洲中心论"的主要代表加以批判，课题对此展开深入辨析，力图澄清对马克思主义的本真理解：提出马克思的历史唯物主义是承认经济因素的最终决定作用的，无论是在资本主义之前还是之后的阶段；从亚细亚生产方式问题、未来景象问题和殖民地问题三重视角分析论证马克思不是一个欧洲中心论者。本书进一步对现代化理论和新马克思主义发展理论的思想演进逻辑进行梳理：现代化理论基本以马克斯·韦伯为主要思想源头，经过帕森斯的美国版改造，被罗斯托等现代化理论家接受并应用；而新马克思主义发展理论家主要以马克思为思想源头，经过保罗·巴兰的理论中介，被弗兰克（前期）、阿明、沃勒斯坦等新马克思主义发展理论家接受。课题还对发展理论研究中的一个关键人物弗兰克进行分期考察，提出前期弗兰克是新马克思主义发展理论（依附理论）的主要代表，而后期弗兰克则是反马克思主义的世界体系论的主要代表。

　　本书第三章从发展主义批判的视角对马克思主义的当代形象进行辩护。战后相继占据主导地位的发展理论，包括主流的现代化理论和新马克思主义发展理论，都承认经济增长在社会进步中的特殊位置，在一些批判者眼里，这些理论都成为发展主义理论的主要理论载体，发展主义就是"一种认为经济增长是社会进步先决条件的信念"，由于不去（或者没有能力去）追问诸如"究竟为什么要发展"等一系列根本问题而受到了批判。因为马克思主义相比于其他理论，特别强调经济因素在社会发展中的作用，于是也有人把马克思主义作为发展主义的一个亚种加以批判，本书对此展开了深入分析。从总体上说，因为发展主义没有反思"为什么要发展"的问题，甚至将经济增长视为灵丹妙药以提高人们的生活品质，发展主义的理论实质是"以物为本"，而马克思主义正是从这方面提出问题的，马克思主义不仅强调经济发展，也强调经济发展的代价（自然代价和社会代价），强调经济发展的为人性，马克思主义是"以人为本"的理论，所以马克思主义不是发展主义的亚种。具体地讲，学界认为发展主义具有四大特征，并相应地从四个方面加以批判：经济增长批判、普遍主义道路批判、进步主义批判和欧洲中心论批判，而从马克思主义理论中不能分析出这些特征。从马克思主义与进步主义（连同经济增长）的关系看，进步主义信念的理论支撑是传统历史目的论和抽象理性主义，而马克思从历史唯物主义的出发点"现实的人"出发，批判了历史目的论中历史主体的非人化理解，以及抽象理性主义对历史发展的既定模式的解释；马克思是承认社会进步的，马克思的进步观是奠基于生产力发展基础上的进步观，经济增长是具有人性合理性和历史合理性的。从马克思主义与普遍主义的关系看，发展主义主张一种普遍主义发展方式，倡导发展中国家采用高新科学技术走工业化道路实现发展的目的，而马克思是从人的发展和解放的视角来看到工业化及其结果的，他并不是单纯认可工业化的积极正面作用，也强调了资本主义条件下工业化对人的消极负面影响；同时，马克思具有技术决定论思想，但技术决定论在马克思技术观中是要受到社会因素制约的，马克思的技术决定论是受社会因素制约的决定论，这是符合历史唯物主义的合理解释；最后，对马克思的普遍主义道路的诘难（从而对他的发展主义的批判）聚焦于科学技术和工业化引起的发展的不可持续性上，本书认为这也是站不住脚的。可持续发展有三层含义：自然的可持续、经济的可持续和社会的可持续，马克思在经济的可持续性和社会的可持续性方面，对资本主义的生产方式和社会制度的批判可谓鞭辟入里，也人所共知，课题特别阐述了马克思在自然的可持续性方面的分析，马克思是具有自然批判的思想的，不仅阐明了自然的代内公平问题，而且阐明了自然的代际公平问题。马克思与欧洲中心论的关系已经在上一章阐述过了。所以，无论是总体上讲，还是具体上看，都不能把马克思视为发展主义者，把马克思主义视为发展主义的亚种。

本书第四章比较简单地阐述了当代中国的发展哲学论纲。发展哲学研究的目的，一方面要对以往发展理论得以建构的前提进行揭示和批判，另一方面又要对以后的发展理论建构提供必要的理论前提。具体地，在当代中国，就要为建构当代中国的发展理论提供马克思主义的理论前提：这里的任务不是要建构中国的发展理论，而是要阐明建构合理的发展理论的立场和方法。以往的现代化理论以及新马克思主义发展理论最后都没有能够使广大发展中国家实现发展的目的，原因在于：现代化理论背离了马克思主义，而新马克思主义发展理论也没能真正地理解马克思主义。中国必须以马克思主义为指导建构自己的发展理论。当代中国正处于前现代、现代和后现代的交汇处，中国的发展面临着非常复杂的情形，因而要建构一种能够具体指导这种实践的发展理论，甚至仅仅阐明建构这样的发展理论所需要的理论前提，就是一项非常复杂艰巨的任务，就已经超出了我们的能力。我们也不试图去全面地阐明这种理论前提，事实上任何谋求"全面性"的企图都是虚妄的，因为面面俱到的"全面性"是不可能的。我们在这里提出，无论要建构怎样的发展理论，都必须坚守马克思主义的两个最基本的立场和方法——社会主义和人的发展，以面对当代中国发展中最大的问题：人与人关系中的公平问题和人与自然关系中的生态问题。关于社会主义方面，要努力保持理想性与现实性之间的张力。即是说，要确立中国特色社会主义道路，既要突破欧洲中心论的苑囿，马克思主义不是欧洲中心论，进一步地，马克思的历史唯物主义已经指明了超越欧洲中心论的方向；又要消解中国中心论的虚妄，无论是根据韦伯、沃勒斯坦，还是根据弗兰克的理论，都不能得出"中国中心论"的结论。同时，在发展哲学的视域中，要在三重意蕴上来理解社会主义核心价值观：在国家层面，与西方国家价值观相对意义上的意识形态的斗争；在个人层面，对公民个人道德行为规范的引领；在社会层面上，要把公平性作为社会主义追求的一个主要目标。这进一步意味着，要超越纯经济学的范畴来理解"中等收入陷阱"问题，把其纳入发展学的视域中；要努力实现公平与效率之间的辩证法。从发展的人学向度看，要努力超越发展主义话语，走向人的发展。马克思主义不是发展主义的亚种，马克思主义的理论旨趣在于人的发展和解放，这就要求努力扬弃物的依赖性，一方面要重申"人是发展的目的"，满足人们的真实需要；另一方面要正确理解"人作为发展的手段"；同时地，要把生态文明建设纳入人文关怀的视野内，一方面，在理论层面上，要从人类生活的向度实现生产力概念的内涵转换，把生产力理解为人们提高自身生活质量的能力；另一方面认为，在实践层面上，要进行工业生产方式的调适，走一条工业文明与可持续发展相结合的新型工业化的发展道路。

主要参考文献

著作类:

《马克思恩格斯选集》，第1—4卷，人民出版社1995年版。

《马克思恩格斯全集》，第2卷，第7卷，第15卷，第16卷，第19卷，第22卷，第23卷，第25卷，第26卷（上），第28卷，第32卷，第42卷，第46卷（上、下），第47卷，人民出版社。

《列宁全集》，第1卷，第4卷，第37卷，第43卷，人民出版社。

马克思：《1844年经济学哲学手稿》，人民出版社2000年版。

列宁：《哲学笔记》，人民出版社1974年版。

邓小平：《邓小平文选》，人民出版社1993年版、1994年版。

陶德麟、汪信砚：《马克思主义哲学的当代论域》，人民出版社2005年版。

高清海等：《社会发展哲学》，高等教育出版社1999年版。

孙正聿：《哲学通论》，辽宁人民出版社1998年版。

吴晓明：《哲学之思与社会现实》，武汉大学出版社2010年版。

叶险明：《世界历史视野中的哲学》，中国社会科学出版社2007年版。

张琢、马福云：《发展社会学》，中国社会科学出版社2001年版。

蔡明哲：《社会发展理论》，巨流图书公司1987年版。

周天勇：《发展经济学》，中国财政经济出版社2002年版。

白燕群：《发展经济学》，中国政法大学出版社2005年版。

刘森林：《发展哲学引论》，广东人民出版社2000年版。

刘森林：《重思发展——马克思发展理论的当代价值》，人民出版社 2003 年版。

王铭铭：《文化哲学与人的表述》，天津人民出版社 1997 年版。

田启波：《马克思主义发展哲学与中国现代化》，中国社会科学出版社 2003 年版。

田启波：《发展主义的反思与超越》，社会科学文献出版社 2010 年版。

何怀远：《发展观的价值维度——"生产主义"的批判与超越》，社会科学文献出版社 2005 年版。

丰子义：《发展的反思与探索——马克思社会发展理论的当代阐释》，中国人民大学出版社 2006 年版。

黄平：《误导与发展》，中国人民大学出版社 2006 年版。

韩庆祥：《发展与代价——对中国改革和发展的一种代价学分析》，人民出版社 2002 年版。

苏振兴：《拉美现代化进程研究》，社会科学文献出版社 2006 年版。

陈其人：《卢森堡资本积累理论研究》，东方出版中心 2009 年版。

冯钢：《非西方社会发展理论与马克思》，浙江人民出版社 1992 年版。

丁学良：《辩论"中国模式"》，社会科学文献出版社 2011 年版。

杨旗：《5000 年世界的发展逻辑——弗兰克世界体系理论研究》，南京大学出版社 2009 年版。

田毅鹏：《东亚"新发展主义"研究》，中国社会科学出版社 2009 年版。

周穗明主撰：《20 世纪西方新马克思主义发展史》，学习出版社 2004 年版。

周志山：《生态学马克思主义与马克思生态哲学的构建》，东北师范大学出版社 2009 年版。

衣俊卿：《历史与乌托邦》，黑龙江教育出版社 1995 年版。

孙立平：《现代化理论研究》，华夏出版社 1989 年版。

金耀基：《从传统到现代》，中国人民大学出版社 1999 年版。

卫建林：《历史没有句号——东西南北与第三世界发展理论》，北京师范大学出版社 1997 年版。

尹保云：《现代化通病》，天津人民出版社 1999 年版。

何清涟：《现代化的陷阱》，今日中国出版社 1998 年版。

［德］黑格尔：《小逻辑》，贺麟译，商务印书馆 1987 年版。

［德］黑格尔：《法哲学原理》，范扬、张企泰译，商务印书馆 1961 年版。

［德］黑格尔：《历史哲学》，王造时译，上海书店出版社 1999 年版。

［法］弗朗索瓦·佩鲁：《新发展观》，张宁、丰子义译，华夏出版社 1987 年版。

［美］雷迅马：《作为意识形态的现代化》，牛可译，中央编译出版社 2003 年版。

［美］罗斯托：《经济增长的阶段——非共产党宣言》，郭熙保、王松茂译，中国社会科学出版社 2001 年版。

［英］彼得·华莱士·普雷斯顿：《发展理论导论》，李小云等译，社会科学文献出版社 2011 年版。

［美］阿图罗·埃斯科瓦尔：《遭遇发展：第三世界的形成与瓦解》，汪淳玉译，社会科学文献出版社 2011 年版。

［德］贡德·弗兰克：《白银资本：重视经济全球化中的东方》，刘北成译，中央编译出版社 2001 年版。

［德］安德烈·冈德·弗兰克：《依附性积累与不发达》，高铦、高戈译，译林出版社 1999 年版。

［埃及］萨米尔·阿明：《资本主义的危机》，彭姝祎、贾瑞坤译，社会科学文献出版社 2003 年版。

［埃及］萨米尔·阿明：《自由主义病毒/欧洲中心论批判》，王麟进等译，社会科学文献出版社 2007 年版。

［埃及］萨米尔·阿明：《不平等的发展》，高铦译，商务印书馆 1990 年版。

［美］伊曼纽尔·沃勒斯坦：《现代世界体系》第 1 卷，尤来寅等译，高等教育出版社 1998 年版。

［美］伊曼纽尔·沃勒斯坦：《现代世界体系》第 2 卷，吕丹等译，高等教育出版社 1998 年版。

［美］伊曼纽尔·沃勒斯坦：《现代世界体系》第 3 卷，孙立田等译，高等教育出版社 2000 年版。

［美］伊曼纽尔·沃勒斯坦：《所知世界的终结——21 世纪的社会科学》，冯炳昆译，社会科学文献出版社 2002 年版。

［美］伊曼努尔·华勒斯坦：《历史资本主义》，路爱国、丁浩金译，社会科学文献出版社 1999 年版。

［美］德尼·古莱：《发展伦理学》，高铦等译，社会科学文献出版社 2003 年版。

［瑞典］约翰·诺尔贝格：《为全球化申辩》，姚中秋、陈海威译，社会科学文献出版社 2008 年版。

［瑞士］吉尔贝·李斯特：《发展的迷思：一个西方信仰的历史》，陆象淦译，社会科学文献出版社 2011 年版。

［美］约翰·博德利：《发展的受害者》，何小荣等译，北京大学出版社 2011 年版。

［印度］阿马蒂亚·森：《以自由看待发展》，任赜、于真译，中国人民大学出版社 2002 年版。

［英］安德鲁·韦伯斯特：《发展社会学》，陈一筠译，华夏出版社 1987 年版。

［法］雷蒙·阿隆：《社会学主要思潮》，葛智强等译，华夏出版社 2000 年版。

［德］马克斯·韦伯：《新教伦理与资本主义精神》，于晓、陈维纲等译，生活·读书·新知三联书店 1987 年版。

［德］马克斯·韦伯：《民族国家与经济政策》，甘阳等译，生活·读书·新知三联书店 1997 年版。

［美］塞缪尔·P. 亨廷顿：《变化社会中的政治秩序》，王冠华等译，生活·读书·新知三联书店 1989 年版。

［美］塞缪尔·P. 亨廷顿：《文明的冲突与世界秩序的重建》，周琪等译，新华出版社 2002 年版。

［美］弗朗西斯·福山：《历史的终结及最后之人》，黄胜强、许铭原译，中国社会科学出版社 2003 年版。

［美］C. P. 欧曼、G. 韦格纳拉加：《战后发展理论》，吴正章等译，中国发展出版社 2000 年版。

［美］塔尔科特·帕森斯：《现代社会的结构与过程》，梁向阳译，光明日报出版社 1988 年版。

［美］丹尼尔·贝尔：《资本主义文化矛盾》，赵一凡等译，生活·读书·新知三联书店 1989 年版。

［美］丹尼尔·贝尔：《后工业社会的来临》，高铦等译，商务印书馆 1984 年版。

［美］埃里希·弗罗姆：《占有还是生存》，关山译，生活·读书·新知三联书店 1989 年版。

［以色列］艾森斯塔德：《现代化：抗拒与变迁》，陈育国、张旅平译，中国人民大学出版社 1988 年版。

［美］布莱克：《现代化的动力》，景跃进、张静译，浙江人民出版社 1989 年版。

［法］让－保罗·萨特：《辩证理性批判》，林骧华等译，安徽文艺出版社 2008 年版。

［美］保罗·巴兰：《增长的政治经济学》，蔡中兴、杨宇光译，商务印书馆 2000 年版。

［法］雅克·德里达：《马克思的幽灵》，何一译，中国人民大学出版社 1999 年版。

［英］特里·伊格尔顿：《马克思为什么是对的》，李杨等译，新星出版社 2011 年版。

［法］埃蒂安·巴利巴尔：《马克思的哲学》，王吉会译，中国人民大学出版社 2007 年版。

［意大利］翁贝托·梅洛蒂：《马克思与第三世界》，高铦等译，商务印书馆 1981 年版。

［美］阿图尔·科利：《国家引导的发展——全球边缘地区的政治权力与工业化》，朱天飚等译，吉林出版集团有限责任公司 2007 年版。

［美］托马斯·库恩：《必要的张力》，纪树立等译，福建人民出版社 1981 年版。

［德］马丁·海德格尔：《现象学之基本问题》，丁耘译，上海译文出版社 2008 年版。

［法］科耶夫：《科耶夫的新拉丁帝国》，邱立波译，华夏出版社 2008 年版。

［美］伯纳德·巴伯：《科学与社会秩序》，顾昕等译，生活·读书·新知三联书店 1991 年版。

［德］爱德华·伯恩施坦：《社会主义的前提和社会民主党的任务》，殷叙彝译，生活·读书·新知三联书店 1965 年版。

［德］罗莎·卢森堡：《资本积累论》，彭尘舜、吴纪先译，生活·读书·新知三联书店 1959 年版。

［俄］戈尔巴乔夫、斯拉文：《尚未结束的历史——戈尔巴乔夫访谈录》，孙凌齐、李京洲译，中央编译出版社 2003 年版。

［美］斯蒂芬·杰·古尔德：《自达尔文以来》，田洺译，海南出版社 2008 年版。

［英］戴维·科尔比：《简明现代思潮词典》，邓平译，重庆出版社 1987 年版。

［英］格鲁内尔：《历史哲学——批判的论文》，隗仁莲译，广西师范大学出版社 2003 年版。

［英］约翰·伯瑞：《进步的观念》，范祥涛译，上海三联书店 2005 年版。

［英］艾瑞克·霍布斯剥姆：《革命的年代：1789—1848》，王章辉等译，江苏人民出版社 1999 年版。

［德］卡尔·洛维特：《世界历史与救赎历史——历史哲学的神学前提》，李秋零、田薇译，生活·读书·新知三联书店 2002 年版。

［英］卡尔：《历史是什么？》，陈恒译，商务印书馆 2007 年版。

　　［英］汤因比：《历史研究》，曹未风等译，上海人民出版社 1986 年版。

　　［法］费尔南·布罗代尔：《资本主义论丛》，顾良、张慧君译，中央编译出版社 1997 年版。

　　［美］曼纽尔·卡斯特：《千年终结》，夏铸九等译，社会科学文献出版社 2003 年版。

　　［英］约翰·格雷：《伪黎明：全球资本主义的幻象》，张敦敏译，中国社会科学出版社 2002 年版。

　　［美］莱斯特·布朗等：《拯救地球——如何塑造一个在环境方面可持续发展的全球经济》，贡光禹等译，科学技术文献出版社 1993 年版。

　　［圭亚那］施里达斯·拉夫尔：《我们的家园——地球》，夏堃堡等译，中国环境科学出版社 1993 年版。

　　［美］罗伯特·艾尔斯：《转折点——增长范式的终结》，戴星翼、黄文芳译，上海译文出版社 2001 年版。

　　［英］埃里克·诺伊迈耶：《强与弱——两种对立的可持续性范式》，王寅通译，上海译文出版社 2002 年版。

　　［英］A. J. 麦克迈克尔：《危险的地球》，罗蕾、王小红译，江苏人民出版社 2000 年版。

　　［法］埃德加·莫林、安娜·布里吉特·凯恩：《地球　祖国》，马胜利译，生活·读书·新知三联书店 1997 年版。

　　［加拿大］本·阿格尔：《西方马克思主义概论》，慎之译，中国人民大学出版社 1991 年版。

　　［美］詹姆斯·奥康纳：《自然的理由》，唐正东、臧佩洪译，南京大学出版社 2003 年版。

　·　［英］阿伦·布洛克：《西方人文主义传统》，董东山译，生活·读书·新知三联书店 1997 年版。

　　［美］艾伦·杜宁：《多少算够——消费社会与地球的未来》，毕聿译，吉林人民出版社 1997 年版。

　　世界环境与发展委员会：《我们共同的未来》，王之佳等译，吉林人民出版社 1997 年版。

　　［英］汤因比、［日］池田大作：《展望 21 世纪》，荀春生等译，国际文化出版公司 1999 年版。

　　［英］威廉·配第：《赋税论　献给英明人士　货币略论》，陈冬野等译，商务印书馆 1972 年版。

　　［英］大卫·李嘉图：《政治经济学及赋税原理》，郭大力译，商务印书馆 1962 年版。

　　［美］查尔斯·K. 威尔伯：《发达与不发达问题的政治经济学》，高铦等译，中国社会科学出版社 1984 年版。

　　［南非］海因·马雷：《南非：变革的局限性——过渡的政治经济学》，葛佶、屠尔康译，社会科学文献出版社 2003 年版。

　　［法］让—波德里亚：《消费社会》，刘成富、全志钢译，南京大学出版社 2000 年版。

　　［荷兰］E. 舒尔曼：《科技时代与人类未来》，李小兵等译，东方出版社 1995 年版。

　　［美］马尔库塞：《单向度的人》，刘继译，上海译文出版社 1989 年版。

　　［美］弗洛姆：《健全的社会》，蒋重跃译，国际文化出版公司 2003 年版。

　　许宝强、汪晖选编：《发展的幻象》，中央编译出版社 2001 年版。

　　罗荣渠主编：《现代化：理论与历史经验的再探讨》，上海人民出版社 1993 年版。

　　王宁、薛晓源主编：《全球化与后殖民批评》，中央编译出版社 1998 年版。

　　俞可平、黄卫平主编：《全球化的悖论》，中央编译出版社 1998 年版。

　　俞可平主编：《全球化时代的"马克思主义"》，中央编译出版社 1998 年版。

　　李惠斌主编：《全球化与现代性批判》，广西师范大学出版社 2003 年版。

郝镇华编:《外国学者论亚细亚生产方式》(上),中国社会科学出版社1981年版。

庞元正、丁冬红主编:《当代西方社会发展理论新词典》,吉林人民出版社2001年版。

黄平等主编:《社会学人类学新词典》,吉林人民出版社2003年版。

腾藤、郑玉歆主编:《可持续发展的理念、制度与政策》,社会科学文献出版社2004年版。

万以诚、万岍选编:《新文明的路标》,吉林人民出版社2000年版。

肖枫编著:《西方发展学和拉美的发展理论》,世界知识出版社1990年版。

夏禹龙主编:《发展在中国理论与实践》,上海社会科学院出版社2001年版。

江时学主编:《阿根廷危机反思》,社会科学文献出版社2004年版。

萧新煌编:《低度发展与发展》,台湾巨流图书公司1985年版。

何迪、鲁利玲编:《反思"中国模式"》,社会科学文献出版社2012年版。

辛灿编:《西方政界要人谈和平演变》,常铮、张光远等译,新华出版社1989年版。

[美]霍华德·威亚尔达主编:《非西方发展理论——地区模式与全球趋势》,董正华等译,北京大学出版社2006年版。

[美]达尔·尼夫主编:《知识经济》,樊春良、冷民等译,珠海出版社1998年版。

[德]安德烈·冈德·弗兰克、[美]巴里·K.吉尔斯主编:《世界体系:500年还是5000年?》,郝名玮译,社会科学文献出版社2004年版。

论文类:

李鹏程:《我对"发展哲学"研究的一些想法和看法》,《哲学动态》1994 年第 5 期。

吴雷:《西方发展学及其终结》,《当代思潮》1996 年第 1 期。

任平:《当代发展哲学:物体、架构与前景》,《苏州大学学报》（哲学社会科学版）1995 年第 3 期。

叶险明:《确立历史评价科学性的理论基础的三个重要理逻辑节》,《哲学研究》2008 年第 4 期。

叶险明:《马克思的工业文明力量及其现代意义（上）》,《马克思主义研究》2004 年第 2 期。

叶险明:《马克思思想发展逻辑研究中的一个"问题源"——马克思关于英国殖民主义作用的看法极其变化的过程和深层原因》,《马克思主义研究》2012 年第 6 期。

张奎良:《马克思对封建制的界说》,《哲学研究》2010 年第 3 期。

刘森林:《从后思索法视域内的"发展"检思》,《中山大学学报》（社会科学版）2003 年第 4 期。

周穗明:《西方新发展主义理论述评》,《国外社会科学》2003 年第 5 期。

王建辉:《"北京共识":发展价值观的新境界》,《中南财经政法大学学报》2005 年第 1 期。

王瑞莲:《多元文化的缘起与趋向》,《林区教学》2005 年第 1 期。

张静:《对文化多元主义的反思》,《长春市委党校学报》2001 年第 5 期。

邴正、钟贤巍:《当代社会发展趋势与中国社会的结构转型》,《北方论丛》2004 年第 5 期。

林岗:《文化多元主义二题》,《开放时代》1999 年第 6 期。

周红:《全球化格局下的现代文学:中国与东亚》,《文艺争鸣》

2004 年第 2 期。

丁学良：《韦伯的世界文明比较研究导论》，《中国社会科学》1987 年第 1 期。

时光：《经济决定论与多元决定论的再考察》，《四川大学学报》1987 年第 4 期。

任东波：《"欧洲中心论"与世界史研究》，《史学理论研究》2006 年第 1 期。

曹丽丽：《由"西方中心论"到"东方社会主义战略"的转变》，《江汉论坛》2009 年第 4 期。

曹囡：《拉美发展主义理论简述》，《社会观察》2004 年第 5 期。

杨龙：《作为意识形态的发展主义》，《理论与现代化》1994 年第 9 期。

吴国盛：《豁出"生存"搞"发展"》，《读书》1999 年第 2 期。

王诺：《唯发展主义批判》，《读书》2005 年第 7 期。

黄平：《发展主义在中国》，《科学中国人》2003 年第 9 期。

许宝强：《发展主义的迷思》，《读书》1999 年第 7 期。

彭新武：《论进化与进步主义》，《人文杂志》2001 年第 2 期。

梁治平：《关于"进步"观念的几点思考》，《中国社会科学季刊（香港）》1994 年夏季卷总第 8 期。

曲瑞华：《进步主义的终结与构建新文明的基本原则》，《求索》2001 年第 6 期。

汪行福：《进步主义意识形态的批判与超越》，上海市社会科学界第七届学术年会文集（2009 年度）马克思主义研究学科卷。

孙亮：《为历史唯物主义的"进步观"辩护——"进步主义"与历史唯物主义"进步观"的异质性勘定》，《人文杂志》2012 年第 4 期。

赵辉兵：《试论进步主义的历史演进》，《哈尔滨工业大学学报》（社会科学版）2007 年第 5 期。

汪行福：《超越进步主义的意识形态——论历史唯物主义的灾难学视角及其意义》，《复旦学报》（社会科学版）2012 年第 2 期。

王南湜：《社会主义：从理想性到现实性》，《马克思主义与现实》2009 年第 6 期。

孙忠良：《后危机时代的中国模式的世界意义》，《科学社会主义》2012 年第 1 期。

赵穗生：《中国模式探索：能否取代西方的现代化模式?》，《绿叶》2009 年第 3 期。

费孝通：《孔林片思》，《读书》1992 年第 9 期。

高柏：《新发展主义与古典发展主义——中国模式与日本模式的比较分析》，《社会学研究》2006 年第 1 期。

胡鞍钢：《从"以物为本"到"以人为本"是个战略转向》，《政工研究动态》2004 年第 7 期。

司晋丽：《中国奢侈品消费：风往哪吹?》，《人民政协报》2010 年 6 月 25 日。

王红茹：《专家建议：每年 3000 亿建立初级社会公平保障体系》，《中国经济周刊》2006 年第 30 期。

樊纲：《适当才合算》，《经济日报》2002 年 6 月 4 日。

陈树林：《构建核心价值观的若干思考》，《光明日报》2012 年 3 月 24 日。

李慎明：《苏联解体与世界格局》，《中国社会科学报》2011 年 5 月 5 日。

周来顺：《当代俄罗斯哲学前沿问题及其发展趋势》，《中国社会科学报》2011 年 8 月 11 日。

吴苑华：《以中国为中心的新世界体系是历史的必然》，《中国社会科学报》2012 年 4 月 23 日。

孙立平：《转型陷阱：中国面临的制约》，《南方都市报》2012 年 1 月 1 日。

曲力秋：《中国能够绕开"拉美化"》，《中华工商时报》2005 年 3 月 15 日。

［美］阿里夫·德里克：《全球主义与地域政治》，王春梅、王怡福译，《马克思主义与现实》1998 年第 5 期。

［美］德里克：《马克思主义在西方的新发展》，陈喜贵编译，《马克思主义与现实》2004 年第 5 期。

［美］圣·胡安：《全球化时代的多元文化主义症结》，肖文燕编译，《马克思主义与现实》2003 年第 1 期。

［美］沃勒斯坦：《作为一种文明的近现代世界体系》，梁子译，《国外社会科学》1992 年第 5 期。

［美］奥古斯特·尼姆兹：《马克思和恩格斯是欧洲中心论者吗?》，徐跃勤、陈铮玲译，《国外理论动态》2009 年第 5 期。

［日］E. Sakakiava：《进步主义的终结》，张铭、陈向谰译，《现代外国哲学社会科学文摘》1996 年第 5 期。

［德］彼德·欧皮茨：《进步：一个概念的兴衰》，史世伟、徐萍译，《中国社会科学季刊（香港）》1994 年夏季卷总第 8 期。

［美］约瑟夫·斯蒂格利茨：《走向一种新的发展范式》，王燕燕编译，《经济社会体制比较》2005 年第 1 期。

［美］J. 克拉克：《马克思关于"自然是人的无机的身体"之命题》，黄炎平译，《哲学译丛》1998 年第 4 期。

［美］福山：《美式民主教不了中国》，《环球时报》2011 年 1 月 19 日。

后 记

"发展"是个内涵和外延都极其广泛的概念：不仅可以指涉人类社会，还可以指涉整个自然界；不仅可以指涉人类社会从过去到现在的状态，还可以指涉人类社会从现在到将来的状态。同样地，"哲学"也是一个内涵和外延都极其广泛的学科，以至哲学界都流传着一句话：想难倒一个哲学家的最好的方法就是问他哲学是什么，因为无论他做出何种回答，总是不全面的，甚至可以说，每个人都有一种对哲学的理解，背后体现出来的是每个人不同的哲学观。于是乎，"发展"和"哲学"这两个内涵和外延都极其广泛的语词联在一起形成的新的语词"发展哲学"，其内涵和外延的广泛性甚至可以满足人们对于丰富性想象力的好奇心。由此，对"发展哲学"的探讨必须设定相对明确的界限。我在本书中把"发展哲学"视为"发展学"和"哲学"的一个交叉学科，必须同时体现出"发展学"和"哲学"的学科特质，亦即必须以哲学特有的反思的思维方式去研究二战以来广大发展中国家谋求发展的发展理论，揭示出这些发展理论得以形成的思想前提及其演进的逻辑。

几年前，我以这种想法申请了浙江省哲学社会科学规划课题和国家社会科学基金项目，课题的立项也坚定了我对此研究的信心。我试图按照这种理解开展写作，尽管写作之前就预想到其中的复杂性，但在实际写作的过程中遇到的各种理论困难仍然大大超过预期，这也使得课题的结题被推迟。现在著作虽已完成，但我深知自己的写作与当初设定的目标仍有很大差距，也只好自我解嘲说，"虽不能至，心向往之"。国家社会科学基金项目的结题等级为良好，我的心情也宽慰了许多。感谢国家社会科学基金项目匿名评审的专家们!

我在求学路上得到了很多老师的支持帮助,这里要特别表达感激之情。中学时期的司永刚老师、常爱民老师、大学时期的周巩固教授对我人生的影响特别大。后来有幸到吉林大学哲学系和武汉大学哲学系学习,这两所国内哲学研究重镇给了我无尽的营养,我先后师从吉林大学艾福成教授和孟宪忠教授攻读硕士学位和博士学位,又到武汉大学师从陶德麟教授从事博士后工作,几位导师对我学术的指导和人生的教诲使我受益无穷,无论怎样表达感谢都不为过。在两所学校学习期间还要感谢吉林大学高清海教授、孙正聿教授、邴正教授,武汉大学的汪信砚教授、何萍教授、陈立新教授等众位老师对我的指导、鼓励和帮助,向他们表达深深的谢意!

关于本书的付梓出版,我还要特别感谢浙江师范大学的郑祥福教授、叶险明教授的关心和支持;感谢浙江师范大学省级重点学科"马克思主义理论"学科的资助;感谢中国社会科学出版社宫京蕾女士为本书出版付出的努力。